数字金融时代

长三角地区城市商业银行
全要素生产率
实证分析和监管路径

喻 贞◎著

中国财经出版传媒集团

经济科学出版社

Economic Science Press

·北京·

图书在版编目（CIP）数据

数字金融时代长三角地区城市商业银行全要素生产率实证分析和监管路径/喻贞著. －－北京：经济科学出版社，2024.3

ISBN 978 - 7 - 5218 - 5526 - 5

Ⅰ.①数… Ⅱ.①喻… Ⅲ.①长江三角洲－商业银行－全要素生产率－研究 Ⅳ.①F832.33

中国国家版本馆 CIP 数据核字（2024）第 008776 号

责任编辑：胡蔚婷
责任校对：孙　晨
责任印制：范　艳

数字金融时代长三角地区城市商业银行全要素生产率实证分析和监管路径
喻　贞　著
经济科学出版社出版、发行　新华书店经销
社址：北京市海淀区阜成路甲 28 号　邮编：100142
总编部电话：010 - 88191217　发行部电话：010 - 88191522
网址：www. esp. com. cn
电子邮箱：esp@ esp. com. cn
天猫网店：经济科学出版社旗舰店
网址：http://jjkxcbs. tmall. com
北京季蜂印刷有限公司印装
710×1000　16 开　17.75 印张　290000 字
2024 年 3 月第 1 版　2024 年 3 月第 1 次印刷
ISBN 978 - 7 - 5218 - 5526 - 5　定价：72.00 元
（图书出现印装问题，本社负责调换。电话：010 - 88191545）
（版权所有　侵权必究　打击盗版　举报热线：010 - 88191661
QQ：2242791300　营销中心电话：010 - 88191537
电子邮箱：dbts@ esp. com. cn）

前　言

　　数字技术重塑了金融行业服务生态和竞争模式，不仅推动了传统金融机构的数字化转型，而且促进了金融产业的升级。随着金融行业数字化、信息化和智能化的进程不断加快，金融产业快步进入了数字金融的时代。顺应数字金融时代发展趋势，城市商业银行（以下简称"城商行"）作为金融产业的重要组成部分发挥着重要作用。一方面，城商行可以利用信息网络突破时空限制，扩大金融服务范围。另一方面，城商行通过资金流和信息流等渠道重构与实体产业之间的关系，加速供应链金融数字化发展。这些举措都有助于提高城市商业银行的服务效率和质量，促进金融产业的升级。

　　全要素生产率是衡量商业银行技术进步的重要指标，体现了商业银行的转型升级水平，是商业银行乃至金融产业发展的关键所在。在数字金融时代，城市商业银行全要素生产率的提升成为了其发展活力和质量不断上升的有力证据。本书的研究正是顺应了当今世界数字金融时代的背景，探讨了城市商业银行如何以全要素生产率的提高来推动城市商业银行可持续高质量发展。

　　目前，中国城市商业银行全要素生产率呈现出一些新的变化特征。在城商行全要素生产率逐渐提升的同时，也存在着大型城市商业银行与中小型城市商业银行发展动力分化、区域间及区域内城市商业银行提升需求差异明显、居民素养水平和数字金融发展水平不均衡等问题。这些问题都与城市商业银行的全要素生产率密切相关。因此，在数字金融时代背景下，提升城市商业银行全要素生产率是推进城市商业银行数字化转型和金融产业升级的关键。

本书立足于数字金融时代背景，以具有代表性和可比性的长三角地区为例，对城市商业银行的全要素生产率进行了全面、系统且深入的研究，并基于理论研究和经验分析提出了相应的对策建议和促进全要素生产率提升的监管路径。本书凝聚了作者的深入思考和严谨探索，整体上完成了理论、实践、技术和实证四方面的目标。

本书的出版得到浙江省新型重点专业智库中国政府监管与公共政策研究院的资助。在此，对智库的资助、研究院及相关领导的支持表示衷心的感谢；感谢调研城商行的党委书记和各级行长们的大力支持和经验指导；感谢很多学界同仁、业界朋友们的智慧分享和宝贵建议；感谢我的硕士研究生翟浩东和马齐全为本书的内容完善和排版校对等方面做出的努力；此外，感谢经济科学出版社编辑对本书提出的修改意见和对本书的出版所给予的支持。

本书属于探索性研究成果，是作者研究中国产业转型升级问题的阶段性成果之一，反映了一个青年研究人员对数字时代银行业高质量发展问题的基本认识，这些理论探索和思考有可能不够完善，因此未来的研究工作和实践探索仍将继续。由于水平和时间所限，本书难免存在不少缺陷，敬请专家学者批评指正。

目　录

第一章

绪　　论

第一节　研究背景和意义

一、研究背景

随着大数据、云计算、人工智能和区块链等数字技术的快速发展，人类社会正经历着一场继互联网信息化之后的又一次重大技术革命，中国经济进入了数字经济的新发展阶段。数字金融是数字技术和金融的不断融合与迭代最终产生创新，实现技术增值的过程，它包含了大量新的金融产品、金融业务、金融相关软件，以及新型客户沟通和互动形式。近十年来，数字技术和金融科技的发展推动了商业银行业的创新，形成了数字金融新型金融业态体系。

数字金融作为一种新兴的经济运行模式，打破了既有金融市场的秩序和稳定，给商业银行的发展提出了新的要求与挑战，出现了银行业效率追求与经营风险的冲突与协调问题，亟需就有针对性的提高商业银行业效率以促进现有的商业银行运行系统与数字金融的快速发展相适应问题进行研究。

城市商业银行作为金融产业的重要组成部分，对金融业态高质量发展以及推动金融产业升级具有重要影响，同时在促进地区经济发展方面扮演着关键角色。一方面，城商行可以利用信息网络突破时空限制，扩大金融服务范围，提高服务效率和质量，促进金融产业的升级。另一方面，城商行通过资金流和信息流等渠道重构与实体产业之间的关系，加速供应链金融数字化发展，助力地方经济发展质量与效益。

长三角地区的城商行以其雄厚的资产规模和强大竞争力成为中国城商行的行业标杆，并在服务长三角地区经济发展过程中发挥着重要作用。然而，长三角地区城商行也面临着资产增速下滑、不良贷款增加、盈利空间收窄和单体分化加速等问题。数字金融是商业银行未来发展的方向，如何把握数字金融这一风口实现商业银行的数字化转型，进而促进长三角地区城商行全要素生产率增长、推动金融产业升级和助力地区经济发展，是长三角地区在数字金融时代迫切需要解决的问题。

因此，本书从理论研究和实证分析出发，探讨数字金融时代长三角地区城商行全要素生产率的动态特征、驱动因素、提升对策和监管路径，以期为长三角地区城商行提升全要素生产率，更好地服务长三角地区实体经济发展提供建议。

二、研究目的和意义

随着我国经济进入新发展阶段，全面深化改革面临更多挑战。在这一背景下，金融在支持实体经济发展中扮演越来越重要的角色，是推动经济发展的重要基础。数字金融的发展为金融层面的全面深化改革做出了不可或缺的贡献。一方面，数字金融在促进实体经济发展方面发挥了重要作用。数字金融提高了金融服务的质量和可获得性，使人们能够突破时间和地点的限制办理各种金融业务。这不仅提高了金融服务的效率，方便了人们的生活，而且还促进了实体经济的发展。另一方面，数字金融为传统金融机构的转型升级提供了丰富的借鉴经验。它帮助传统金融机构提出新的商业模式和产品结构，进一步提升企业的创新能力。

从长三角区域经济发展层面来看，长三角地区是中国经济发展先行示范区，在国家现代化建设大局和全方位开放格局中具有举足轻重的战略地位。长三角地区城商行为长三角地方融资提供了有力支撑，促进了长三角地方实体经济的发展。

　　数字金融在给长三角地区城商行发展带来巨大机遇的同时,也给长三角地区城商行带来了严峻挑战。其一方面赋能商业银行实现创新发展,提升经营效率;另一方面会加速金融脱媒,加重商业银行风险承担。鉴于此,我们需要思考以下问题:一是数字金融时代下长三角地区城商行发展历程和概况如何;二是数字金融时代下长三角地区城商行的全要素生产率存在怎样的动态特征;三是哪些因素影响了长三角地区城商行全要素生产率以及其中的作用关系如何;四是长三角地区城商行如何在数字化转型中顺势而上,提升自身全要素生产率,更好地扶持地方经济;五是对于数字金融时代下的长三角地区城商行而言,应如何实现全要素生产率提升与系统监管的统一。

　　这些问题对于中国数字金融健康发展以及长三角地区城商行在数字金融时代找到未来发展方向、定位自身发展模式至关重要。本书正是以解决这些问题为目标导向进行研究,以期能够为长三角地区城商行全要素生产率提升、促进地区金融产业升级和经济发展做出一定的贡献。

第二节　研究内容与结构安排

　　本书立足于数字金融时代的战略背景,聚焦于长三角地区城市商业银行全要素生产率的提升。通过采用理论研究、实证分析和实地调研相结合的方法,深入探讨了2012～2021年间长三角地区城市商业银行全要素生产率的动态特征与驱动因素,并基于研究结论提出了相应的全要素生产率提升的对策建议和监管路径。

　　本书共分为十章。第一章概述了本书的研究背景、目的、意义、主要内容、方法、框架和创新点。首先,阐述了数字金融时代长三角地区城市商业银行全要素生产率的相关发展情况,并提供了具体的数据和事例来支持本书的观点。基于这一背景,引出了本书聚焦于提升长三角地区城商行全要素生产率,以促进城商行自身发展、地区经济发展和金融产业升级的研究目的和意义。在深入思考和科学论证的基础上,合理安排了本书研究的内容、方法和框架,介绍了本书对现有相关研究做出的贡献,并通过具体的事例来进行阐述本书的主要观点和结论。

第二章回顾了商业银行全要素生产率及数字金融相关理论和文献。我们首先明确了全要素生产率的内涵，即由于各方面技术进步带来的、无法被劳动和资本生产率所解释部分带来的增长率提升，并提供了具体的例子来帮助读者更好地理解。然后我们介绍了全要素生产率的研究历程，一是研究内容从单一生产要素逐渐过渡到全要素生产率，二是测度方法主要采用参数方法和非参数方法进行测度。其次，我们重点介绍了几种主要的商业银行全要素生产率理论，且结合数字金融相关理论丰富了本书的理论基础，进一步提供了具体的研究成果来支持我们的观点。此外，我们基于商业银行全要素生产率的动态特征、驱动因素、提升对策和监管路径对国内外相关文献进行梳理，并进行了述评。

第三章梳理了长三角城市商业银行的发展沿革及动态变化。本章首先介绍了中国银行业的体系结构和发展现状，指出在后疫情时期，中国银行业经营环境稳中向好，整体保持稳健经营，迈向高质量发展新阶段，并进一步明确了未来的发展方向。接着，本章将中国城市商业银行的发展历程划分为四个阶段：城市信用社（以下简称"城信社"）时期、城信社转型与城商行初建、城商行跨域式发展和城商行资源整合与数字化转型，并对国外城市商业银行的发展情况进行了介绍。最后，本章利用 2012～2021 年长三角样本城市商业银行的数据分析，发现长三角地区城市商业银行分支机构数量快速增长，经营质量显著提升。此外，本书认为上市仍然是中国商业银行重要的发展路径之一。

第四章建立了全要素生产率动态特征的实证分析模型。本章利用 2012～2021 年间样本银行投入产出面板数据，采用以投入为导向的三阶段 DEA - Malmquist 指数模型，从长三角整体和区域间等不同角度对城市商业银行全要素生产率的动态特征进行了实证分析。首先，根据理论分析选定测度全要素生产率的变量，并进行类比分析，发现长三角地区城市商业银行 2012～2021 年各项主要指标均在合理范围内，但区域间差异显著。此外，利用 Stata17.0 软件基于所建立的模型对全要素生产率进行测量和分解，发现长三角城市商业银行全要素生产率在样本期间整体呈现改善状态，时间变化趋势显著。同时，省市间和省市内全要素生产率存在显著的地区差异。

第五章建立了全要素生产率驱动因素的实证分析模型。本章利用2012～2021年间样本银行经营指标和环境指标面板数据，采用年份和省份双向固定效应模型，从全要素生产率及其增长率的多个角度分析长三角城市商业银行全要素生产率的驱动因素。第一部分对商业银行全要素生产率的影响因素进行理论分析；第二部分构建具体模型，并对指标和研究假设进行说明；第三部分对测得的全要素生产率数据进行分解和纵向内部分布检验，发现各变量对全要素生产率均具有显著影响。基于上述思路，本书进一步对全要素生产率增长率进行分析，得出类似的结论。

第六章进一步建立了全要素生产率驱动因素异质性实证分析模型。本章从个体异质性、区域异质性和环境异质性三个层面探讨了它们对长三角地区城市商业银行全要素生产率及其维度的影响。第一部分发现上市企业、大型规模城市商业银行和风险管理水平高的城市商业银行在资本充足率方面具有显著优势；第二部分发现正常贷款数量的增加是推动长三角城市商业银行全要素生产率提升的重要因素，浙江省内的城市商业银行在数字普惠金融方面相比其他地区具备良好的发展基础。此外，营商环境对城市商业银行提高自身利润水平和贷款质量具有重要影响；第三部分发现数字金融发展程度高和金融科技水平高的城市商业银行在资本充足率方面也具备优势，一定程度上降低了资本约束。此外，本书还通过交互项方法对上述驱动因素进行了再次检验。

第七章建立了全要素生产率提升对经济增长效应的实证分析模型。本章利用2012～2021年间样本银行相关面板数据，采用系统GMM动态面板模型和面板分位数回归模型探讨长三角地区城市商业银行全要素生产率提升对经济增长的效应。第一部分运用相关理论分析全要素生产率与经济发展之间的重要关系，并通过全要素生产率探讨长三角地区城市商业银行全要素生产率提升对经济增长的效应；第二部分基于上述理论分析构建系统GMM动态面板模型，并进行指标说明和描述性统计分析；第三部分为系统GMM动态面板模型和面板分位数回归的实证结果和分析。通过引入平方项和回归后检验，发现长三角地区城市商业银行全要素生产率与经济增速呈现显著的倒"U"型关系。此外，市场竞争程度、城镇化率和人口素质均会显著影响经济增速。面板分位数回归结果也支持上述结论。

第八章提出了全要素生产率的提升对策。基于前文的分析结果，本章从宏观、中观和微观层面详细探讨了数字时代长三角城市商业银行全要素生产率提升的对策建议。其中对于城商行自身而言，全要素生产率提升的关键在于数字化转型升级。

第九章揭示了持续提升城市商业银行全要素生产率必要的监管路径。基于数字金融时代的城市商业银行监管具有技术驱动、数据治理和隐私保护、跨境监管挑战、创新业务监管、用户权益保护和资本充足监管等特点，结合本书研究结论资本充足率提升、不良贷款数量降低及正常贷款数量增加均有助于城市商业银行全要素生产率的提升的回归结论，本书构建了监管目标、监管要素和监管模式，具体分析了城市商业银行全要素生产率提升的监管路径，为城市商业银行全要素生产率提升基于监管层面进行了探索。

第十章总结了本书的主要研究成果。本章基于前文对长三角地区城市商业银行全要素生产率动态特征、驱动因素、提升对策和监管路径的分析进行系统性总结，并展望了数字金融时代下长三角地区城市商业银行全要素生产率研究未来可能探索的方向。

第三节　研究方法与技术路线

一、研究方法

本书拟采用定性研究的方法构建研究框架和实例分析，采用定量研究的方法对研究框架进行实证检验，以深入理解变量间的逻辑关系。具体的研究方法如下：

一是文献分析法和理论分析法相结合。本书通过对城市商业银行全要素生产率和数字金融的理论进行系统整理、消化和吸收，构建了数字金融时代下城市商业银行全要素生产率提升的理论框架。同时对其影响因素的相关文献进行重点综述，并结合长三角地区城市商业银行发展的现实情况，全面分析了阻碍其全要素生产率提升的问题。基于此，本书提出了数字金融时代下提升城市商业银行全要素生产率的对策和监管路径，为本书的顺利编写奠定了坚实的理论基础。

二是历史研究法和比较分析法相结合。本书从历史角度考察了中国城市商业银行的发展历程和内容，并通过比较全球多个国家"城市商业银行"的发展和生存逻辑，揭示了城市商业银行随时代发展变化的规律和特点。基于上述研究，本书详细比较了 2019～2021 年长三角地区城市商业银行的经营情况。同时本书进一步构建了三阶段的 DEA - Malmquist 指数模型，明晰了长三角地区城市商业银行的全要素生产率及其分解项，并从总体、分省市和个体三个维度对其进行了全面的比较分析。此外，本书进一步结合文献研究成果，构建了城市商业银行全要素生产率驱动因素和提升路径的总体框架，为后续的实证研究提供了基础。

三是归纳分析法和实证分析法相结合。基于前文的理论分析和数据基础，本书构建了多种计量模型以对长三角地区城市商业银行的全要素生产率进行系统研究，并对实证结果进行归纳和总结，为后续的研究结论和政策建议提供了重要参考。在实证建模方面，本书首先采用双向固定效应模型，细致刻画了非利息收入占比、资本充足率、数字金融、正常贷款和不良贷款驱动因素对城市商业银行全要素生产率提升的影响。其次，本书从个体异质性、区域异质性和环境异质性三个层面构建模型，以探究异质性因素对城市商业银行全要素生产率的不同影响和驱动因素的传导机制。最后，本书采用系统 GMM 动态面板模型和面板分位数模型，刻画了城市商业银行全要素生产率提升的经济效应。通过多角度、多层次的拓展，使本书的研究更加丰富和细致。

二、技术路线

本书围绕数字时代下如何有效提高长三角城商行全要素生产率以促进地区经济发展为研究主线，按照研究内容的层次递进关系，遵循"背景研究—理论研究—历程演进—动态研究—驱动因素—效应分析—提升对策—监管路径"的研究思路，提出本书的技术路线如图 1 - 1 所示。

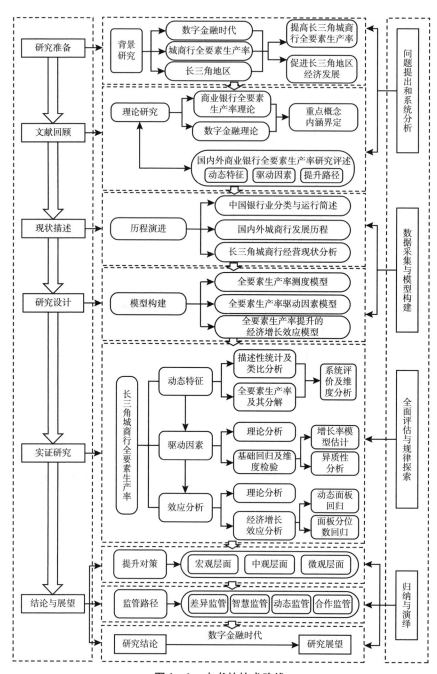

图 1-1 本书的技术路线

第四节 研究创新与主要贡献

近年来，学者们围绕数字金融时代下中国商业银行全要素生产率影响因素等方面的研究取得了丰富成果。本书在已有研究的基础上，对数字金融背景下长三角地区城市商业银行全要素生产率的相关问题开展了相应的理论研究和实证研究，边际贡献主要体现为以下三点：

（1）系统且深入地研究了长三角地区城市商业银行全要素生产率的影响问题。由于城市商业银行研究数据可得性等原因，现有学者们的研究大多以大中型银行或混合部分城市商业银行数据为研究样本。为针对性地探究长三角地区城市商业银行全要素生产率的影响因素、经济效应等，本书通过搜集并整理了2012~2021年间长三角地区17家城市商业银行连续十年的年度数据，聚焦于长三角地区城市商业银行这一群体开展实证研究。在全要素生产率的测度方面，本书不仅关注了以期望产出指标为代表的净资产收益率、净利润和利息净收入，并且还考虑到非期望产出指标的不良贷款，以期更为准确地测度城市商业银行全要素生产率指标。由于城市商业银行的自身特殊性，本书也将城市商业银行的规模差异、上市与否、风险管理水平差异、金融科技水平差异、数字金融水平差异、居民素养水平差异、地区差异和营商环境差异多个维度的异质性纳入分析框架，重点分析了长三角地区城市商业银行全要素生产率是否由于异质性影响而存在着不同表现及影响程度差异。

（2）将数字金融时代背景纳入长三角地区城市商业银行全要素生产率影响分析框架。现有研究较多是关注于传统金融背景下商业银行全要素生产率的影响问题。而近年来数字金融的迅速发展，其对城市商业银行的全要素生产率存在着客观的影响，同时银行通过发展数字金融还能缓解城市商业银行的资本压力。鉴于此，本书在基础分析框架中加入数字金融时代背景，并进一步分析了数字普惠金融与金融科技的分组异质性和交互项作用机制对城市商业银行全要素生产率的影响，为研究城市商业银行全要素生产率进行了新的探讨和尝试。

（3）将长三角地区城市商业银行全要素生产率提升的经济效应纳入分

析框架。全要素生产率与经济发展之间呈现重要的关系，本书为探究长三角地区城市商业银行全要素生产率提升带来的经济效应，建立了系统 GMM 动态面板模型和面板分位数模型。一方面，全要素生产率提升的经济效应与全要素生产率之间存在一定的时间滞后性，本书为深入挖掘两者之间的关系，建立了系统 GMM 动态面板模型；另一方面，基于已有研究，全要素生产率提升的经济效应与全要素生产率之间存在非线性关系，本书在系统 GMM 动态面板模型中引入全要素生产率的二次项和回归后进行"U"型检验进行验证。此外，本书还通过建立静态和动态面板分位数模型对上述回归结果作进一步检验。综上，本书运用多种实证方法，为研究城市商业银行全要素生产率带来的经济效应影响进行了新的探讨和尝试。

第二章

理论基础与文献综述

第一节 相关理论

一、全要素生产率相关理论

（一）全要素生产率的内涵界定

全要素生产率（Total Factor Productivity，TFP），指在扣除了传统生产率分析中劳动力（L）和资金（K）两大要素所带来的增长后，其差值就可以解释由于各方面技术进步带来的、无法被劳动和资本生产率所解释部分带来的增长率提升，是一种间接计算方法。公式表示如下：

$$\psi = \dot{Y} - \alpha \dot{K} - \beta \dot{L} \qquad (2.1)$$

其中 Y，K，L 分别表示产出增长率、资本投入增长率、劳动投入增长率。α、β 分别是产出对资本投入和劳动投入的弹性系数，ψ 即为全要素生产率增长率。

全要素生产率是一个系统的、综合的、动态的概念，可以概括为广义上的科技进步，即一种存在于一切社会活动中的有目的的发展过程。它不但包括自然科学技术的发展和进步，还包括社会科学技术的发展和进步；不但包括生产技术的变革与进步，还包括管理技术和决策技术的提高与进步；不但包括硬环境的进步，还包括软环境的改善。

全要素生产率理论最初应用于传统的生产领域，但同样适用于银行业这类属于非生产领域但会对生产领域产生重大影响的行业。因此，对商业银行而言，其全要素生产率的内涵同样是除去劳动力投入、资本投入以外其他所有因素，如科技投入、制度变迁、银行管理改革、银行战略变化、银行从业人员综合素质提高等因素。

（二）全要素生产率的测度方法

全要素生产率的测度最早始于索洛残差法。近年来，随着理论和实践的发展，测量方法逐渐丰富，主要分为参数方法和非参数方法两大类。参数方法从生产函数出发，通过对生产余值的相关计算来获取全要素生产率的变化率，因此在参数方法应用中，具体生产函数形式如柯布—道格拉斯生产函数、超越对数函数等具体函数是使用参数方法的关键。使用参数方法的第一步就是确定合适的生产函数，而生产函数的选择会影响最终结果。非参数方法则不涉及具体生产函数，而是直接从要素投入和产出的角度来计算全要素生产率的变化率。在具体应用中，采用多要素投入产出模型，从不同要素因素的角度来分析生产效率状况，非参数方法在实际研究中被广泛采用。

本书将详细介绍三种全要素生产率测度方法：索洛残差法、基于参数的随机前沿分析法和非参数的数据包络分析法。

1. 索洛残差法

首先假设在一个生产周期内由 n 种要素投入生产，n 种要素向量设为：$X = (X_1, X_2, \cdots, X_n)^T$，其产出为 Y，并在生产函数的自变量中引入时间变量，从而原生产函数成为了一个动态生产函数：

$$Y(t) = A(t) \cdot F(X, t) \tag{2.2}$$

其中，$A(t)$ 表示除要素数量以外的影响产出增长的因素，即全要素生产率；对等式两边关于 t 求导后并同时除以 $Y(t)$ 得到：

$$\frac{\dot{Y}(t)}{Y(t)} = \frac{\dot{A}(t)}{A(t)} + \sum_{i=1}^{n} \frac{\dot{X_i}(t)}{X_i(t)} \cdot \alpha_i \tag{2.3}$$

其中 α_i 表示要素的投入产出弹性。如果按边际产量对要素进行分析，那么 α_i 也可以认为第 i 种要素在产出中的份额。将公式（2.3）变形，我们得到：

$$\frac{\dot{A}(t)}{A(t)} = \frac{\dot{Y}(t)}{Y(t)} - \sum_{i=1}^{n} \frac{\dot{X_i}(t)}{X_i(t)} \cdot \alpha_i \tag{2.4}$$

其中 $\dfrac{\dot{A}(t)}{A(t)}$ 就是我们所要测度的全要素生产率的变化率。假设 $F(X_1, X_2, \cdots, X_n)$ 为一次型齐次函数（规模报酬不变的前提下），那么我们有：

$$\sum_{i=1}^{n} \alpha_i = 1 \tag{2.5}$$

此时全要素生产率的变化率就等于生产率的变化率与各单要素增长率之和的差。

2. 随机前沿分析法

随机前沿法（Stochastic Frontier Approach，SFA）最早由艾格纳、洛弗尔和施密特（Aigner、Lovell and Schmidt，1977）提出。相比索洛残差法，这种测度方法考虑到现实生活中企业生产经营活动受到许多不确定因素的影响，如宏观经济环境、政治环境和社会环境等大环境方面的调整以及企业内部某些要素的变化。具体实现方式是通过对随机边界函数方程中的技术无效率项和随机误差项作出不同的分布假设，而后根据此假定的生产函数形式对所有样本决策单元（Decision Making Unit，DMU）进行参数估计，通过测算得出位于有效前沿面上的 DMU，将其他非有效 DMU 与前沿面上 DMU 对应的投入、产出进行比较，从而得到单个 DMU 的效率情况。

随机前沿法经过 40 多年的改进和完善，其数据运用由最初的截面数据发展到面板数据，函数形式由生产函数拓宽到成本函数。许多文献都对不可观测生产率成分的分布进行了假设，以期将其从随机扰动项中分离出来。艾格纳、洛弗尔和施密特（Aigner、Lovell and Schmidt，1977）及梅森和布勒克（Meeusen and Broeck，1977）认为不可观测的生产率服从负指数分布或半正态分布，估计方法通常采用极大似然法。

随机前沿生产函数的一般模型如下：

$$\ln y_{it} = \ln f(x_{it}, t; \beta) + v_{it} - \mu_{it}, \quad (i = 1, 2, \cdots, T) \tag{2.6}$$

其中 $v_{it} \sim N(0, \delta_v^2)$，$\mu_{it} \sim |N(0, \delta_\mu^2)|$，式中，$y_{it}$ 为第 i 个决策单元 t 时期的产出；$f(x_{it}, t; \beta)$ 为特定函数形式；x_{it} 为第 i 个决策单元 t 时期的投入向量；t 为时间向量，用以反映技术变化；β 为待估计参数；误差项 $(v_{it} - \mu_{it})$ 为复合残差项，且 v_{it} 与 μ_{it} 相互独立，v_{it} 服从正态分布 $N(0, \delta_v^2)$，μ_{it} 为生产无效率项，服从非负断尾正态分布。复合残差项 $(v_{it} - \mu_{it})$ 的方差为 $\delta^2 = \delta_v^2 + \delta_\mu^2$，定义 $\gamma = \delta_\mu^2/\delta_v^2 + \delta_\mu^2$，显然 $0 \leqslant \gamma \leqslant 1$。如果 $\gamma = 0$，随机前沿生产函数模型退化成确定性生产函数模型，可使用 OLS 法估计模型；如果 $\gamma \neq 0$，表明可使用随机前沿生产函数模型，需要运用极大似然法估计模型。极大似然法既可估计出模型中的参数，还可得到每个决策单元不同时期的技术效率值，其中第 i 个决策单元在 t 时期的技术效率可定义为：

$$TE_{it} = \exp(-\mu_{it}) \tag{2.7}$$

相邻年份 t 和 s 的技术效率变化可按下式计算：

$$TECH_{it} = \frac{TE_{it}}{TE_{is}} \tag{2.8}$$

式中，*TECH* 表示在不同时期的技术水平下，技术操作有效性变化对全要素生产率变化的影响。*TECH* 大于 1 表明技术效率提高，反之则下降。虽然年份 t 和年份 s 的技术进步指数通过估计的参数可直接计算出来，但当技术进步为非中性时，技术进步指数会随着投入向量的不同而异。因此，技术进步指数可通过计算相邻年份偏导数的几何平均得到。

将生产函数具体化可以得到多种常用的生产函数具体形式。其中较为常见的有柯布—道格拉斯生产函数、线性生产函数、列昂惕夫生产函数、固定替代弹性生产函数和超越对数生产函数等，在此不再详细说明。

3. 数据包络分析法

基于数据包络分析法的全要素生产率测度指数按照其发展演变过程，可以分为基于传统 DEA 指数、当期 DEA 的全要素生产率指数、基于序列 DEA 的全要素生产率指数、基于窗口 DEA 的全要素生产率指数、基于全局 DEA 的全要素生产率指数、基于两期 DEA 的全要素生产率指数和基于共同前沿 DEA 的全要素生产率指数等。本书选择三阶段 DEA – Malmquist 指数模型对长三角地区全要素生产率进行测度，因此主要介绍传统 DEA 指数、当期 DEA 的全要素生产率指数（其中的 DEA – Malmquist 指数）和三阶段 DEA –

Malmquist 指数。

（1）传统 DEA 指数。

DEA 是一种适用于多投入、多产出的非参数效率评价方法，其采用线性规划方法构造出包含若干个 DMU 的有效前沿边界，以每个 DMU 的当前生产点与有效前沿面的距离作为效率高低的评价指标。若测算的效率值为 1，则该 DMU 位于前沿面上，即为有效；效率值范围为 0~1，则该 DMU 无效，与前沿面的距离即为效率损失。在投入导向或产出导向下的经济含义分别为与有效 DMU 处于同一产出水平下相应的投入冗余比例或相同投入条件下可增加的产出比例。

对于我国商业银行，可以通过定义其投入、产出变量，然后通过 DEA 构造出有效前沿面，对各商业银行分别进行测算以得到每家商业银行的生产效率。具体而言，我国商业银行的 DEA 效率测算模型如下：

$$\theta_j = \frac{u^T Y_j}{v^T X_j} = \frac{\sum_{r=1}^{s} u_r y_{rj}}{\sum_{i=1}^{m} v_i x_{ij}} , \quad (j = 1, \cdots, n) \qquad (2.9)$$

其中 θ_j 称为第 j 家商业银行 DMU_j 的效率评价指数。则在规模报酬不变的情况下的 CCR 模型为：

$$\begin{cases} \max\theta_0 = \dfrac{\sum_{r=1}^{s} u_r y_{ro}}{\sum_{i=1}^{m} v_i x_{io}} \\[4ex] \text{s. t.} \quad \dfrac{\sum_{r=1}^{s} u_r y_{rj}}{\sum_{i=1}^{m} v_i x_{ij}} \leqslant 1 \end{cases} \qquad (2.10)$$

其中 $i = 1, \cdots, m$；$r = 1, \cdots, s$；$j = 1, \cdots, n$；$u_r \geqslant 0$；$v_i \geqslant 0$；$\forall r \in j$。x_{ij}，y_{rj} 分别为第 j 家银行第 i 种投入和第 r 种产出，每家银行均有 s 个产出指标和 m 个投入指标，投入和产出向量分别为 $X_j (x_{1j}, x_{2j}, \cdots, x_{mj})^T > 0$；$Y_j (y_{1j}, y_{2j}, \cdots, y_{sj})^T > 0$，$j = 1, \cdots, n$。投入、产出向量的权重分别为 $v = (v_1, v_2, \cdots, v_m)^T$，$u = (u_1, u_2, \cdots, u_m)^T$。为了最大化 θ_0，查尼斯和库

珀（Charnes and Cooper, 1963）提出分式规划的 Charnes – Cooper 变换，得到如下的线性规划模型：

$$\begin{cases} \min\theta_0 \\ \text{s. t. } \sum_{j=1}^{n} x_{ij}\lambda_j \leqslant \theta x_{i0}(i = 1, \cdots, m), \sum_{j=1}^{n} y_{rj}\lambda_j \geqslant y_{ro} \end{cases} \quad (2.11)$$

其中 $r = 1, \cdots, s$；$\lambda_j \geqslant 0$，$j = 1, \cdots, n$。

上述模型是以银行样本中最优的商业银行作为参照对象，所得的效率均为相对效率且小于等于 1。CCR 模型测算出的效率值为综合技术效率，在此基础上增加一个凸性假设 $\sum_{j=1}^{n} \lambda_j = 1$，即假定规模报酬是可变的，则得到 BCC 模型。BCC 模型可将综合技术效率分解为纯技术效率和规模效率，三者的关系为：

$$综合技术效率 = 纯技术效率 \times 规模效率$$

其中，纯技术效率衡量规模报酬可变假设下 DMU 与生产前沿面的差距，规模效率衡量规模报酬可变和不变假设两个生产前沿面的差距。

（2）DEA – Malmquist 指数。

由于传统的 CCR 和 BCC 模型只能横向比较决策单元在同一时间点的生产效率，而 DEA – Malmquist 指数模型则可以测度决策单元在多时期间效率的动态变化，具有较广泛的应用性。具体而言，在 DEA 模型的基础上，法尔等（Fare et al. , 1994）的研究将静态效率扩展到了动态效率。假设对于各时期 $t = 1, 2, \cdots, T$ 都存在一个从 $x^t \in R_+^N$ 到 $y^t \in R_+^M$ 的映射 S^t，且可表示为：

$$S^t = \{(x^t, y^t) | x^t \text{ 的投入可以产出 } y_t\} \quad (2.12)$$

则 t 时期的 Shephard 产出距离函数可定义为：

$$D_o^t(x^t, y^t) = inf\left\{\theta: \left(x^t, \frac{y^t}{\theta}\right) \in S^t\right\} = sup\{\theta: (x^t, \theta y^t) \in S^t\} \quad (2.13)$$

Malmquist 指数以距离函数定义，为了计算这一指数需定义跨期的距离函数：

$$D_o^t(x^{t+1}, y^{t+1}) = inf\left\{\theta: \left(x^{t+1}, \frac{y^{t+1}}{\theta}\right) \in S^t\right\} \quad (2.14)$$

该函数给出了在 t 时期的技术情况下，给定 x^{t+1}，产出 y^{t+1} 所能被放大倍数的倒数，则 Malmquist 指数可以表示为：

$$M^t = \frac{D_o^t(x^{t+1}, y^{t+1})}{D_O^t(x^t, y^t)} \tag{2.15}$$

同理以 $t+1$ 时期技术为参考技术可得：

$$M^{t+1} = \frac{D_o^{t+1}(x^{t+1}, y^{t+1})}{D_O^{t+1}(x^t, y^t)} \tag{2.16}$$

为避免定义不清，可以取式（2.15）和式（2.16）的几何平均值来定义 Malmquist 指数：

$$M_o(x^{t+1}, y^{t+1}, x^t, y^t) = \left[\left(\frac{D_o^t(x^{t+1}, y^{t+1})}{D_o^t(x^t, y^t)} \right) \left(\frac{D_O^{t+1}(x^{t+1}, y^{t+1})}{D_o^{t+1}(x^t, y^t)} \right) \right]^{\frac{1}{2}} \tag{2.17}$$

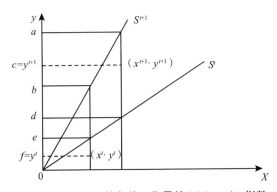

图 2 - 1　在 CRS 的条件下衡量的 Malmquist 指数

在规模报酬不变（CRS）的条件下，可以结合图 2 - 1 将式（2.17）进一步改写为技术变化和技术效率变化：

$$M_c(x^{t+1}, y^{t+1}, x^t, y^t) = \frac{D_c^{t+1}(x^{t+1}, y^{t+1})}{D_c^t(x^t, y^t)} \cdot \left(\frac{D_c^t(x^{t+1}, y^{t+1})}{D_c^{t+1}(x^{t+1}, y^{t+1})} \cdot \frac{D_c^t(x^t, y^t)}{D_c^{t+1}(x^t, y^t)} \right)^{\frac{1}{2}} \tag{2.18}$$

其中 *EFFCH* 和 *TECHCH* 公式如下：

$$EFFCH = \frac{D_c^{t+1}(x^{t+1}, y^{t+1})}{D_c^t(x^t, y^t)} \tag{2.19}$$

$$TECHCH = \left(\frac{D_c^t(x^{t+1}, y^{t+1})}{D_c^{t+1}(x^{t+1}, y^{t+1})} \cdot \frac{D_c^t(x^t, y^t)}{D_c^{t+1}(x^t, y^t)} \right)^{\frac{1}{2}} \tag{2.20}$$

在规模报酬可变的条件下,可进一步将技术效率分为纯技术效率,即可变规模报酬下的技术效率和规模效率。公式表示如下:

$$EFFCH = PECH \times SECH \tag{2.21}$$

如图 2-2 所示,以图中 A 点为例,纯技术效率指 AD 对 VRS 前沿面产出 BD 的比值,技术效率指 AD 对 CRS 前沿面产出 CD 的比值,而规模效率可以定义为纯技术效率和技术效率的比值。

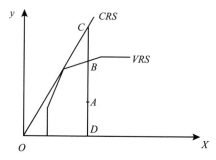

图 2-2 技术效率与规模效率变化

在使用 $n = 1$,2,$\cdots$,N 项投入 $x_n^{k,t}$ 生产 $m = 1$,2,$\cdots$,M 种产出 $y_m^{k,t}$ 时,要求得 Malmquist 指数只需解下述线性规划问题:

$$\max \theta^k = \left[D_o^t(x^{k,t}, \ y^{k,t}) \right]^{-1}$$

$$\text{s. t.} \begin{cases} S^t = \left\{ (x^t, \ y^t) : y_m^t \leqslant \sum_{k=1}^{K} z^{k,t} y_m^{k,t} \right\} \\[2mm] \sum_{k=1}^{K} z^{k,t} x_n^{k,t} \leqslant x_n^t \\[2mm] z^{k,t} \geqslant 0 \end{cases} \tag{2.22}$$

综上所述,Malmquist 指数可以在式(2.18)基础上进一步分解为:

$$M_{c,v}(x^{t+1}, \ y^{t+1}, \ x^t, \ y^t) = \frac{D_v^{t+1}(x^{t+1}, \ y^{t+1})}{D_v^t(x^t, \ y^t)} \cdot \left(\frac{D_v^t(x^t, \ y^t)}{D_c^t(x^t, \ y^t)} \middle/ \frac{D_v^t(x^{t+1}, \ y^{t+1})}{D_c^{t+1}(x^{t+1}, \ y^{t+1})} \right) \cdot$$

$$\left(\frac{D_c^t(x^{t+1}, \ y^{t+1})}{D_c^{t+1}(x^{t+1}, \ y^{t+1})} \cdot \frac{D_c^t(x^t, \ y^t)}{D_c^{t+1}(x^t, \ y^t)} \right)^{\frac{1}{2}} \tag{2.23}$$

其中 TECHCH 公式与公式(2.20)相同,故不再赘述,PECH 和 SECH 公式如下:

$$PECH = \frac{D_v^{t+1}(x^{t+1},\ y^{t+1})}{D_v^t(x^t,\ y^t)} \tag{2.24}$$

$$SECH = \left(\frac{D_v^t(x^t,\ y^t)}{D_c^t(x^t,\ y^t)} \middle/ \frac{D_v^t(x^{t+1},\ y^{t+1})}{D_c^{t+1}(x^{t+1},\ y^{t+1})} \right) \tag{2.25}$$

综上 $M_{c,v}(x^{t+1},\ y^{t+1},\ x^t,\ y^t) = TECHCH \times EFFCH$
$$= TECHCH \times PECH \times SECH \tag{2.26}$$

式（2.26）中的 *TECHCH*、*EFFCH*、*PECH*、*SECH* 分别代表技术变化指数、技术效率变化指数、纯技术效率变化指数和规模效率变化指数。

基于生产前沿面的拓展，部分 DEA 模型能够解决传统全要素生产率指数所面临的一些问题，如循环性不足、虚假技术回归和线性规划无可行解等。然而，传统全要素生产率的测算指数仍然存在一些问题，例如无法比较全时期的观测值、角度选择随意性较大、分解不完整和忽略群组总体层面的生产率等。为了解决这些问题，学者们提出了一些新的指数，包括 GML 指数、HMB 指数、FB 指数、LHM 指数和聚合 L 指标。Global Malmquist – Luenberger 生产率指数（GML 指数）是 Malmquist 指数的改进，它克服了 Malmquist 指数全时期计算结果不可比的缺陷，同时考虑了非期望产出，测算结果相比 Malmquist 指数更可靠；Hicks – Moorsteen – Bjurek 生产率指数（HMB 指标）则克服了 Malmquist 指数投入和产出角度选择随意性和计算结果不可比的缺陷，同时考虑了投入和产出方向，无需对生产技术性质、市场结构和规模收益等方面做出限制性假设；FP 指数是 Färe – Primont 生产率指数的简称，FP 指数定义为产出指数与投入指数的比值，无需对角度进行选择，满足传递性检验，具备乘法的完备性，能够完全分解且不需要对技术和企业行为以及市场结构作任何假设，相比较 Malmquist 指数和 HMB 指数都更为可靠；Luenberger – Hicks – Moorsteen 生产率指标（LHM 指标）是在 HMB 指数的基础上引入基于差异变化的生产率指标。这方面的研究较少，在此仅简单提及；聚合 L 指标克服了多数全要素生产率指数都注重决策单元个体层面的生产率测算及分解，而忽略了群组内所有个体在聚合层面的全要素生产率增长测算与分解。具体如下表 2 – 1 所示：

表 2-1   **基于 DEA 的全要素生产率指数的简要介绍**

分类	名称	简要性质介绍和应用
当期 DEA 序列	M 指数	即 Malmquist 指数，存在距离函数不确定，无可行解和规模效率不确定的缺陷，无法进行全时期计算结果的比较，未考虑非期望产出
	ML 指数	相比 M 指数，引入了方向向量并考虑非期望产出，弥补了 M 指数的仅关注期望产出的缺陷
	L 指标	基于差异的生产率指标，克服 M 指数和 ML 指数难以反映变量差值问题、生产率失真问题和测算偏差问题，不过其仍存在当期 DEA 固有缺陷
序列 DEA	SM 指数	Sequential - Luenberger 生产率指数，与 M 指数的区别仅在于其生产前沿面不同
	SML 指数	克服了当期 DEA 测算的 ML 指数动态分析中出现技术退步的状况
	SL 指标	即 Sequential - Luenberger 生产率指标，与 L 指标的区别在于其基于序列生产前沿
窗口 DEA	WM 指数	克服了传统 DEA 忽略时间因素的缺陷，避免了当期 DEA 可能出现的技术退步问题，不过其存在窗口宽度设定没有统一标准，其应用受到限制
全局 DEA	GM 指数	即 Global - Malmquist 生产率指数，与 M 指数相比，其技术变化和规模变化部分有所不同
	GML 指数	与 ML 指数相比，其构建前沿面时包含了所有时期的观测值；与 GM 指数相比，其考虑了非期望产出
	GL 指标	其为差异指标，与 L 指标相比考虑了所有时期的观测值
两期 DEA	BM 指数	其避免了当期 DEA - M 无可行解的问题，且可以衡量技术变动，缺陷是不满足循环性和传递性
	BML 指数	弥补了 SML 指数和 GML 指数线性规划无解的问题
	BL 指标	弥补了 BL 指标和 L 指标的不足
共同前沿 DEA	MM 指数	其出现解决了评价对象异质性问题，可以用于比较不同技术条件下群体生产率变化
	MML 指数	解决了 ML 指数评价生产率变化时无法区分决策单元采用不同技术的问题，其既考虑了非期望产出，又包含了所有群组，所有时期的观测值
	MFL 指标	其可以同时处理不良产出、非松弛变量和跨群体异质性问题，与 L 指标的区别是考虑了所有时期的观测值

续表

分类	名称	简要性质介绍和应用
基于当期 DEA 指标 的拓展	HMB 指数	克服了 M 指数无线性可行解的问题，具有循环性和乘法完备性，无须受到规模报酬的影响
	FP 指数	在 HMB 指数的基础上进一步具有传递性
	LHM 指标	相比 HBM 指数兼顾考虑到非期望产出和松弛变量问题，可以用于测算单一投入或者产出的生产率
	聚合 L 指标	与 LHM 指数类似，引入了聚合思想

（3）三阶段 DEA – Malmquist 指数。

三阶段 DEA – Malmquist 指数模型的基本原理，即通过调整第一阶段的原始投入值（或原始产出值）以达到剔除环境变量和随机误差因素对效率影响的目的，使得第三阶段 DEA 效率值更真实地反映银行经营管理效率。

第一阶段：DEA – Malmquist 指数模型

根据弗里德等（Fried et al. ，2002）提出的三阶段 DEA 原理可知，本书第一阶段的效率模型可采用 DEA – Malmquist 指数模型。

第二阶段：SFA 指数模型

通过第一阶段的 DEA – Malmquist 指数模型测算结果，能得到样本中每个 DMU 相对于有效 DMU 而言的投入差额值或产出差额值，其表示的含义为各个 DMU 的实际投入或产出与达到有效状态下的最佳投入或产出之间的差额值，即称作松弛变量，并且松弛变量可以反映初始的低效率，由环境因素、管理无效率和统计噪声，故而第二阶段的主要目标是将第一阶段的松弛变量分解成以上三种效应。本书在第二阶段建立以投入差额值为因变量，影响商业银行效率的环境变量为自变量的包含随机误差因素的 SFA 成本函数模型，延续第一阶段中的假设，有 n 个 DMU，每个 DMU 均有 s 个产出指标和 m 个投入指标，并假定环境变量有 p 个，SFA 成本函数模型如下：

$$s_{ij} = f^i(z_j;\ \beta^i) + v_{ij} + u_{ij}, \ (i = 1,\ 2,\ \cdots,\ m;\ j = 1,\ 2,\ \cdots,\ n) \quad (2.27)$$

其中 s_{ij} 为第 j 个 DMU 对应于第 i 项投入的差额值；$z_j = (z_{1j},\ z_{2j},\ \cdots,\ z_{pj})$ 表示第 j 个 DMU 的 p 个环境变量观测值；$\beta^i = (\beta_1,\ \beta_2,\ \cdots,\ \beta_p)$ 表示对应 p 个环境变量的待估参数；$f^i(z_j;\ \beta^i)$ 表示环境变量对投入差额的影响

函数形式，一般将其视作线性函数。即 $f^i(z_j;\ \beta^i) = z_{1j}\beta_1 + z_{2j}\beta_2 + ,\ \cdots,\ + z_{Pj}$ β_P；$v_i + u_{ij}$ 为方程中的复合误差项，其中 v_{ij} 代表随机误差因素，u_{ij} 代表第 j 个 DMU 的管理无效率因素。根据弗里德等人的观点，假设 $v_{ij} \sim N(0,\ \sigma_{iw}^2)$，$u_{ij} \sim N(\mu_i,\ \sigma_{iw}^2)$ 服从的截断的非负正态分布，且 v_{ij} 与 u_{ij} 之间相互独立不相关。根据巴特斯和科拉（Battese and Corra，1977）的定义，设定 $\gamma = \dfrac{\sigma_u^2}{\sigma_u^2 + \sigma_v^2}$。弗里德等学者（Fried et al.，2002）提出，当 γ 无限趋近于 1 时，表示对于第 i 投入差额主要由随机误差因素 v_{ij} 引起。

由 SFA 回归结果可以得到参数 β^i、σ_{iu}^2、σ_v^2 和 u_i 的估计值，然后根据三阶段 DEA 调整思路，为了剔除外部环境变量和随机误差因素对效率的影响，投入变量由下式进行调整：

$$x_{ij}^* = x_{ij} + (\max\{\beta_k^i z_k^i\} - \beta_j^i z_j^i) + (\max\{v_{ik}\} - v_{ij}),$$
$$(i = 1,\ 2,\ \cdots,\ m;\ j = 1,\ 2,\ \cdots,\ n) \qquad (2.28)$$

其中 x_{ij}^* 和 x_{ij} 分别表示第 j 个 DMU 第 i 项投入的调整后和调整前的实际值，$(\max\{\beta_k^i z_k^i\} - \beta_j^i z_j^i)$ 所有的决策单元调整到最差的环境条件，$(\max\{v_{ik}\} - v_{ij})$ 表示把所有的决策单元调整到最差的运气状态，其中 $\max\{\beta_k^i z_k^i\}$ 代表第 i 项投入中经营环境最差的 DMU；$\max\{v_{ik}\}$ 则代表第 i 项投入中运气最差的 DMU。

为了实现上述调整，首先要得到 v_{ij} 的估计值，而弗里德等（2002）在文章中指出可以借助乔德鲁等（Jondrow et al.，1982）的方法得到管理无效率 u_{ij} 的条件估计值，再根据式（2.28）可以计算出随机误差因素 v_{ij} 的条件估计值。罗登跃（2012）认为由于乔德鲁等学者（Jondrow et al.，1982）对 u_{ij} 的条件估计值是基于生产函数的，并不适合于采用成本函数的三阶段 DEA 方法，采用成本函数对管理无效率进行估计公式为：

$$E(u_i \mid \varepsilon_i) = \frac{\lambda\sigma}{1 + \lambda^2}\left[\frac{\varnothing\left(\dfrac{\varepsilon_i\lambda}{\sigma}\right)}{\varPhi\left(\dfrac{\varepsilon_i\lambda}{\sigma}\right)} + (\varepsilon_i\lambda/\sigma)\right] \qquad (2.29)$$

其中，$\lambda = \dfrac{\sigma_u}{\sigma_v}$，$\varnothing(.)$ 和 $\varPhi(.)$ 分别为标准正态分布的密度函数和分布函数。

第三阶段：调整后的 DEA 模型

经过第二阶段 SFA 对投入变量进行调整，本书将 DMU 调整后的投入值与原始产出值重新代入第一阶段的 DEA－Malmquist 指数模型进行效率测算，此时得到的效率值便是剔除了环境变量和随机误差因素后纯粹反映 DMU 经营管理水平的值。在全要素生产率分解方面，法尔、格罗斯科普夫、诺里斯和张（Fare、Grosskopf、Norris and Zhang）于 1994 年建立了 Malmquist 生产率指数并将 Malmquist 指数分解为技术进步指数和综合技术效率变化指数，其中综合技术效率变化指数可进一步分解为纯技术效率变化指数和规模效率变化指数（FGNZ 分解模型）。该分解方法中技术进步指数采用规模报酬不变模型进行计算，并且认为规模报酬变动应当反映沿着统一生产前沿的规模效率变化。我国商业银行运用 Malmquist 指数法进行的研究，大多是按照 FGNZ 模型的分解思路来进行，本书也将按照此法进行分解测算。

综上所述，非参数法不仅考虑了非效率值和随机误差对效率的影响，而且能够反映研究对象在样本期内的效率值变化，从而更好地体现所测效率值的准确性。结合参数分析法中随机前沿分析法的优势，本书将结合以上两种测度方法，即采用以投入为导向的三阶段 DEA－Malmquist 指数模型来测度城市商业银行的全要素生产率。

二、银行生产率影响因素理论

在研究影响商业银行全要素生产率的因素之前，我们先对国内外学者关于商业银行全要素生产率影响因素的相关理论进行系统阐述。一方面分析相关因素如何影响商业银行的全要素生产率；另一方面为本书后面的实证分析部分提供理论支持。

（一）金融资源配置理论

经济学是一门研究稀缺资源有效配置的科学。资源配置机制是在一定体制下形成的，它反映了整个经济运行的情况，包括金融资源的运行机制。现代经济发展表明，金融资源的配置是经济增长的一个重要因素。金融资源与其他资源不同，它是一种特殊的资源，具有引导和配置其他资源的作用。金融资源的运行状态决定了资源配置的效率。金融资源（包括其体系和工具结构）的变化不仅与经济发展的特定阶段密切相关，而且在一定程度上对经济发展具有积极的能动作用。因此，如果不考虑金融因素，就无法解释资源配置的真正内涵。进一步说，如果不能构建合理的金融资源运行机制，就无法建立优化资源配置的机制。

著名经济学家费雪（Fisher）在其 1933 年第一版的《经济计量学》中提出大萧条时期的严重经济衰退是金融市场运作失灵的结果，许多经济学家认为金融中介机构在促进存款人与贷款人之间的资金循环上起着关键作用。几个世纪以来，金融系统的经济职能主要由银行承担。格申克龙（Gerschenkron，1962）认为，银行的这种影响具有"资本的重要性"。伯南克（Bernanke，1983）分析了大萧条时期货币因素和金融因素的相对重要性后得出结论：仅用货币因素来解释大萧条的深度和持久性是"数量不充分"的，金融体系的崩溃才是至关重要的因素。正是金融链条的断裂导致了资源配置的紊乱。当然，在金融抑制与金融深化理论诞生之前，金融机构及其经营结构在经济中的深远影响还远没有得到充分认识。

按照新古典主义的理论，商业银行是为满足经济体对于信贷和其他金融产品的需求而出现的。银行在资源配置上起着重要的作用。默顿（Merton，1993）认为在商业领域中，一个发展良好、运行顺畅的金融系统有利于推动家庭消费按生命周期合理分配，有利于引导有形资本的配置，从而达到最佳有效状态。

一般来说，银行对资源配置的导向作用首先要取决于整个社会商品经济的规模和水平。在公有制商品经济条件下，还要取决于微观经济和金融主体间商品化程度以及政府对金融市场的开放程度。从商品经济发展的一般过程看，金融资源配置的导向形式大致经过了两个阶段。第一阶段，商品市场自身的直接导向。其基本特点是：商品经济的规模有限，投资者主要根据商品市场的供求信号来决定生产什么，生产多少，由此直接调节资源配置的规模和结构。在这种方式下。市场金融调节机制尚未形成，货币不过是作为这种资源配置和转换的必要手段。第二阶段，市场金融的间接导向。其基本特点是：商品经济比较发达，市场体系和调节功能比较完善，商品经济的发展使金融资源配置过程变得更加复杂；另外，由于这种资源配置的规模化变动，有时投资者无法保证以自有资本来实现资源的配置和转换，并承担这一过程的全部风险。此时，只有实现投资社会化才能解决这一矛盾。而投资社会化进程必然要求产生新的资源配置方式，因为，由众多的投资者去直接择定资源配置目标是不可能的。这样，资源配置机制就从商品市场的直接导向过渡到市场金融机制的间接导向。在市场经济中，银行是独立的经营者，必然会追求利润的最大化，资金向投资效率相对较高的部门和领域倾斜，是银行经营的重要原则。金融先行充分发挥其资源配置作用也是不少发展中国家和地区经济迅速起飞的成功经验。

自诺贝尔经济学奖得主科斯（Coase，1937）引入交易成本的概念后，新制度学派对商业银行存在的原因作了更详尽的探讨。法玛（Fama，1980）依据微观经济学理论建立了一个银行模型，根据这个模型，他指出在理想的无摩擦的金融市场上信贷双方都能实现多样化选择并达到最佳风险分担状态，也就是标准的 Arrow – Debru 一般均衡模型所揭示的均衡状态，在这个均衡中，是不存在商业银行这一行为主体的。但是，由于交易成本的存在，理想的状态是不可能存在的，这就需要商业银行的参与。

20 世纪六七十年代，博弈论和信息经济学的兴起为银行学相关理论带来了巨大变革。2001 年诺贝尔经济学奖得主阿克洛夫（Akerlof，1970）通过对旧车市场（Lemon Market）的研究，引入了不对称信息的概念。他指出，当借款人对其希望融资的项目拥有私人信息时，竞争均衡可能是无效率的。在没有中介机构的情况下，由于信息渠道不畅通，潜在的债权人难以找到合适的债务人。戴蒙德（Diamond，1984）进一步证明，与单独的放款人不同，银行具有信息规模效应。银行拥有专门的信息获取渠道和固定客户群，在贷款决策时可以取得信息规模效应。特别是在管理由借款人不完全信息产生的问题时，银行扮演着特殊角色。它可以识别不同风险度的贷款需求，并对项目进行监督。或者通过设计和推行规范的贷款合同文本，例如，加入限制性条款或要求企业提供抵押品来降低贷款风险。因此，单个借款人倾向于由委托代理人（商业银行）来监督而不是自己执行。将这些理论稍微延伸一下，我们可以得出以下命题：在信息不对称情况下，商业银行的存在将更有效地促进全社会金融资源达到帕雷托最优配置。

不同的流动性选择也可以解释银行得以存在的原因。银行能够在流动性不同的资产之间相互转换。银行拥有足够多的存款人和借款人，它可以用少量的流动资产来满足不同客户的流动性需求，在金融产品的需求方和投资者之间充当中介。按照戴蒙德和迪布韦克（Diamond and Dybvig，1983）的观点，银行是"流动性蓄水池"或"存款人联合体"，可以为家庭提供对抗流动性冲击的保障。

从上面的分析中，我们可以看出商业银行在金融资源配置方面起着重要作用。商业银行在金融资源配置效率高低与其效率，更广泛地说，与全要素生产率密切相关。从这个角度来看，提升商业银行全要素生产率等同于充分发挥其在金融资源配置方面的作用。从微观角度来看，商业银行应采取具体措施来提高自身的金融资源配置功能。

（二）规模效率理论

规模效率是指银行在提供金融服务时是否遵循成本最小原则。具体来说，当商业银行进行规模扩张时（通常与存贷款或资产规模等指标相关），其单位经营成本的变化情况。产出与成本之间存在三种关系：当产出增长大于成本增长时，银行具有规模效率；当产出增长小于成本增长时，银行规模不经济；两者相等时，银行表现为规模经济不变。显然，只有当银行具有规模效率时，通过扩大规模提高产出才有意义。在这种情况下，银行扩张会降低提供服务的成本，从而进行更有效的管理。

商业银行由于其经营范围和业务性质，随着规模的扩大，其经营成本会降低。例如，同一客户的数据可以用于开展不同业务，扩张业务的边际成本很小。因此，银行发展到一定阶段都会存在扩张规模的现象。然而，银行规模并非越大越好。类似在公司金融领域，企业存在最优资本结构，银行规模也存在最优的规模经济范围。这是因为当银行规模扩张到一定程度后，内部协调、管理和监督成本会增加，相应的经营风险也会提升，从而使经营效率下降，即表现为规模不经济。因此，早期对商业银行效率的研究主要集中于对规模效率的讨论，以期获得最佳经营规模。

从上述理论阐述可见，在商业银行中存在一个最佳的规模经济范围。超出这个范围，银行表现为规模不经济或规模经济不变。因此，在研究影响商业银行全要素生产率的因素时，银行规模大小是一个重要变量。在后文的实证分析环节，我们将进一步证实这一点。

（三）银行竞争力理论

在经济学中，竞争力理论最早出现在斯密的经典著作《国富论》中。他最早研究了竞争力，并将其发展成一个比较完整的经济哲学理论。他认为，只有充分竞争的自由市场才能使社会总财富不断增长。具体来说，政府对市场进行盲目干预会导致市场运作紊乱，进而使社会总财富下降。对于对社会有益的事业，政府无需干预，只须让其自由发展，参与者自由竞争。市场下的自由竞争不仅会增加参与者个体利益，还会促进社会总体福利增长，使每个人都从中受益，即"看不见的手"。李嘉图继承和发展了斯密的这一学说。他认为，只要国家政府不干预市场自由竞争，竞争在市场中充分存在并发挥作用，供给与需求就会最终达到自然状态下的均衡。按照他们的观点，只要银行业内所有商业银行充分竞争且不受国家政府行政干预，商业银行整体竞争力提高是必然的。

在上述学者所处的时代，竞争力只是在其经济学思想中有所体现，并没有形成完整的竞争力理论，国际公认较完整成熟的经济力理论是波特竞争力理论。波特在 20 世纪 80 年代和 20 世纪 90 年代期间陆续发表了《竞争优势》《竞争战略》《国家竞争力优势》《全球产业中的竞争》和《竞争论》等著作，并在书中阐明了产业竞争力影响主要来自内部与外部。外部因素比较简单，指企业对应对外部不良影响的能力，而内部因素则是由五种作用力组成，也就是竞争力法则，它们分别是既有竞争者力、新加入者的威胁力、供货商的议价能力、客户的议价能力及替代品或服务的威胁力。竞争力理论为商业银行竞争力的研究提供一个新的视野，他重点指出了商业银行若想有效提高自身的竞争力及效率，必须充分考虑外部与内部影响因素。

世界经济论坛和瑞士洛桑国际管理开发学院则认为银行规模、中央银行政策、资产总额、存贷款利差以及法律监督五个主要指标构成了银行竞争力的基本内容，进一步衡量商业银行竞争力还需要根据商业银行对经济整体的作用和影响程度来判断。英国《银行家》杂志将资产、资本资产比率、利润、经营状况指标作为银行竞争力的评估指标。以朱纯福（2002）为代表的中国学者在一些著名国际评级机构的评级方法的基础上，对影响中国商业银行竞争力的内外因素做出了定性的描述。他们认为司法制度的健全性、监管的有效性、经济景气情况和经营环境构成了影响商业银行竞争力的外部因素；内部因素则是由盈利能力、银行经济资本、风险结构、银行营运价值、银行品牌效应、产权与公司治理、非利息收入、新业务和新技术、经营策略与管理质量等构成的。

国内外学者关于银行竞争力理论的研究内容侧重不尽相同，但他们基于商业银行的外部因素和内部因素提出的风险结构、资产、利润、监管等因素对我们后续研究城商行全要素生产率提升的对策建议具有一定启发。

（四）范围效率理论

银行的范围效率是指银行在开展业务时是否处于最小投入成本状态。具体来说，在给定产出水平上，如果经营多种业务的银行成本低于专业经营银行的成本，那么经营多种业务的银行存在范围效率。反之，如果经营多种业务的银行成本高于专业经营银行，则存在范围不经济。

20 世纪 70 年代中后期至 80 年代初，理论界对银行效率的研究重点转向了范围经济是否存在。本斯顿（Benston，1982）认为从事多种业务经营的银行可以享受到成本降低或得到多种供给利益，从而提高银行效益，其原因在于固定成本分摊、信息经济、降低风险和客户经济等方面。卡拉里（Kolari，1987）运用"聚类分析法"对美国约 600 家银行按各类业务占比状况，对农村类银行、城市类银行、批发业务类银行以及零售银行业务类银行等分组进行了业务范围效率假说检验。结果表明，经营多种组合业务都比经营单一业务会带来降低成本的业务范围效率。但有一个前提条件，这些业务在信息资源上相关且共享。20 世纪 90 年代，对银行业务范围效率的研究结论又存在很大的争论。有研究表明，个别产品的组合如贷款和存款的联合生产经营存在业务范围效率，但很难找到普遍性的范围经济存在的理由。众多经济学家的研究表明银行的范围经济随各国银行规模的不同而有所差异，但没有数据能证明是否存在统一的范围经济。

商业银行范围效率产生主要源于以下几点：首先，商业银行经营多种业务时，一个工作人员可以办理多种相关或相近的金融业务，一项科技成果可以运用于多项金融业务。因此，银行能充分利用现有资源，降低人力和科技等要素投入；其次，商业银行增加经营范围能有效利用自身品牌优势和发达的营销网络，实现品牌影响力扩大和业务推广，树立品牌效应和增加客户来获取利润；最后，经营多种业务的银行可以提供系统销售服务，满足客户多方面需求，在方便客户的同时也减少了银行的服务成本。同时，银行经营品种增加和经营业务扩大有助于提升其适应市场变化能力，分散市场风险。

近年来，随着我国商业银行多元化经营蓬勃发展，对商业银行范围经济的研究也开始增加。银行经营范围扩大可以从降低成本和分散风险等方面实现范围经济。然而，商业银行经营业务范围过大也会造成范围不经济。这主要是由于庞杂的管理结构和规则会导致成本提高、效率下降。

（五）X效率理论

X效率是由莱宾斯坦（Leibenstein，1966）提出的一种从成本角度解释银行效率的理论。X效率又称为X-非效率现象，是一种传统经济理论单纯从资金和技术角度无法解释的来源不明的低效率现象。莱宾斯坦（Leibenstein）认为，古典经济学中最大化、最优化的假设以及市场效率并不符合现实情况，成本最小化是一种例外而非通常情况。他将企业内部未能充分开发出的生产效率、不同于市场配置的效率，在性质尚无明确定义的情况下，称为未知效率，即X效率。X效率衡量银行控制成本和利润最大化的相对能力，关注企业内部存在的某种低效率现象以及其产生原因。

古典学派和新古典经济学派认为，在完全竞争的自由市场不存在任何低效率现象。X效率理论首先否定了这一观点。按照莱宾斯坦（Leibenstein，1966）的观点，非配置低效率是客观存在的。即使在完全竞争的自由市场中，企业也可能因内部缺陷而出现非配置低效率。因此，完全竞争市场并不等同于完全有效率。同时，莱宾斯坦（Leibenstein，1966）在新古典经济学理论关于市场垄断会导致配置低效率的基础上指出，配置低效率只是市场垄断带来的一部分，市场垄断还会带来X无效率。垄断企业可以凭借其垄断地位，通过对消费者制定更高价格获得利润，缺乏使成本最小化的动力和压力。

具体到商业银行层面，由于商业银行是一种经营货币的特殊企业，其效率的高低直接关系到社会资源的配置效益，也影响着银行国际竞争力的提升。从理论上讲，银行生产率的改进依赖于技术效率、资源配置效率、非资源配置效率（即 X 效率）的提高。商业银行在一定的外在市场环境下，如果银行管理者或员工缺乏提高经营管理水平和努力工作的动力，就会产生惰性和非理性行为，这在某种程度上引致银行内部的摩擦和投入资源使用上的浪费，进而造成的实际投入产出水平与潜在最优水平之间的差距，这就是银行 X 无效率。因此，商业银行的 X 效率是由于组织或个人的原因使得其组织中存在尚未利用的机会，而这种非市场配置的无效率既不属配置原因，又不能归于技术原因。因此将银行业的 X 效率定义为：除规模和范围影响之外的所有技术和配置效率，是关于整合技术、人力资源及其他资产来生产给定产出的管理水平的测度。X 效率理论为我们思考银行全要素生产率提升的对策建议提供了切入视角。

（六）金融发展理论

金融发展理论是第二次世界大战后随着发展经济学的兴起而诞生的。它系统地解释了金融在发展中国家经济增长中发挥的作用。金融发展理论的起始阶段是在 20 世纪 60 年代末至 70 年代初。在第二次世界大战后，发展中国家普遍实行"大推进"战略和"进口替代"战略。但 20 世纪 60 年代以后，实行这些战略的发展中国家普遍遇到储蓄不足和资金短缺的发展瓶颈，前期执行的政策难以为继。发展经济学家认为，问题根源在于金融发展相对滞后和金融体系运行低效，金融对经济发展的作用开始受到关注。

戈德史密斯（Goldsmith，1969）在其 *Financial Structure and Development* 一书中首次进行了金融结构与经济增长的跨国比较分析研究。他认为，金融结构（金融资产之间的数量关系）随着经济发展和市场深化不断演变；随后，麦金农和肖（Mckinnon and Shaw）相继提出了金融抑制和金融深化理论，标志着金融发展理论正式形成。麦金农（Mckinnon）认为政府的金融抑制政策导致发展中国家金融结构扭曲，资源难以有效配置。只有消除金融抑制，才能塑造有效的金融市场，促进金融市场发展。肖（Shaw）认为政府干预会扭曲金融市场，只有消除政府干预，使利率市场化，才能使金融结构深化，促进经济发展。

金融发展理论的提出，引发了经济学界的强烈反响，金融对经济发展的作用再次受到重视。沿着金融抑制和金融深化的思路，20 世纪 70 年代末，涌现出了众多观点,卡普(Kapur,1976)认为在落后的封闭经济体中,固定资本和闲置资本比例相对稳定,商业银行对经济的作用取决于其提供的流动资本数量;弗里(Fry,1978)认为投资规模和投资效率决定经济增长,在发展中国家,两者受到货币金融的影响很大;马西森(Mathieson,1980)认为经济增长受制于银行贷款数量(供给),而银行贷款数量由实际利率决定。要使实际利率处于均衡水平,从而保证经济稳定增长,就减少管制,持实行利率市场化观点的这些学者被称为第一代麦金农－肖学派,其理论特征凸显了金融的"非中性",强调金融可以影响经济发展。金融发展理论对发展中国家的金融政策同样产生巨大的影响。这一阶段金融发展理论的政策含义是政府金融部门的管制阻碍了金融发展,抑制了资本形成,提高了经济发展成本,最终降低了经济增长速度。在该理论的影响下,20世纪70年代,以拉丁美洲为代表的发展中国家开始放松政府金融管制,实行利率市场化政策。

麦金农和肖(Mckinnon and Shaw)的理论始终将金融视为外生变量,忽略了不同金融体系(即金融服务的数量、工具和质量)与经济发展的相互作用。同时,拉丁美洲国家金融自由化的结果并不理想,同样引发了学术界的进一步思考。沿着戈德史密斯的思路,第二代麦金农－肖学派将研究方向转向金融中介和金融市场如何内生于经济体系。第二代金融发展理论的代表性人物苯茨文奇和史密斯(Bencivenga and Smith,1991)认为在一定条件下引入金融中介,能够促进资本投资,优化投资效率,提升技术发展水平,并最终促进经济增长;施蒂格利茨(Stiglitz,1995)认为发达的金融市场由于其信息公开性而存在严重的搭便车问题,削弱了投资者信息获取意愿,进而削弱了金融市场的有效性。通过与企业长期稳定的合作关系,银行可以将这种外部性内部化;莱文(Levine,1991)认为通过资本积累和技术创新两条路径,金融体系可以促进经济增长。银行和市场是互补关系,两者最终都服务于经济发展。从第二代学者代表性观点可以看出,他们认为,金融结构和金融改革需要遵循经济发展趋势,并强调技术进步和生产率提高对经济发展的重要性。因此,第二代金融发展理论的特点是金融内生化,第二代金融发展理论的政策含义是完善金融市场机制建设。

第二代金融发展理论开始深入研究金融与经济的关系,强调金融的中介作用,但是关于金融究竟通过何种机制作用于经济发展的讨论依然较少。随着制度学派的兴起，金融发展理论的研究视角拓展到了经济以外的法律、政治、文化、地理、语言等因素上，研究范围也不再局限于发展中国家。第三代金融发展理论始于哈佛大学和芝加哥大学的四位学者波特（Laporta）、洛佩斯德赛兰斯（Lopez-de-Silanes）、什莱弗（Shleifer）和维什尼（Vishny）（简称：LLSV）。他们第一次明确地将法律因素引入解释金融发展和经济增长的具体研究中。LLSV（1997）强调法律制度的重要性，金融体系只有在良好的法律环境中才能发挥作用，从而促进经济发展。拉詹和津加莱斯（Rajan and Zingales，1998）则强调政治因素的重要性。第三代金融发展理论对于非经济因素的引入，使得其政策含义更为模糊。在该理论下，良好的政治环境、法律环境、产权制度都成为重要的经济发展先决条件。金融在经济发展中的作用，需要借助这些中介变量才能实现，从而使金融的地位在事实上又一次降低了。

虽然金融发展理论并未具体提及数字金融，但数字金融的诞生改变了以中国为代表的发展中国家的金融结构，促进了金融深化，改善了金融抑制情况，并使金融服务能惠及更多人群。因此，通常认为金融发展理论是数字金融最直接的理论来源。从某种程度来说，金融发展促进了数字金融的诞生，同时数字金融又丰富了金融发展理论的内涵，使其达到新高度。

三、数字金融相关理论研究

数字金融是金融与科技深度融合的革命性产物，金融与科技的结合由来已久，中外学者采用不同方法，基于不同分类标准，对数字金融展开了研究。总体而言，对数字金融研究的取向经过了一个由表及里的发展过程，可以在参考时间序列的同时，将其大致分成以下四个阶段。

1972 年，贝廷格（Bettinger）最早提出"金融科技"概念，指出金融科技是计算机技术与银行专业知识和现代管理科学的结合。

在 20 世纪后期，阿纳等人（Arner et al.，2015）认为金融与科技结合最突出的表现是利用信息技术推进传统金融业务流程电子化，从而产生了"电子金融"概念。之后，互联网技术逐渐在金融领域得到广泛应用，从而催生了"互联网金融"概念。

谢平和邹传伟（2012）指出互联网金融是一种集移动支付、信息处理及资源配置于一体的新型金融模式，它与银行的间接融资和资本市场的直接融资都存在本质区别。美国贸易发展委员会最开始将其称为在线金融，包括在线银行、在线经纪和在线保险等在线金融服务。王小华、邓晓雯和周海洋（2022）认为金融与科技的进一步融合在促进金融创新的同时，颠覆了传统金融服务方式，发展形成了数字金融业态。

数字金融业态中首先出现的是"数字普惠金融"概念，2016 年 G20 峰会强调利用数字技术推动普惠金融发展。但由于数字金融概念出现较晚，并未形成统一的定义，在定义角度与侧重点等方面存在一些差异：基于"金融—科技"双重属性，黄益平、黄卓（2018）认为数字金融是指传统金融机构和互联网企业利用数字技术实现融资、支付、借贷等金融服务的新型金融模式；封思贤和郭仁静（2019）认为数字金融是对传统金融服务的改造，其是将大数据、云计算、区块链、人工智能等数字技术与传统金融服务深度融合发展形成的新型金融服务；付争和王皓（2021）基于数字金融表现形式方面，认为其包括移动支付、手机银行、电子钱包、网商银行、网络借贷等金融服务；厄齐尔（Ozili，2018）基于数字金融载体方面，认为其应被界定为通过移动终端、个人电脑、互联网等提供的一系列金融服务。

本书认为数字金融与上述相关概念存在本质的区别：数字金融具有以下三个特点：一是数字金融的参与主体广泛，不再局限于传统的金融机构，也不局限于互联网企业和金融科技公司，其参与主体参透到社会中的各类企业；二是数字金融的转型系统化和整体化，已从零散的金融机构业务管理信息化和电子化、金融服务的线上化和移动化，转向企业整体的金融数字化升级；三是数字金融所依托的底层技术已显著升级，已由计算机信息技术、移动互联技术等传统技术升级到大数据、云计算、区块链和人工智能等前沿数字技术。

数字金融的概念虽然出现相对较晚，但其背后的发展逻辑有足够的理论支撑。首先，数字金融与货币这一基础性要素密不可分，它与货币的功能和形式的变化有内在联系。其次，数字金融理论脱胎于金融发展理论。金融结构为金融发展提供了理论依据，而金融发展理论又包括金融深化和金融约束两方面内容。最后，数字金融作为现代互联网和信息技术在金融领域运用进程中衍生出来的新型金融模式和业态，在此情况下还衍生出许多富有时代特色的新经济理论，例如网络经济和平台经济的理论。同时，传统理论中的技术溢出理论、鲶鱼效应理论、长尾理论和交易成本理论也对数字金融的发展进行了新的解读。具体如下：

（一）货币理论

本书从货币的角度来探究数字金融的理论渊源。尽管数字金融的形式与传统金融不同，但它仍然是金融活动的一种，其本质并未改变。而货币作为金融活动中最基础的要素，因此数字金融与政治经济学中的货币理论之间存在着内在的联系。首先，由于传统信用货币（纸币）存在内在缺陷，限制着货币功能的发挥，就迫切需要数字金融的发展。传统的货币无法实现货币的"7×24"小时跨空间交易结算，无法追溯信息流和商品流，亦无法突破交易物理空间和交易结算时间的约束，因此无法拓展生产活动联结的时空边界，货币的流通职能的发展受到了极大的约束，而数字金融的出现提升了货币流通能力，使得这一情况极大改善；其次，货币支付手段的局限性促进了数字金融的发展。在传统金融模式下，货币支付手段这一职能在进行债务清偿具有局限性，支付手段职能被局限于企业与企业之间，或者零售商与熟人之间。而数字金融强化了货币的支付手段职能，数字金融的出现使得赊购、赊销在日常的生产、生活消费过程中变得更为广泛和便捷；最后，资本扩张的需要也促使着数字金融的发展。发达的虚拟资本会使得资本集中化程度提高，从而使生产规模得到扩展，但在传统的金融模式下，借贷资本存在较高的进入门槛，在我国这种中小微企业占比较大和居民财富积累较少的社会情况下，资本集中程度远远不够。数字金融使得资本虚拟化程度提高，资本的集中速度和规模得以提升。数字金融一方面通过创造新的金融工具或者组织形式，比如众筹、网商银行、微众银行等，极大地丰富了虚拟资本的种类和运作渠道，另一方面，数字金融通过降低交易门槛的方式，增加了交易的便捷性，提升了虚拟资本的吸附能力。

数字金融的出现，对传统的货币理论产生了一定的冲击。数字金融的发展利用了大数据、人工智能和云计算等技术，显著降低了信息不对称和交易成本。这对于传统金融机构难以触及的偏远地区群体尤为重要。与传统金融相比，数字金融不受地理距离和时间的限制，降低了经营成本。此外，数字金融能够利用大数据进行风险控制，更有效地预测风险。然而，数字金融的快速发展也带来了隐私保护和数据安全等新的风险点，需要在新的监管框架下实现有序发展。

（二）平台经济理论

平台经济理论认为，平台是一种连接两个或多个特定群体，并为其提供满足需求的互动机制，进而通过收取一定费用等方式从中获益的现实或虚拟交易空间。数字金融业务的开展自然离不开互联网平台的支撑，第三方支付、网络贷款、网络众筹、网商银行等数字金融业态属于典型的平台经济。这类数字金融以平台为中心，使得传统金融业"单点—单向"模式转变为"多点—双向"模式，市场参与主体通过数字金融平台可以自行完成信息的甄别、匹配，从而完成交易，塑造了"7×24"小时全时空的全新金融模式，大大提高了资金运行效率。同时，可以通过云计算和大数据等数字技术对数字金融平台沉淀下来的交易记录、交互行为和违约支付行为等海量结构化与非结构化数据进行信用价值的分析挖掘，实现对参与主体行为模式和声誉情况的精准画像，进而确定营销渠道与方式，以及借贷融资的金额、期限和利率等。另外，依托于网络系统建立的数字金融平台，其物理承载水平往往远超用户使用的极限，参与主体间不存在竞争性和排他性，因此数字金融产品一旦开发出来，其边际成本接近于零。这有利于商业银行的进一步发展，产生积极的正面效应。

但数字金融通过平台也会将一部分传统业务替代，产生替代效应，同时也会增加商业银行的竞争者，挤占银行的利润空间。具体来说，数字金融的发展催生了一系列的新产品和新型的业务模式，随之产生的第三方平台也能够运用新技术实现部分商业银行功能，并且这些第三方平台能够更好地运用诸如大数据、区块链技术等数字技术对商业银行的部分功能进行复刻并完善，从业务处理流程及效率层面进行进一步优化，使得目标客户可以通过第三方平台直接进行与商业银行相同的部分业务。这在一定程度上替代了商业银行的部分功能，对商业银行的发展造成了不利的影响；数字金融的发展增加了商业银行的竞争者，甚至动摇了商业银行作为结算中心的地位，这些新兴起的科技平台为客户提供了更加便捷的新产品和更高效率的交易方式。因此，这些不利因素在短期内会阻碍商业银行的发展和进一步的扩张。但同时也使得商业银行提升了竞争意识。商业银行为了提高自身的竞争力，力求开发更加创新的金融产品和更加高效率的服务，发展初期，商业银行的线下业务仍不可避免地存在人力物力和资源的闲置及浪费现象，无法对其进行更加充分地利用。但最终随着商业银行对数字金融相关技术的利用能力逐步提升，这些问题会得到缓解。

（三）技术溢出理论

数字金融通过技术溢出理论的竞争、示范和联系效应对商业银行整体效率造成了一定的影响。技术溢出理论会对商业银行的技术层面产生一定的影响，其对商业银行进行技术创新提供了良好的借鉴意义，有利于促进商业银行业务模式转变，对商业银行的技术提升产生了积极的影响。从竞争效应而言，随着数字金融的发展产生的一系列新业务、新模式吸收了传统商业银行的部分现有客户资源和潜在的客户资源，这对商业银行作为支付中介的角色造成了一定程度的弱化，这对商业银行而言是一种负面冲击。在这样的冲击下，商业银行与其进行竞争，参考相关经验，运用数字技术努力提升自身的经营和业务模式，应对数字金融的威胁，最终促使商业银行业务能力不断提升，进一步提升其整体效率。从示范效应而言，数字金融所带来的技术层面的飞速发展以及新业务的运作模式等能够为商业银行提供良好的借鉴经验，但随之产生的外部冲击也会对商业银行造成不利的影响。商业银行通过借鉴学习优化自身的业务和经营模式，从而缓解数字金融对其资产负债业务以及中间业务的冲击，并进一步完善和改进自身的业务能力，进一步促进其整体效率的提升，更好地适应数字金融的发展。从联系效应而言，数字金融结合科技型企业，利用科技企业在科技层面的优势与专业度，两者之间进行融合所产生的资源共享也进一步提高了数字金融相对于传统商业银行业务模式及管理模式的便利性和高效率。这种合作模式为商业银行提供了一定的借鉴经验，有利于商业银行对数字金融的进一步了解，并对这种合作模式进行深度学习加以运用，逐步改善并提升商业银行自身的业务模式和管理模式，有利于商业银行的长期发展。

（四）鲶鱼效应理论

随着技术溢出竞争效应而随后产生的鲶鱼效应也在一定程度上体现了数字金融对商业银行效率的影响。经济学角度所理解的鲶鱼效应是指当一个行业出现新的竞争者后，会使得原有竞争者增强忧虑，不再保持原有的优越感，而以更加积极的态度投入新一轮竞争中。伴随数字金融的发展而产生的例如支付宝、微信支付、京东白条等移动支付手段在一定程度上分流了商业银行的固有客户，同时也吸收了一部分商业银行的潜在客户，这对商业银行的支付中介地位形成了一定的冲击。同时，数字金融所带来的新型科技手段通过运用大数据手段更好地对客户的信用程度进行识别分析，高效快速地对客户进行信用评级，极大地提高了业务的办理效率，使得客户与第三方平台进行直接交易，弱化了商业银行的信用中介地位。这些冲击从各个层面造成了商业银行的客户脱媒和金融脱媒。这一系列冲击都会对商业银行效率造成不利的影响。因此，商业银行在应对这类冲击时保持更加积极的活力和动力，结合科技手段进行数字化转型升级，提升整体实力和业务效率，稳固其支付中介和信用中介的地位。鲶鱼效应促使商业银行增加竞争意识，理性应对冲击同时进一步提升自身实力，最终对商业银行整体效率产生积极的作用。

（五）长尾理论

根据传统的二八定律，商业银行的主要精力都放在一些优质的客户和企业上，而忽视了剩下的非优质客户。数字金融的发展结合科技型企业使其开发客户的目光转移到了这些被商业银行忽视的非优质客户身上。对这些非优质客户的关注被称之为长尾理论，这一近些年兴起的新理论由安德森（Anderson，2006）提出，长尾理论的提出颠覆了传统的二八定律。李宁等（2016）、陆岷峰和吴建平（2016）在研究长尾理论时均指出，金融科技的发展有利于长尾市场的开拓，促进了对这些非优质客户的开发拓展，也阐明了这些长尾客户的价值。长尾理论促使商业银行提高对这些非优质客户的关注度，但其同时也指出，对这些占据较大部分的非优质客户的关注需要耗费较大的成本。而商业银行结合数字金融的发展为发展长尾客户提供了更加高效、更加低成本的方式。同时使商业银行的业务模式从传统的线下开发客户转向线下线上双结合的方式，更加便捷、高效地开发潜在客户，避免了对零散客户需求的忽视。数字金融的发展一方面可以使得商业银行通过运用大数据对各类数据进行分析处理，极大地降低了信息的搜寻成本，能够更加精准地为这些长尾客户提供服务。另一方面克服了商业银行在时间和空间层面以往的不足，极大地提高了服务效率。长尾客户的价值结合数字金融所带来的科技手段为商业银行的发展产生了极为有利的影响，继而提升了商业银行效率。

（六）交易成本理论

根据交易成本理论，商业银行的日常管理运营必然离不开交易成本和运营成本的付出，而降低交易成本有利于商业银行获得更大的收益，进而提升自身的管理效率。数字金融通过科技手段能够从交易模式、花费时长、信息传递速度、信息搜寻成本等方面为商业银行提供可行的建议和措施，帮助商业银行减少这一系列可能产生的成本，进而提升商业银行的管理水平。

数字金融相关理论的本质是金融发展理论的深化，平台经济理论是其最直接的理论来源。基于货币理论、技术溢出理论、鲶鱼效应理论、长尾理论和交易成本理论等，数字金融的理论得到进一步发展。数字金融发展的内在动力是完善金融服务功能、提升效能、降低成本和增加便利性，外在条件是数字技术的进步和应用。数字金融相关理论还在结合不同国家的制度背景，发展形成广泛适用、系统化的理论体系。

第二节　文献综述

一、城市商业银行全要素生产率的动态特征

国内外相关学者对商业银行全要生产率的动态特征进行了大量详实的研究，但现有文献对城市商业银行这一商业银行主体的直接研究较少。本书对商业银行全要素生产率问题的相关文献进行梳理，学者们的研究主要体现为三方面：测量内容的动态演变、测量方法的动态演进和数字金融时代的新动态特征。

（一）研究内容的动态演变

1. 从单一要素生产率到全要素生产率

早期的研究人员对生产效率的研究局限于单一要素的生产率，仅考虑单一要素如劳动力、资本等某个因素对产出的影响，且研究领域集中在生产领域。而劳动生产率就是一种最典型的单一要素生产率，斯密（1776）最早在《国富论》中提出，劳动生产率的增加是国民财富积累增长的重要途径。不过，在实际的社会生产活动中，投入的生产要素往往至少包括两种以上，因此单要素生产率能反映的生产效率内容有限，往往并不准确。

首次提出全要素生产率这一概念的是丁伯根（Tinbergen，1942），他在1942年首次提出考虑多要素的增长率，为生产效率深入研究指明了方向，而将全要素生产率这一概念明确的则是索洛（Solow，1956）。索洛（Solow，1957）把在社会经济发展中无法由劳动力、资本和技术等要素投入所能够解释的那部分"剩余"归于技术进步的效应，即所谓的全要素生产率，索洛增长模型因此也构成了全要素生产率测算的理论基础。肯德里克（Kendrick，1961）在索洛增长模型的基础上将经济增长的主要驱动因素分为要素投入和要素生产率，从而对全要素生产率的含义作了进一步阐释。丹尼森（Denison，1969）的研究表明，生产要素投入对经济增长的影响不但有产出量的提高，而且还有生产效率的改善，这就从另一个视角解释了全要素生产率的提高是促进经济增长的关键因素。

乔根森和格里利切斯（Jorgenson and Griliches，1967）则提出了另一种意义下的全要素生产率，他们认为全要素生产率是各投入生产要素无法解释的那部分，而不是像索洛模型中那样，简单地等同于生产率增长率减去资本生产率增长率和劳动生产率增长率之后剩余的部分。他们认为在索洛模型中，所测定的全要素生产率是不包括资本投入的技术进步，当测定的全要素生产率的增长率比较低，只能说明不包括资本投入的技术进步较低，并不能说明与资本融合的技术进步不存在的。按照他们的观点，索洛模型中全要素生产率所体现的技术进步是不包括资本投入的、外生的、希克斯中性的技术进步。而通常场合下，人们谈论的技术进步范围要大得多，至少会包括资本融合带来的技术进步。在这个意义下，全要素生产率的增长不能简单等同于技术进步。

此外还有学者认为对全要素生产率进行研究时，考虑的生产要素越全面越好。他们认为，既然被称为全要素生产率，那么这一指标在研究过程中就应该把所有的生产要素综合起来考虑，即全要素生产率应等于生产过程中全部生产要素投入和产出的比值相加。但这一观点忽略了效率的相对性，如果将每一要素都考虑其中，有部分要素比如气候、温度、自然资源等要素可能对全要素生产率的贡献微乎其微，难以判断是何种要素对全要素生产率影响更大，从而对其研究就失去了原本意义。

全要素生产率的提升在中国经济腾飞的过程中发挥了难以比拟的作用，也使得国内学者对全要素生产率的研究投入极大的热情。虽然相比西方，我国学者对全要素生产率的研究较晚，但也取得了丰硕的成果。国内外学者对全要素生产率的研究从最初的单一要素生产率发展到全要素生产率，并从多种角度研究全要素生产率的内涵和外延。央行行长易纲等（2003）将全要素生产率定义为各要素如资本和劳动等投入之外的技术进步或技术变化对经济增长贡献的因素；郭庆旺和贾俊雪（2005）认为全要素生产率是指各要素如资本和劳动等投入之外的技术进步和能力实现等导致的产出增加，是剔除要素投入和中国经济增长质量的驱动因素分析贡献后所得到的残差；刘建国等（2012）则认为全要素生产率是指生产活动在某一特定时间内的效率，是总产量与全部要素投入量之比，是用来衡量单位总投入与总产量的生产率指标；王丽萍（2012）认为全要素生产率反映了资本、劳动等所有投入要素的综合产出效率，也可以代表不包含资本投入的技术进步；邹心勇和赵丽芬（2013）认为全要素生产率是指扣除要素生产率贡献后不能被解释的部分，其数值在理论上等于产值生产率减去要素投入量增长率后的差额。

2. 从生产领域到非生产领域

虽然全要素生产率理论最初应用于传统的生产领域，但同样适用于银行业这类属于非生产领域但会对生产领域产生重大影响的行业。因此，对商业银行而言，全要素生产率的内涵同样是除去劳动力投入、资本投入以外其他所有因素，如科技投入、制度变迁、银行管理改革、银行战略变化、银行从业人员综合素质提高等因素。国内外学者对商业银行这一非生产领域的全要素生产率进行了大量研究。

　　国外学者这方面研究开始较早，鲍尔等人（Bauer et al.，1998）利用参数分析法中的随机前沿生产函数法对美国银行业 1977～1988 年期间的全要素生产率进行了测度，通过分析测算结果发现，样本期间美国银行业全要素生产率的变动范围处于 0.1%～3.35% 之间；米勒（Miller，2001）运用美国 201 家大型商业银行 1984～1990 年间的数据，通过构建 DEA 模型测算全要素生产率指数。研究发现，6 年间样本银行的全要素生产率增长显著，且主要得益于监管放松；阿陶拉和科克里尔（Ataulla and Cockerill，2005）通过采用投入产出双导向的 DEA 模型测算出印度和巴基斯坦两国商业银行在 1992～1998 年的全要素生产率的变化情况，研究表明在政府出台政策实施期间（样本期间），印度和巴基斯坦两国银行全要素生产率的增长率都达到最高水平；阿吉洛普洛斯和乔治普洛斯（Aggelopoulos and Georgopoulos，2017）构建了投入导向的 DEA 模型，分析了在外部环境恶化的情况下希腊商业银行 2006～2016 年间分支机构的效率变化情况，并总结了效率的驱动因素。

　　相比国外学者，我国商业银行的全要素生产率研究起步较晚，但也做出突出的贡献，并且关注到了城市商业银行这一特殊群体。孙巍等（2005）使用我国 14 家主要商业银行 1996～2002 年间的数据作为研究对象，构建了基于 DEA-Malmquist 模型，发现在研究期间这 14 家商业银行的全要素生产率呈下降趋势，主要是由于社会生产力水平低下与可贷资金规模盲目扩展，资金未得到合理使用导致的；仲深和王春宇（2012）构建了 DEA-Malmquist 指数模型对 15 家中国商业银行 2004～2009 年间的生产率指数进行分解测算。分析结果显示，这一时期中国银行的整体全要素生产率下降，M2 增长率与进出口贸易总额对商业银行的全要素生产率的上升有正向贡献，而全社会固定投资与 GDP 对全要素生产率起负面作用；李成、郭品和高智贤（2014）使用中国商业银行 1996～2012 年间的数据，构建无导向的 DEA-Malmquist 模型对商业银行的全要素生产率进行测算。研究发现，中国银行业在样本期间全要素生产率总体上是提升的，但增长幅度较小。主要是因为银行业改革不够深入、股权结构单一、业务监管严格导致的生产率水平低下；李双建和刘凯丰（2016）使用中国 61 家城市商业银行 2007～2015 年间的数据，分别构建 SBM 方向性距离函数和 Malmquist 生产率指数，测算出不良贷款约束下城商行的全要素生产率，并探讨了收敛性。他们认为这一期间的城商行全要素生产率整体呈现上升趋势，各城商行之间全要素生产率存在明显差异，进一步研究发现，城商行全要素生产率水平会收敛于其自身的稳定性水平。

从以上文献分析得出，国内外学者在研究商业银行的全要素生产率时虽然起步时间有所差异，但都将研究范围扩大到对银行效率的研究，不再局限于传统的生产领域，并将全要素生产率这一指标作为衡量银行效率的主要依据。同时，研究程度也不断深入，由简单地使用计量模型测算商业银行的全要素生产率指数到进一步探究商业银行全要素生产率的收敛性，同时关注到城市商业银行这一特殊群体。

（二）测量方法的动态演进

从上述分析中，我们可以看到国内外学者对全要素生产率的研究最初都从其基础概念理论出发。从全要素生产率这一概念的诞生至今，其研究发展与测量方法都是相互促进，密不可分的。一方面，随着全要素生产率研究的不断深入，迫切需要更完善、更贴合实际的测量工具，这一需要促进了计量方法的不断创新、改进。另一方面，计量方法的创新、改进将全要素生产率的研究推向了新的高度。随着信息技术以及理论水平的不断发展，国内外学者对全要素生产率增长率的测度和分解则更为具体，将全要素生产率进一步分解为技术效率变动率、技术进步变化率、资源配置效率和规模效率变化。

早期对于银行效率的评价还局限于比率分析方法。比率分析方法是一种静态的分析方法，在评价全要素生产率方面存在着致命缺陷。由于其只能评价单一要素的投入和产出，而且无法确认无效率的来源以及无法对全要素生产率指数进行分解，因此产生了参数方法（以前沿分析为主）和非参数方法（数据包络分析方法，即 DEA 方法）的计算方法。其中，在数据包络方法基础上发展起来的 Malmquist 指数是现在测度商业银行全要素生产率最常用的方法。

国外的学者在研究商业银行全要素生产率较早使用了非参数的数据包络分析法。伯格（Berg，1992）较早使用 DEA – Malmquist 指数研究了挪威银行业的增长；卡苏等人（Casu et al.，2004）以两千多家欧洲银行 1994 ~

2000 年间的数据为对象，并构建了 DEA 指数模型。他们发现，西班牙和意大利的银行全要素生产率增长最快，其次是法国、德国和英国的银行。并且通过对全要素生产率进行分析，西班牙和意大利银行全要素生产率的增长主要来源于技术进步；朱等人（Zhu et al.，2021）运用巴基斯坦私营、公共和外国银行 2006～2017 年期间的相关数据，构建了 DEA – Malmquist 指数模型。他们发现，外资银行的平均技术效率和纯技术效率全要素生产率均优于国内银行。但是，国内银行的平均规模效率全要素生产率相对优于外资银行。在样本期间，更多公共部门银行的表现优于私人银行业。

　　国内学者相关研究起步较晚，但也取得了丰硕的成果。一些学者利用 DEA – Malmquist 指数研究了我国商业银行的全要素生产率，且多关注银行制度对全要素生产率的影响。张健华（2003）利用 DEA – Malmquist 指数分析了中国商业银行 1997～2001 年期间的投入阐述指标数据对其全要素生产率进行测算。他发现股份制商业银行在我国的商业银行中生产率最高，其次是大型国有商业银行，而城商行效率水平最低，相比股份制商业银行和国有商业银行来说，城商行主要扎根地方，经营范围相对小，经营规模较小，未能充分发挥规模经济的作用；杨望等（2020）使用 DEA – Malmquist 模型测算我国 145 家商业银行 2013～2018 年的全要素生产率，他们发现金融科技能够通过金融创新、技术溢出和市场竞争驱动商业银行战略转型显著提升商业银行的效率，且对股份制银行和东部的商业银行影响更加显著。还有一些学者利用 DEA – Malmquist 指数在对我国商业银行的全要素生产率进行测度时发现，我国商业银行的全要素生产率整体呈现下降态势。陈一洪（2014）利用 DEA – Malmquist 指数分析了中国城市商业银行 2008～2012 年间的全要素生产率，研究发现样本期间城市商业银行的全要素生产率总体保持下降，样本城商行的技术效率与技术进步总体呈现负增长态势，特别是技术进步负增长明显，成为制约样本城商行全要素生产率提升的重要因素；路妍和李刚（2018）利用 DEA – Malmquist 指数分析了中国上市商业银行 2006～2016 年间的全要素生产率，研究发现样本期间商业银行的全要素生产率呈现下降态势，其中货币供应量和银行的盈利能力对商业银行的全要素生产率影响较大。

　　由于 Malmquist 指数或者 Luenberger 生产指数无法同时反映出全要素生产率增长变化和不良贷款率等负面的产出指标纳入到模型中，进而对全要素生产率的测算结果有偏差，可能会得出错误的结论。为了解决这一问题，钟等人（Chung et al., 1997）对 Malmquist 指数做出修正，提出 Malmquist - Luenberger 指数（ML 指数）。国内学者考虑到商业银行的不良产出，利用 Malmquist - Luenberger 生产率指数更加准确测度商业银行的全要素生产率。柯孔林和冯宗宪（2008）构建了投入产出导向型的 Malmquist - Luenberger 生产率指数，分析了 2000～2005 年间的中国银行业全要素生产率跨期动态变化。他们发现，样本期间中国银行业全要素生产率呈现出显著的增长态势，且国有商业银行的全要素生产率低于股份制商业银行，但其增长幅度更高。此外，如果不考虑不良贷款，则会高估中国银行业生产率增长；王兵和朱宁（2011）利用 SBM 方向性距离函数和 Malmquist - Luenberger 生产率指数分析了 2003～2009 年中国 11 家上市商业银行全要素生产率。他们发现中国银行业的全要素生产率整体是增长的，其中股份制商业银行的效率高于大型国有商业银行，股份制商业银行高于大型国有商业银行的全要素生产率水平，非利息收入偏低和不良贷款偏高是导致银行无效率的主要因素；李广子等（2014）利用 Malmquist - Luenberger 生产率指数分析了中国 11 家上市商业银行 2007～2009 年间的全要素生产率。他发现在样本期间，我国中小型银行的全要素生产率整体呈现上升趋势，但不同类型、不同区域的中小型商业银行全要素生产率存在明显差异，且呈现出一定的收敛性，即其全要素生产率会收敛到自身稳定增长的水平。

不过 Malmquist - Luenberger 生产率指数虽然考虑商业银行不良贷款等负面因素，但其存在着线性规划无解、不满足可传递性、可加性等条件，故而吴（Oh，2010）构建了 Global Malmquist - Luenberger 生产率指数（GML），来克服 Malmquist - Luenberger 生产率指数内在缺陷。国内学者利用 GML 指数对我国商业银行的全要素生产率进行再测算，但未能就银行体制与全要素生产率之间的关系得出统一的结论。柯孔林和冯宗宪（2013）通过构建 GML 指数模型，基于我国商业银行 2001～2010 年间的数据对其全要素生产率进行测度。他们发现，在样本期间我国商业银行全要素生产率的提升主要源于技术进步。同时，所有制对全要素生产率的影响呈现差异，股份制商业银行的全要素生产率高于大型国有商业银行，银行体制改革提升了其技术效率，但提升作用减弱。但国内学者朴胜任（2020）以我国 16 家商业银行

2007～2017 年间的数据为基础，结合超效率 SBM 模型和 GML 指数模型对商业银行的全要素生产率进行测度。他发现样本银行中大型国有商业银行的全要素生产率均值高于股份制商业银行。此外，样本商业银行的全要素生产率整体呈现收敛趋势。

还有的学者通过构建 GML 指数模型发现，如果不考虑不良产出，一般会高估测度的全要素生产率。刘亮（2017）运用我国 12 家城商行 2011～2015 年间的数据构建 GML 指数对其全要素生产率进行测度。他发现是否考虑不良贷款对测度的全要素生产率具有显著差异，不考虑不良贷款会对城商行的全要素生产率形成高估。此外，研究还发现样本期间民营控股的城商行全要素生产率均值要高于国有控股城商行，但其全要素生产率的增速随时间呈现递减趋势。

综上，对商业银行全要素生产率测算方法经历了从静态分析的比率方法，逐步发展到以 DEA 为基础的 Malmquist 指数法。进一步考虑到不良产出的因素，产生了包含不良产出指标的 Malmquist - Luenberger 指数。此外，Global Malmquist - Luenberger 指数进一步改进了 Malmquist - Luenberger 指数无法动态比较全时期的观测值缺陷，成为较为完善的商业银行生产率研究方法，也成为近年来学者研究商业银行全要素生产率的主要方法，本书研究城市商业银行这一群体依然基于上述全要素生产率的测量方法。

（三）数字金融时代的新动态特征

数字金融时代下，互联网金融公司以其先进的技术优势，庞大的用户群体，海量的数据对城市商业银行的业务造成了巨大的冲击，城市商业银行起初处于被动挨打的局面，这一切都倒逼其进行数字化改革，实现数字金融新业态。同样地，学术界对数字金融对城市商业银行全要素生产率的研究也掀起了浪潮。城市商业银行发展数字金融是提升其全要素生产率的必由之路。

不过，并不能把数字金融与城市商业银行全要素生产率之间的关系看成简单的促进关系，数字金融与城市商业银行全要素生产率的关系实际情况较为复杂。国外学者认为商业银行发展数字金融会通过加剧行业内外的竞争，摊薄单个银行的利润，进而对商业银行全要素生产率产生一定的阻碍作用。国外学者贝克（Beck，2001）发现互联网等数字技术发展使得商业银行发展的竞争对手增多，由于商业银行不具备其原有交易上的优势，这在竞争中就会遭遇巨大的冲击，进而使得其一部分金融中介的功能被替代；戈姆伯（Gomber et al.，2017）也认为数字金融的发展不仅加剧了商业银行的外部竞争，同时也使得商业银行的内部竞争也不断增强，不同类别的商业银行为了加强竞争，不断升级其相对优势，这对商业银行其本身的经营效率就会产生不利影响；而布内亚（Bunea，2016）指出美国银行年报中明确提到的来自金融科技的竞争，并且他发现 14 家银行承认受到金融科技公司的威胁，金融科技对银行绩效产生了负面影响。

国内学者则认为商业银行发展数字金融会推动相关成本提高，侵蚀银行原有的业务，同样会降低银行的利润，进而对商业银行全要素生产率产生一定的阻碍作用。戴国强和方鹏飞（2014）研究发现，互联网金融会通过提高资金成本，从而降低银行利润，抢夺传统银行市场份额和客户，最终导致银行的资产端受到影响；孙杰和贺晨（2015）通过研究发现，在大数据时代背景下，数字金融通过数字技术从而达到去中介化，最终冲击了商业银行的存贷业务，进而降低了商业银行的绩效；邱晗等（2018）认为利率市场化背景下，以 2011～2015 年间的 263 家银行为研究对象发现，金融科技优化了银行的负债端业务，使得银行负债端凭借同业拆放市场来获得大量资金，推高了银行的负债成本从而降低了银行利润；李亭亭（2019）发现数字金融减少了商业银行的存款，增加了商业银行的负债端成本和流动性风险。同时，数字金融促进了 P2P 网贷的快速发展，使得新的竞争者进入市场，增加了商业银行信用风险，此外，数字金融侵蚀了银行业的中间业务等；廖凯诚、张玉臣和彭耿（2021）运用 2011～2018 年城市面板数据对金融业全要素生产率进行测算和分析，发现数字普惠金融的发展可以显著降低金融业全要素生产率，这一抑制效应还表现在对技术效率和科技进步效率的影响上。

尽管已经存在实例证明了数字金融会对城市商业银行的全要素生产率起到负面作用，巨大的冲击甚至会导致城市商业银行破产。但总体上，国内外诸多学者认为数字金融对城市商业银行全要素生产率的提高有着显著的促进作用。贝克等人（Beck et al.，2016）金融创新不仅包括技术改革和提升，同时也涵盖了商业模式改革、金融产品改革和服务模式改革。金融改革和提升促进了银行产品多样化，并提升了银行服务体验，扩大了金融服务的范围；卡索拉洛和戈比（Casolaro and Gobbi，2007）利用意大利 600 家银行 1989～2000 年间的微观数据，分析了信息技术投资对金融业的影响，发现数字技术促进意大利银行业全要素生产率的增长；斯托伊卡等人（Stoica et al.，2015）结合 DEA 指数方法和主成分分析方法计算出了 24 家银行的整体绩效。发现银行借助网银的服务功能能促进罗马尼亚银行绩效的提高；斯科特等人（Scott et al.，2017）研究了全球银行间电信采用基于网络技术基础设施 SWIFT 对银行绩效的影响，结果表明采用 SWIFT 能提升银行的长期盈利能力，对绩效表现出显著的网络效应。

国内学者同样进行了相关研究，并且发现数字金融的发展对商业银行全要素生产率起到正向的促进作用。杨望等（2020）运用我国 145 家商业银行 2013～2018 年间的数据，研究了金融科技对我国银行业效率的影响。研究发现，金融科技的发展可以通过多种途径正向提升商业银行的全要素生产率；卜亚和张倩（2021）借助无导向型 DEA – Malmquist 指数模型测算商业银行的全要素生产率，并利用 2009～2019 年上市银行数据进行实证分析，发现金融科技可以通过技术溢出效应显著提升商业银行的全要素生产率，且对城市商业银行的影响最强，大型国有商业银行次之，股份制商业银行和农村商业银行较弱；陆龙飞和徐飞（2018）分析了 2011～2017 年中国 16 家上市商业银行，在中国银行业面临金融科技的冲击背景下，发现银行通过合理的运用金融科技对商业银行经营能够起到促进作用，同时具有可有效地提升商业银行绩效的作用。

也有学者认为数字金融对商业银行的影响并非"非黑即白"，而是两者兼有之。张杜阳（2021）通过对我国上市的 30 家商业银行 2011～2019 年的数据进行研究发现，数字金融对我国上市商业银行的全要素生产率影响呈正"U"型，即在前期数字金融对商业银行全要素生产率提升具有显著的负面影响，后期数字金融对商业银行全要素生产率具有显著的正向作用。

二、城市商业银行全要素生产率驱动因素

通过分析城市商业银行全要素生产率驱动因素的相关文献，本书发现国

际上的发达国家大都重点分析银行的组织结构和不同的银行在相互竞争中所具有的优势,而其他部分国家则是重点分析银行的业务规划以及政府的宏观调控作用。本书从中归纳总结出城市商业银行全要素生产率的主要驱动因素,包括银行规模、金融科技和组织结构三个方面。

(一)银行规模

国外早期对于商业银行效率的研究主要集中在银行资产规模方面,虽然相关研究成果丰富,但并未得出一个统一的结论。伯格和梅斯特(Berger and Mester,1997)运用美国 6000 多所银行在 1990~1995 年间的相关业务数据,考察商业银行资产规模对其全要素生产率的影响,发现规模对其全要素生产率具有显著的正向促进作用;杰克逊和费斯(Jackson and Fethi,2000)运用土耳其商业银行的数据得出了类似的结论,他们同样发现,商业银行的资产规模和生产率之间呈现显著的正相关关系;国内学者张健华(2003)利用 DEA – Malmquist 指数分析了中国商业银行 1997~2001 年期间的投入阐述指标数据对其全要素生产率进行测算,发现相对于城市商业银行,股份制商业银行凭借其规模优势能够达到更高的全要生产率指数;王旭、蓝以信和王应明(2021)应用我国 14 家商业银行 2006~2015 年间的数据,构建了规模收益可变的时滞 DEA 指数模型来评价这一时期内的综合运营效率,指出规模效率主导商业银行的综合运营效率,规模收益对商业银行的全要素生产率增长具有正向作用。

但卡帕拉基斯等人(Kaparakis et al.,1994)、赫尔马林和华伦斯(Hermalin and Wallance,1994)却发现,资产规模对银行全要素生产率有负面影响;国内学者郑兰祥(2006)使用中国工商银行、中国农业银行、中国银行、中国建设银行四大国有商业银行数据对银行机构规模、人员规模与其效率之间关系进行检验。同样发现,四大行规模的扩张导致规模效应边际递减,阻碍了银行效率的提升。

规模效率是全要素生产率的重要构成,但城商行限于地区从业限制以及资产规模,与国有银行和股份制商业银行相比,其规模效率有限,这无疑是限制其全要素生产率增长的重要驱动因素。对城商行而言,如何提高自身的规模效率,或者如何在自身的规模限制下充分利用好规模效率,这一问题的解决可以成为城商行全要素生产率的重要驱动因素。

（二）金融科技

金融科技在助推商业银行改善经营业务的模式和拓展收入来源的渠道等方面发挥了重要作用，巴曙松和白海峰（2016）提出，金融科技是银行业实现快速发展的机遇，商业银行要重视金融服务模式和产品的革新，利用好银行现有资源，借助金融科技的发展提升银行业运营效率。各国的商业银行都已经认识到了金融科技带来的巨大改变，积极地引进金融科技加以利用，提升商业银行全要素生产率，为自身的发展道路寻求转型与开拓创新。

学术界也都把金融科技对商业银行全要素生产率的影响当作重点问题，学者们一直以来都对此问题保持高度关注，并进行了一系列的深入研究。目前学术界对此问题的观点并不一致，存在两种相反的结论。贝克（Beck，2001）、戴国强和方鹏飞（2014）认为金融科技会降低门槛，引入更多新的竞争对手，从而对商业银行的全要素生产率产生负向影响。冯永琦和张浩琳（2021）、熊健等（2021）则认为金融科技对商业银行的全要素生产率有着促进作用。金融科技运用大数据等新型的科技手段，实现了商业模式的创新（王靖一和黄益平，2018），在银行经营过程中增强了获得客户资源的能力水平，拓展了金融服务的范围，辅助银行研发更加多样化的业务，拓宽收入来源的渠道，改进原来存在不足的产品（黄益平和黄卓，2018），提高客户在接受服务过程中的满意度，整理银行在盈利能力方面的资源，增加中间业务的发展渠道，有效提升了全要素生产率（杨望等，2020）。樊志刚（2014）和塔科尔（Thakor，2020）等认为，互联网金融的迅速发展，使得银行的负债端、中间端和资产端的业务范畴受到了明显的挤压，持续性地弱化了商业银行作为金融机构的所具有的中介职能，重新构造着商业银行在整体市场中的竞争格局。苏治等（2018）和孟娜娜等（2020）指出，商业银行为了在金融科技的发展过程中获取更大的竞争优势，正在对其运营发展模式进行连续性的完善和优化，改进银行原来可能存在缺陷和不足的产品，加速数字化战略的前进步伐（樊志刚，2014；Thakor，2020），释放出很多新的竞争机会，促进商业银行之间进行有效的竞争（谢治春等，2018；Asongu，2017）。徐晓萍等（2021）和盛天翔等（2020）提出，金融科技和银行之间具有非常强的关联性，两者是相互依赖的，金融科技对于银行开展创新活动具有助推作用，银行与金融科技的协调发展有益于其增加业务额，提高在市场中的势力，从而降低银行的竞争程度。德拉什等人（Drasch et al.，2018）认为，银行在面对金融科技所带来的冲击性挑战时，由一开始单纯的相互竞争到跨越企业去进行竞争与合作，银行可以改善自己的市场占有率，减少金融领域中可能隐藏的竞争者，降低银行的竞争程度。

另外，豪斯瓦尔德（Hauswald，2003）也指出金融科技等信息技术对于银行的竞争效果具有双面性：技术的应用一方面能够使银行在信息方面的妥善处置能力有所提升，有助于增强其市场势力；同时，银行经过使用新兴的技术，信息就能够在更加广泛的范围里分布，这就为银行提供了一个更加公平的市场环境，也对一些银行的竞争力起到降低的作用。

在金融科技方面，限于资金及基础设施建设，城商行在金融科技的发展方面处于追赶者的角色。金融科技也是城商行的发展方向，但在发展过程中面临更加复杂的问题。金融科技发展的前期需要资金大量投入，对于盈利能力有限的城商行而言，在前期其全要素生产率可能会降低，城商行在数字技术、数据上与第一梯队、第二梯队的银行相比并不占优，金融科技的投入产出期望似乎也不容乐观，城商行如何充分发挥自身的区域优势、自身的定位，让金融科技成为其全要素生产率的重要驱动，是值得探究的问题。

（三）组织结构

组织结构因素则表现为银行产权方面的影响，我国银行业分为国有商业银行、股份制商业银行和城市商业银行。从股权结构上来看，国有商业银行由国家（财政部、汇金公司）直接控股，产权高度集中；股份制商业银行和城市商业银行则属于股份制形式，有较多市场化投资股权参与，产权相对分散。

国外学者认为产权集中度较高的国有商业银行存在产权不明晰、道德风险以及代理人问题，进而导致其效率低于股份制商业银行。邦宁、哈桑和沃奇特尔（Bonin、Hasan and Wachtel，2005）使用保加利亚、捷克等国的银行数据，通过实证研究得出了产权私有化可以提升银行效率的结论；福山和韦伯（Fukuyama and Weber，2017）采用 DEA 方法分析了

2006～2012 年间日本 103 家商业银行和 265 家合作社银行的全要素生产率，结果发现商业银行的全要素生产率在样本期间呈现有升有降的态势，而合作社银行的全要素生产率在样本期间均呈现；伊普等人（Epure et al.，2008）使用 1998～2006 年西班牙商业银行数据测算分析得出：私有制商业银行和储蓄银行的全要素生产率变化有所不同，私有制商业银行的全要素生产率增长动力主要源于技术效率，而储蓄银行的全要素生产率增长动力主要源于技术进步。

国内学者对于产权因素的研究较为丰富，普遍结论为我国商业银行效率受到产权制度的制约，较高的股权集中度会导致公司治理、监督机制、激励和约束制度等各方面的缺失，这在国有商业银行中表现尤为明显。陈敬学（2004）和郭研（2005）等学者的研究都支持了这一观点，并且其认为提升我国商业银行效率的关键在于产权制度的改革，从体制上进行创新和推动。之后的学者通过实证研究的方法对产权结构影响进行了进一步的探究，王聪和谭政勋（2009）采用随机前沿法测算了我国商业银行的整体效率结构，并且从宏观经济、产权结构、市场结构等方面进行了影响因素的探究，结论表明产权结构和市场结构对于银行效率都存在显著影响；张健华和王鹏（2011）利用随机前沿法测度了中国银行业和国外主要银行效率值，并且采用逐步回归的方法对其影响因素做了较为全面的分析，结果表明：宏观环境因素，比如银行业在本国的地位的提高、货币政策的宽松化、经济持续增长、银行贷存比提高等方面都对银行效率有一定的促进作用，而银行业的竞争程度、不良贷款率、同业资金比例等则降低了银行的效率。

已有文献都已证实了组织结构因素对商业银行的效率影响，借鉴到城商行，组织结构无疑也是影响其全要素生产率的重要驱动因素。一方面，银行效率受到组织结构的制约，较高的股权集中度会导致公司治理、监督机制、激励和约束制度等各方面的缺失，因此通过上市来稀释股权，引入战略投资者，对于驱动城商行效率提升是可实施的；另一方面，部分城商行可能存在股权过于分散的问题，而过于分散的股权结构并不利于上市。因此城商行应考虑适合其自身情况的股权结构，以组织结构改革作为要素驱动之一。

三、城市商业银行全要素生产率的提升对策

国内外学者关于包括城市商业银行在内的商业银行全要素生产率提升的对策建议进行了大量的相关研究，通过系统梳理将其分为四个方面，数字金融、银行信贷、技术创新和其他路径。

（一）数字金融

有关数字金融对商业银行全要素生产率的影响研究内容众多，其中莫易娴（2014）和吴晓求（2014）研究认为，数字金融已显著影响我国金融体系，通过经济压力和社会压力倒逼传统商业银行进行数字化创新，通过技术溢出效应提升我国商业银行的全要素生产率（王诗卉和谢绚丽，2021）。数字金融对传统金融业改革具有巨大的影响力。越来越多的国内学者聚焦于互联网金融对银行业的影响研究上。学者们普遍认为互联网技术的加入对银行业全要素生产率具有正向作用。刘澜飚等（2013）从金融机构视角进行研究，发现两者具有很强的可协调性。利巴纳等人（Liebana et al.，2014）认为互联网技术的加入推动整个行业进行自我改革。通过数字化平台，银行可以更快地获取所需信息，加快分析速度，提高业务进展流畅度，更加精准分析可能存在的风险，降低资源错配程度。塔纳等人（Tanna et al.，2017）认为数字金融具有包容性，数字技术使其更具普遍性和更高的效率。比如，在支付宝、微信等移动支付方面，数字技术使其克服传统服务方式的局限，降低成本，以提供更为便捷的服务为目标，同时提高了服务效率和覆盖面。邱晗等（2018）通过构建互联网金融产品创新指数，发现数字金融可以推动商业银行的绩效提升，且在不同的企业性质中影响程度有所差异。其中，在股份制商业银行中影响最为明显。互联网技术的创新可以改变银行负债结构，使银行更快向数字化转型。

但封思贤和郭仁静（2019）发现数字金融对商业银行全要素生产率的影响呈现先升后降的趋势，对于一些中小银行来说，发展数字金融需要较高的成本，因此他们对于利用科学技术进行业务模式改革的意愿较小。此外，邱晗等（2018）认为在我国资本市场不断深化和金融脱媒程度加剧的宏观

背景下，银行业面临的竞争压力，尤其是存款竞争压力越来越大，资产规模较小的城商行更甚。随着电子商务的兴起，数字金融与商业银行之间的竞争愈演愈烈。艾森曼和巴利（Eisenmann and Barley，2006）认为由于各个银行规模存在差异，在如此竞争环境下，可能会导致不良竞争，从而阻碍银行业的发展；互联网金融也会对传统金融业务造成极大的冲击，其中贷款业务和理财产品受到的影响最大。克莱森等学者（Claessens et al.，2002）认为数字金融的融入会造成金融服务性质的改变，也会对银行支付能力造成一定的冲击。同时，阿诺德等人（Arnold et al.，2008）则认为互联网技术的应用需要更加谨慎，监管方面的压力与日俱增。银行在使用互联网技术的同时需要了解其运作机制，更加严格地监管数据的安全性、稳定性、可靠性等。

城商行受限于资产规模，运营能力、盈利能力以及基础设施等多方面因素，在数字化转型之路上更为艰难，有学者针对这种困境提出城商行应实行区别于股份制商业银行的差异化数字转型战略的建议，目前也有越来越多的城商行实行差异化数字发展战略，这也无疑是众多城商行未来的方向。不过要注意在发展的过程中风险监控以及监管红线问题。

（二）银行信贷

综合已有研究，支持银行信贷对企业全要素生产率产生积极作用的学者认为，银行信贷改善企业全要素生产率的主要路径体现在缓解企业融资约束、发挥银行流动性创造功能等方面。具体而言，第一，影响企业获得外部融资的渠道，缓解外部融资约束，进而促进全要素生产率增长。现实世界中，银企间通常存在信息不对称以及金融契约不完全问题，由此产生的融资约束不仅会制约企业资本劳动比的提高（张杰等，2016），而且会显著阻碍企业全要素生产率的增长（Gatti and Love，2008；任曙明和吕镯，2014）。作为企业外部融资的重要来源，银行信贷对企业融资约束具有直接影响，进而影响企业全要素生产率增长。拉詹和津加莱（Rajan and Zingale，1998）通过构建外部融资依赖程度与金融发展水平的交互项，发现金融发展更显著地促进外部融资依赖程度较高的产业的发展。第二，提供流动性供给服务，满足流动性需求，进而保证更多资金持续用于生产过程以提升全要素生产率。创造流动性是银行服务实体经济、发挥银行功能的重要体现。费希特等

（Fecht et al.，2008）通过比较金融中介与金融市场的流动性供给服务，发现金融中介能够以更低的成本满足客户的流动性需求。银行发展对经济增长的积极效应已得到大量研究验证，伯格和塞杜诺夫（Berger and Sedunov，2017）的进一步研究发现，流动性创造是银行发挥这种积极效应的重要作用机制。具体来说，银行可以通过使用流动性较高的负债（例如活期存款）为流动性较低的资产（例如企业贷款）提供资金来创造流动性。这在满足了储蓄者流动性需求的同时，也有助于满足企业的融资需求，将更多资金配置到流动性较差但有利于提升全要素生产率的投资项目（Bencivenga and Smith，1991）。此外，银行还可通过提供贷款承诺和备用信用证等方式来创造资产负债表表外业务的流动性，进而影响企业的生产或投资策略（Kashyap et al.，2002）。

然而，一些经验研究结果却并未发现银行信贷在改善全要素生产率方面的显著作用，甚至发现其存在抑制作用（Guariglia and Poncet，2008）。换言之，现有的银行信贷作用机制不能有效解释这一现象。对于这一现象的主要解释，除了实证研究选取的变量和研究方法差异外，前述作用机制的提出都是基于银行资金供给者或银行自身功能视角，没有考虑银行自身的特性在服务实体经济时所起到的作用，忽略了企业在追求全要素生产率提升过程中存在的一个重要特征：风险特性。如果企业的生产项目过程面临着很高的风险和不确定性，即使通过信贷支持使其融资约束得到缓解，亦或是满足了其流动性需求，但企业项目最终以失败告终，那么银行遭受的损失能否得到有效补偿尚未可知。尤其在中国债权人保护水平还仍待提高的背景下，在实践中企业经营失败后，作为债权人的银行通常不要求企业破产清算，而主要依靠"忍耐"和"私下解决"等手段帮助企业渡过难关（温军等，2011）。因此，需要对银行信贷如何实现对企业全要素生产率提升的有效支持进行更为深入的分析与探讨。

（三）技 术 创 新

大量的国内外学者研究表明，技术创新能够提高商业银行的技术效率和技术进步效率，对于促进商业银行全要素生产率的增长起到积极的正面作用。蔡跃洲和郭梅军（2009）关注商业银行的中介职能，对中国 11 家上市商业银行全要素生产率进行了实证分析，认为中国商业银行在 2004～2008 年间出现技术退步，技术效率改善是推动同期商业银行生产率增长的主要因素；张建华和王鹏（2011）采用随机前沿方法，研究中国商业银行的全要素生产率，认为从业务扩张的层面来看，规模效率是商业银行增长的主要因素，而技术进步呈现出逐步下降的趋势；唐齐鸣和付雯雯（2011）从商业银行投入产出的利润角度，对包含 4 家中国商业银行在内的 18 家国际大银行进行了 DEA - Malmquist 分析，认为 2006～2008 年间银行全要素生产率降低的主要原因在于技术退步；刘孟飞等（2021）对中国商业银行技术变化和技术效率进行了评估，发现中国商业银行生产率的提升大部分源于技术创新，而效率改善的影响有限，这是因为规模效率较低导致技术效率不理想，中国商业银行经营管理能力尚待改进；陈欢（2022）通过研究 20 家上市商业银行 2011～2020 年的数据发现：这一期间内，商业银行的总体效率提高且技术进步和营运效率变化一致，但技术进步规模效率下降，银行应该优化内部结构，实现规模经营，提高业务创新能力；周志刚（2022）采用 DEA - Malmquist 前沿分析的方法对中国 41 家不同类型的商业银行 2000～2018 年的全要素生产率进行实证研究，结果发现：若商业银行生产前沿保持不变，银行效率的改善对全要素生产率的贡献率将会逐步降低，所以技术创新对于商业银行全要素生产率的持续增长尤为关键。

（四）其他路径

部分学者认为，商业银行全要素生产率的提升，除了上述途径外，还要对银行内部制度进行优化、培养专业人才、加强金融风险的监管、产权制度改革和差异化经营等途径促进商业银行全要素生产率的提升。陈欢（2022）通过研究我国 20 家上市商业银行 2011～2020 年的数据指出，由于技术进步偏向使用劳动力，因此银行应加大教育培训力度，培养专业技术人才，同时银行内部采用竞争机制配合人力资源管理。同时根据银行经营管理的本土化倾向，吸收本土优质人才；刘双（2015）认为我国商业银行要借助互联网技术，研发新的产品与服务，提升中间业务，有效控制银行经营成本，同时探索适合自身特点优势的转型战略，不断增强转型的内生动力，加强转型的精细化管理。此外，政府要指导并完善银行的监管体系；刘胜会（2006）

指出我国商业银行必须在资本、风险和管理的三维框架内进行改革，改革要具有全局性、系统性不能是单方面的突进，只有各个方面共同提高，才能提升我国商业银行的规模经济水平，提升我国银行的全要素生产率；郑兰祥（2006）认为，商业银行内部竞争阻碍了规模效率的提升，针对此问题，他提出要解决我国商业银行内部竞争存在的问题要从以下几点入手，一是要重组商业银行的组织架构，二是要重塑商业银行的业务职能部门，三是要建立科学的绩效考核，四是要加强商业银行的企业文化建设；邹新月等（2009）认为，产权制度、管理效率、资产质量、金融创新是制约商业银行规模经营扩展的内在影响因素，因此，他们提出商业银行应该从实现多元化产权制度、建立高效监管机制和加强金融创新能力三个角度来提升银行的规模经济；许长新和胡丽媛（2019）在研究引资战略对商业银行全要素生产率的作用时得出，商业银行应该保持一定程度的股权集中，股权集中有利于股东对银行合理控制，在更大范围内对银行的经营活动有效监管，优化我国商业银行的治理结构，进而提高全要素生产率；于雷（2022）在研究数字金融对城商行发展的影响时提出，在数字金融时代城商行要实现数字化转型要实行差异数字化转型，加强数字金融合作，引进专业的科技人才团队进行数字金融升级转型，降低城商行数字化转型成本，推动数字化转型进度，不断提高城商行的经营效率。

此外，还有学者基于监管视角研究了商业银行全要素生产率提升的影响因素，认为资本充足率提升、不良贷款数量降低及正常贷款数量增加均有助于城市商业银行全要素生产率的提升（Berger et al.，1997；李双建和刘凯丰，2016；张蓉和潘癸邑，2019；李荣枫，2020；吴峥，2021），本书也会在第九章节中详细分析促进城市商业银行全要素生产率提升的监管路径。

第三章

长三角地区城市商业银行的发展
沿革及现状分析

第一节　城市商业银行发展历程

一、国外城市商业银行发展历程

城市商业银行并非我国特有的银行类型。在世界范围内，尽管名称不同，但许多国家都有与我国的城市商业银行具有相似功能和性质的银行，例如，美国的社区银行、日本和韩国的地方银行、印度的金融公司、德国的储蓄银行、瑞士的州立银行。本书将对上述国外城市商业银行的特征进行简要介绍，以期为我国城市商业银行的发展提供经验和借鉴。

（一）美国社区银行

美国不仅拥有全球最发达的直接融资体系，其间接融资体系也值得肯定。在银行机构方面，美国拥有多家全球排名靠前的大型银行，如花旗银行和摩根大通银行。同时，美国的社区银行也是世界各国公认的成功模式。

早在18世纪初期，美国移民社区中的商人和手工业者等就自发组建了发挥银行作用的组织，为社区生活和商业提供金融服务。1837年，密执安州通过了美国第一个自由银行法令，规定只要有充足的资本并依法履行义务，就可以申请银行执照。自此以后，社区银行的数量迅速增长，在次贷危机前最高达到 8000 余家，成为美国银行体系中的重要力量。

　　然而，在次贷危机中，许多社区银行倒闭、关停或被收购。截至 2018 年末，美国社区银行数量仅剩 4979 家，但仍占联邦存款保险公司保险保障的银行数量的 92%①。

　　从美国社区银行两个世纪的发展历程可以看出，美国的社区银行在市场经济条件下自我孕育发展，并经历了爆炸式迅速扩张阶段。在这一阶段后，竞争力较差的机构被市场化出清或兼并重组，在监管部门的严格监管下，进入了平稳发展阶段。

　　综合相关文献归纳出美国社区银行的发展经验如下：首先是错位竞争。美国社区银行的地理分布与大中型银行的分部呈现明显的差异性，广泛分布在大中型银行较少涉足的城市郊区和农村地区。这样，社区银行能够满足这些地区的金融需求，防止边远地区和基层城乡金融的空洞化。同时，通过错位竞争，社区银行也能提高自身的盈利能力。其次是定位明确。美国社区银行主要为所在区域的市民以及小微企业提供个性化的金融服务，有效降低因信息不对称引发的信用风险。最后是模式灵活。由于单笔信贷金额较小，不需要过于复杂的决策程序，与大中型银行相比，它们具有效率高、费用低、服务好等优势。这些优势使客户粘性不断增强，在促进区域经济发展方面发挥了较大作用。同时，固守本源、就近服务也使它们具有经营风险较小、占用资本规模较小等优势。在次贷危机前，社区银行的资本充足率尤其是核心资本充足率高于大型银行；在次贷危机后，受监管指标硬性约束的影响，大型银行的资本充足率等指标不断提高，但仍然低于社区银行。相比而言，美国社区银行在风险控制、盈利能力、服务地方经济等方面都有较好的表现。

（二）日本地方银行

　　与美国社区银行不同，日本地方银行的发展背景带有显著的政府扶持烙印，这一点与中国城市商业银行的发展背景相似度很高。

---

① 美国联邦存款保险公司数据整理所得。

在 20 世纪初期，尤其是第一次世界大战期间，日本经济高速增长。在工业投资快速增加的拉动下，银行机构迅速扩张。然而，在第一次世界大战结束后，西方工业大国生产秩序迅速恢复正常，对日本工业造成了严重冲击。日本经济经历了短暂的通货膨胀后，20 世纪 20 年代开始出现了长达十多年的经济萧条和金融危机。

为了尽快恢复金融信用，促进区域经济发展，日本政府制定了"一县一行"的新政策，鼓励各地兴办地方银行。到 1960 年，日本地方银行达到 64 家，并保持了相对稳定。2018 年，东京都民银行、八千代银行等银行进行合并重组，地方银行数量变为 63 家。①

日本地方银行经验如下：首先是严格限制跨区域扩张。日本政府吸取了 20 世纪初期经济金融危机的教训，避免金融机构通过自身复制快速扩张。由于地方银行向区域外的扩张行为受到了严格管控，它们遵从金融服务经济发展的原则，按照多层次银行体系的定位，在本地区开展业务，满足市民和中小企业的融资需求；其次是坚守本源。在美国次贷危机后，日本地方银行进一步固守本源，回归本业，并将分支机构再次向所在都道府县内回归。截至 2020 年 3 月，日本地方银行及分支数合计 7776 家，在 15 个地区设立了 2 家及以上的地方银行；最后是厘清政银关系。日本地方银行协会明确要求地方银行积极服务于地方经济、产业和居民。但是，地方政府很少对地方银行的经营决策进行干涉，并给予它们充分的经营自主权。②

（三）韩国地方银行

韩国金融体系的顶层设计受到日本的较大影响，长期以来，银行机构一直被视为实现国家经济战略的重要工具。全国性商业银行的资产额占全国银行机构的 80% 左右；区域性银行机构有 6 家，资产额占全国银行机构的 8% 左右，与中国城市商业银行的规模体量占比相近。韩国的区域性银行也被称为地方银行，与日本相同。

韩国最早的地方银行产生于 1967 年，总部位于大邱市，因此被称为大

---

① 日本银行协会历年数据整理所得。
② 环亚经济数据有限公司（CEIC data）数据库整理所得。

邱银行。它主要为大邱、庆尚北道地区等周边地区的客户提供金融服务。后来，釜山等地也组建了地方银行。它们的总部分布在汉城以外的大中城市，并辐射周边地区的居民和中小企业，提供个性化、综合化、专业化服务。数量最高峰时为 10 家。与日本类似，韩国的地方银行也经历过市场出清和并购重组的过程。在 20 世纪 90 年代末期，受经济危机的影响，部分地方银行经营状况恶化，风险持续暴露，无法达到监管指标要求。最终，有四家地方银行因被并购等方式退出市场，剩下 6 家地方银行持续运营。① 韩国对于地方银行跨区域发展的政策相对宽松，地方银行实现了跨地区发展，并且有些地方银行甚至开始了全球化布局，在中国建立了分支机构。例如，大邱银行开设了上海分行，釜山银行开设了青岛分行。

韩国地方银行经验如下：首先是防止地方政府对地方银行的过度干预。通过颁布法律法规和指导性文件，建立了防止政府过度干预的工作机制。扩大董事会的权力，并由银行机构按照市场化自主经营决策。其次是加快出清不良资产。具体方法包括推进企业债务重组、破产重整、打包转让和成立合资机构将不良资产从银行剥离。最后是强化监管措施。在 20 世纪 90 年代末期金融危机后，韩国将分业监管模式变更为合并监管模式，对包括地方银行在内的商业银行进行全方位监管。

（四）德国储蓄银行

德国发展区域性银行的历史较早，与中国城商行功能类似的为德国的储蓄银行。德国储蓄银行最早可以追溯到 18 世纪末期，随着港口贸易的需求应运而生，第一家储蓄银行在 1778 年出现于汉堡市。半个世纪后的 1838 年，德国颁布了储蓄银行法，仅比美国 1837 年颁布的自由银行法令晚了一年，自此德国的储蓄银行快速扩张，到 19 世纪末扩张至 3000 余家，数量增加了近十倍。进入 20 世纪后，随着银行业的整合重组以及退出，逐渐回落至 400 家左右。目前，德国 379 家储蓄银行资产总额约 1.31 万亿欧元，下设分支 12590 个，员工数量达 20.49 万人。②

---

① 环亚经济数据有限公司（CEIC data）数据库整理所得。
② 德国储蓄银行集团数据整理所得。

德国储蓄银行的经验：首先是加强监督管理。德国储蓄银行遵从《德国联邦银行法》《储蓄银行法》等监管框架，同时还受行业协会的管理。德国储蓄集团下设的银行协会，通过参与研究制定储蓄银行的行业政策以及监管法规的研究与制定，对储蓄银行行使行业管理职能。其次是政府与银行形成了良性互动关系。储蓄银行的股份归属于地方政府，但地方政府不能处分该股权，也不承担对储蓄银行的风险救助责任。地方政府派官员在本地储蓄银行担任一定的职务，并获取相应的收入，负责督促储蓄银行落实服务区域发展的职责，但是不干预储蓄银行的市场化经营决策。再次是坚持履行公共职能与商业化运营相结合，为基层地方公共建设提供低成本的资金，部分盈利用于公共事业，支持地方政府履行"事权"，此外严格按照商业化行为开展盈利活动。最后是定位清晰。德国储蓄银行的多数客户都是所在区域的市民和中小企业，有利于控制经营风险，并降低了拓展业务的成本。

（五）印度地区金融公司

印度是普惠金融模式最为成熟的发展中国家之一。其地区农村银行有针对性地满足了农村地区的金融需求。此外，印度在各邦设立了大量地区金融公司，向所在区域的小微企业和暂时陷入困境的企业提供长期贷款、直接融资、信用担保等综合金融服务，促进区域经济转型和小微企业脱困。目前，印度有18家地区金融公司。

虽然地区金融公司的名称与银行有所不同，在印度也按照非银金融机构管理，但从印度整个金融体系的定位来看，它们发挥着与中国城市商业银行相当的职能。

为加快印度地区金融公司的发展，印度政府专门优化了监管框架。印度中央银行组建了专门的委员会，承担为印度地区金融公司拓展空间的职能，并专门制定了印度地区金融公司的监管制度。同时，政府加大了对引导地区金融公司合规经营方面的资源支持，如加大关键岗位人员培训力度等。这些措施旨在促进地区金融公司快速发展，并从机制上降低发生风险的可能性。

（六）瑞士州立银行

瑞士州立银行历史悠久，第一家州立银行于1816年在日内瓦州成立，随后伯纳·坎通纳尔银行于 1834 年成立，而最晚的汝拉州银行也在 1979 年得以成立。最初是为扶持当地手工业和农业而建立。瑞士州立银行主要有两个特点：第一，瑞士州立银行经营状况长期稳定，相较于其他银行在分支数量、经营绩效等指标存在较大波动，瑞士州立银行一直保持稳定发展；第二，瑞士州立银行以服务地方为商业政策导向，这是因《联邦银行和储蓄银行法》规定每家州立银行必须有不低于 1/3 的事会席位由州政府官员担任。这样的好处是企业能够在遭遇风险的冲击时能够及时得到银行的救助。

二、我国城市商业银行发展历程

新中国成立后，我国金融体系经历过数次大幅改革，目前我国已经形成了以中国人民银行为中央银行，政策性银行、国有大型商业银行为主体，银保监会、金融办为监管机构，其他中小型、区域性银行有序发展的银行体系。根据中国银保监会统计口径，国内银行类金融机构主要分五大类，即大型商业银行①、股份制商业银行②、城市商业银行、农村金融机构③和其他类金融机构④。数字金融时代以来，叠加全球通胀和疫情冲击等不利因素，城市商业银行面临的挑战更胜以往。在机遇与挑战并存的情况下，随着金融自由化、利率市场化改革、银行数字化和数字金融的不断深入，城市商业银行实现了快速成长。截至 2021 年末统计数据显示，全国共有 125 家城商行，其中，大型商业银行的总资产及总负债占我国银行业金融机构总资产和总负

---

① 大型商业银行通常意义上是指 6 家国有银行，按照资产规模总量排名依次为中国工商银行、中国建设银行、中国农业银行、中国银行、中国邮政储蓄银行和中国交通银行，六大行在我国银行业体系中居于主导地位，是国内企业尤其是国有企业融资的主要来源。

② 中国股份商业银行通常指 12 家全国性大型股份制商业银行，按资产规模总量依次排名分别是：招商银行、浦发银行、兴业银行、民生银行、中信银行、光大银行、平安银行、广发银行、华夏银行、浙商银行、渤海银行、恒丰银行。股份制商业银行是我国商业银行体系中一支富有活力的生力军，是银行业乃至国民经济发展不可缺少的重要组成部分。

③ 农村金融机构包括农村商业银行、农村合作银行、农村信用社和新型农村金融机构。农村金融机构是区域性金融机构的主要组成部分，为农村和城市的小企业及当地居民提供银行产品和服务。

④ 其他类金融机构主要包括政策性银行及国家开发银行、民营银行、外资银行、非银行金融机构和金融资产投资公司。其中，政策性银行包括中国农业发展银行和中国进出口银行，其不以营利为目的，专门为贯彻、配合政府社会经济政策或意图，在特定的业务领域内，直接或间接地从事政策性融资活动，充当政府发展经济、促进社会进步、进行宏观经济管理的工具；民营银行打破了中国商业银行业单元国有垄断，实现了金融机构多元化，为中小企业提供了便利的融资渠道，是中国国有金融体制的重要补充；外资银行主要包括外国银行的代表处、分支机构、外商独资银行及合资银行。

债的规模最大，分别为39.3%和39.2%，股份制商业银行次之，城市商业银行相对靠后，分别为13.3%和13.5%，见图3-1和图3-2。

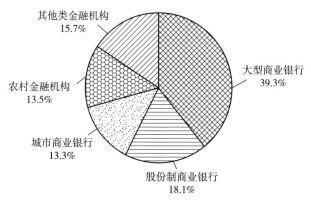

图3-1　2021年末中国银行业金融机构资产份额

资料来源：由各类银行官网定期公布的年度报告整理所得。

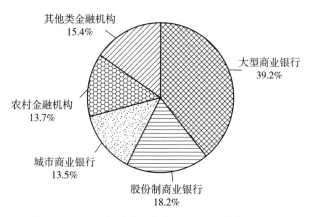

图3-2　2021年末中国银行业金融机构负债份额

资料来源：根据各类银行官网定期公布的年度报告整理所得。

城市商业银行是中国银行业的重要组成和特殊群体，其前身是20世纪80年代设立的城市信用社。随着中国金融事业的发展，城市信用社逐步转变为城市商业银行，为地方经济及地方居民提供金融服务。纵观中国城市商业银行的发展历程，可以发现我国城市商业银行与国外"城市商业银行"相比起步较晚，且面临着诸多挑战。但历经几十年的发展，中国城市商业银行实现了由无到有，由弱到强的转变。

（一）城信社经营的繁荣时期：1979～1994 年

1979 年，我国根据当时的国际和国内经济发展以及当地政府财政压力，适时转变银行的职能，银行的定位更加明确，银行实现专业化转型切合时代的要求。全国第一家城市信用社成立于河南省漯河市，此后各地纷纷效仿，各地城市信用社如雨后春笋般涌现，短短 8 年间，城市信用社的数量已经激增到 1300 多家。但各地的城市信用社发展并不是一帆风顺的，由于缺乏监管约束和操作规范，外加利率波动等不利市场因素的冲击，很多地区的城信社出现严重的资产损失和支付挤兑问题，风险不断蔓延，威胁到当地的金融秩序和安全。

由于缺乏统一的监管约束和操作规范，加上利率波动等市场冲击，数量庞大的城市信用社们暴露出服务能力弱、抵抗风险能力差等问题。许多地区的城市信用社开始出现严重的资产损失和支付困难，挤兑风波不断蔓延，严重影响了当地的金融秩序和安全。在这种背景下，中国人民银行及时颁布了《城市信用合作社管理暂行规定》和《中华人民共和国银行管理暂行条例》对其成立条件、具体业务、经营区域等方面进行调整。但这依然抵挡不了各地成立信用社的热情，资产规模越来越大，到了 1994 年城市信用社的资产总额达到了 3171 亿元的庞大规模。[①]

（二）城信社转型与城商行初建时期：1995～2003 年

如前文所述，城信社的过度扩张，造成了资源的严重浪费，并且由于抵御风险能力差等因素，各地出现挤兑风潮，给人民的正常生活、社会的正常运行都造成了重大影响。在前两个针对城信社成立的管理条例没有起到预期的效果后，在 1995 年，中国人民银行发布《关于进一步加强城市信用社管理的通知》，在这次通知中明令禁止继续设立新的城市信用社，至此城信社的发展陷入停滞。

但这并未阻挡我国银行发展的进程，城市商业银行的前身城市合作银行在这一时期迅速发展起来。首批试点的在北京、上海、天津、深圳和石家庄 5 个城市展开。1997 年，在全国各地有相当一批人从四大行或者相关财政部

---

① 高冬民. 中国的金融安全：哪一级政府提供的公共物品？[J]. 西安金融，2005（05）：3-7.

门的关键岗位上离开，为日后的城商行发展探索了道路。当年7月，中国第一家城市合作银行——深圳城市合作银行开业。彼时，在改革开放即将踏入第二十个年头之际，中国银行业甚至整个中国经济将面临转折点。1998年，亚洲金融危机全面爆发、国内住房制度改革、第一代互联网起步、个人金融需求爆发，企业服务需求增长。这一切都在倒逼银行业做出转变，为后来城市商业银行正式形成奠定了基础。

1998年3月，中国人民银行和国家工商局联名发文，正式将城市合作银行更名为城市商业银行。截止到2000年末，我国共有158个城市都被纳入组建城商行的计划，但真正开业的只有99家城商行，这99家城商行是在兼并整合了2150家城信社和100多家农信社等其他小机构形成的。这一时期城商行的总体发展情况并不乐观，由于先天不足，再加上经营困难，城商行的盈利能力和资产质量很差。到了2003年末，国内112家城商行的不良贷款余额已经突破千亿规模。而账面利润仅为36.09亿元。就意味着，维持当前的不良资产规模保持不变，依靠城商行自身，需要用10年左右的时间去消化这些不良资产，城商行的发展面临很大的问题[1]。（见图3－3）。

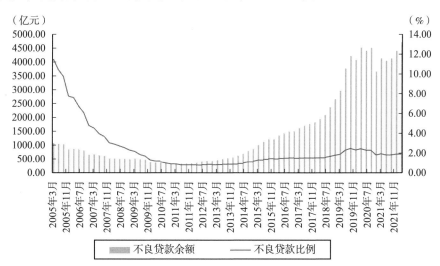

图3－3　城市商业银行不良贷款余额与不良贷款比例变化情况

资料来源：各大城商行历年公布的年度报告整理所得。

---

① 中国人民银行官网、国家金融监管总局官网及天眼查网站，并且通过各城商行官网、年报和网络资源进行信息校准。

（三）城商行的跨越发展阶段：2004～2012 年

2004 年 4 月，首任银监会主席刘明康在调研城商行工作时提出关于城商行联合重组的构想，标志着城商行改革拉开了序幕。同年 11 月，《城市商业银行监管与发展纲要》正式发布，关于启动城商行联合重组、跨区域经营、筹备上市等计划被提上日程。不过，城商行真正实现跨越式发展还是依靠市场的力量，城商行通过引入战略投资者、跨区域发展、上市发行股票等方式完成了蜕变。

首先，引入战略投资者。随着中国加入世界贸易组织，逐步开放金融业，国内银行业的市场环境、监管环境都将加速向国际银行业的标准看齐，给外资进入中国创造了更大空间。自 2003 年以来，监管当局逐步放开对外资银行的限制，外资入股中资银行、提高入股比例，全球资本竞相涌入中资银行。

其次，城商行实现业务跨区发展。2005 年 4 月，上海银行设立宁波分行，成为第一家跨省市设立异地分行的城商行。2006 年，银监会出台《城市商业银行异地分支机构管理办法》提出，"对于满足各项监管要求，且对达到现有股份制商业银行中等以上水平的城市商业银行，将逐步允许其跨区域经营。"至此，城商行异地开展业务大幕正式开启。允许异地开展业务无疑为城商行的发展以及后续城商行上市浪潮增添了更多的底气。

最后，城商行借助上市发行股票融资实现了跨越式发展。2007 年 7 月，南京银行、宁波银行同时登陆 A 股市场，上市首日收盘价分别上涨 72.81% 和 140.50%。这无疑给其他城商行上市带来了巨大的信心和动力，两个月后，北京银行也完成 IPO，上市当日股价上涨 81.44%。[①]

随后，中国人民银行在 2009 年 4 万亿元的经济刺激计划令信贷投放创下纪录。仅前三个季度，国内城商行新增贷款规模达到 7200 亿元，而上一年全年行业新增贷款规模不过 3900 亿元（见图 3-4）。

---

① 根据上海证券交易所相关数据整理。

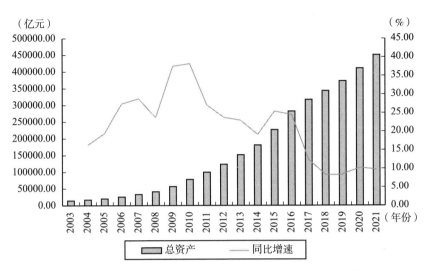

图 3 - 4　城市商业银行不良贷款余额与不良贷款比例变化情况

资料来源：各大城商行历年公布的年度报告整理所得。

　　不过，一方面，城商行虽然在这一时期实现了跨越式发展，但也埋下很多隐患。先是某银行特大伪造金融票证事件，紧接着又发生某银行工作人员伪造证件骗贷事件以及银行工作人员内外勾结违规交易事件。另一方面，异地扩张，使得城商行过度依赖资产规模增长，不注重服务的发展、管理的发展，盲目新增分支。这一时期，城商行的发展繁荣自有其值得借鉴的地方，但是也出现了许多管理和服务上的问题，可以看出正是城商行依据自身优势结合当地发展状况，不断磨合、探索的时期，为以后城商行的发展奠定了坚实的基础。

（四）城商行的资源整合和数字化转型时期：2013 年至今

　　2013 年 6 月，中国银行业协会城商行工作委员会成立，其成立为城商行的资源整合提供了交流沟通的平台，并且可以借鉴和学习国外城商行相对成熟的管理和服务经验，向国际成熟的运营机制和金融系统靠拢。次年 8 月，河南省率先实现城商行资源整合，将省内 13 家城商行资源整合重组为中原银行，这一时期，全国城商行的数量在减少，但部分城商行的规模却在扩大，资源得到进一步优化配置。2020 年以来，城商行新一轮兼并重组大潮开启，包括蒙商银行、四川银行、山西银行、辽沈银行，还有近期新吸纳了两家城商行的中原银行，中小银行实现资源的优化配置，形成更大规模的城商行，进一步提升城商行整体发展的质量。

2021 年初，监管部门先是要求商业银行不得通过非自营网络平台开展定期存款等相关业务，后在 2021 年 2 月发布的《关于进一步规范商业银行互联网贷款业务的通知》中新增了多条监管红线，明确出资比例、严控跨区域经营。在监管趋严形势下，许多城商行潜在的风险逐渐暴露。除了少数头部城商行，大部分城商行还是在时代巨变的洪流中变得愈发吃力。尤其是一些本身就处于经济欠发达地区的尾部城商行，盈利能力不佳、经营压力增大、资产质量恶化等情况日益严峻。再加上疫情的发生，可谓是雪上加霜。因此在这一全新发展时期，各地城商行如何根据自身条件决定发展策略以及如何通过改革和转型应对形势和环境的变化就成为重中之重。

这一时期中国也步入数字金融时代，互联网金融的诞生和数字金融的发展给城商行带来巨大冲击的同时，也给城商行带来众多发展机遇，大多数城商行都紧随国有银行以及股份制商业银行的步伐，进行数字化转型。区域性城商行的数字化能力基础建设大部分处于规划和试点阶段；在数字化投入方面，数字化资金投入占营业收入的比重不足 3%，低于国有大行及股份制银行平均水平；从商业数字化应用领域来看，零售与小微业务是区域性银行数字化建设和应用的重点领域，其中互联网金融、小微普惠、零售信贷业务建设比例较高，业务转型较为领先。可以看出这一时期，区域性城商行在数字化转型方面，结合自身的优势定位，做出了积极的数字化转型战略抉择，并取得不错的成果。

三、数字金融时代城市商业银行转型升级

数字金融时代，城市商业银行转型升级成为新时代城市商业银行寻求新增长引擎的必然选择，也是体现城市商业银行经营管理能力差异化的试金石。整体来看，在数字金融时代，国内外商业银行积极探索转型升级的方向，且多从金融科技创新、数字化升级、数字金融生态圈建设等诸多方面明确其转型升级的战略方向和发展目标。这些转型升级方向的尝试，为长三角地区城市商业银行转型升级提供了宝贵的发展经验和前进方向指引。

从国外商业银行转型升级来看，2012 年花旗银行就提出了"移动优先"战略，2017 年又进一步提出以"简单化、数字化、全球化"为主线的"打造数字银行"的新数字化战略，强调要重视客户核心需求、强化自身数字化能力、积极拥抱外部合作伙伴等战略重点；摩根大通银行则按照"移动第一，数字渗透"的数字化创新战略，推进银行数字化转型，突出打造领先的数字化体验、布局生态圈、创新数字产品、打造技术型组织和能力等；2014 年，汇丰银行以实现渠道全面数字化为目标，开启了持续三年的客户旅程数字化项目。2015 年，该集团又将数字化战略目标明确为"从根本上将业务模式和企业组织数字化"，主要措施包括客户旅程数字化、数字化产品创新、运用大数据技术创造价值、优化 IT 架构和数据治理、加大投资力度、拥抱最顶尖的金融科技等。一些国际银行还专门设立首席转型官、首席数字官、数字化战略推进委员会或办公室等高级管理人员和机构专门负责转型中的协调、预算和人员组织，强化转型的目标管理。西班牙对外银行则由董事长和首席执行官亲自负责数字化转型，在总部设立全球数字化委员会，在全球各区域设立数字化转型执行委员会。自 2006 年开始，该行以"成为全球数字银行领军者"为发展愿景，启动了为期十年的数字化转型战略，重点推动传统业务数字化转型、优化客户解决方案、布局金融科技、推动开放银行四大转型工程。

从国内商业银行转型升级来看，国有大行中具有代表性的商业银行有招商银行、建设银行和平安银行。招商银行，数字化转型的优等生。2017 年，招商银行将自己定位为一家"金融科技银行"，把科技变革作为未来银行发展战略的重中之重，该行强调要以科技敏捷带动业务敏捷，紧紧围绕客户需求，深度融合科技与业务，快速迭代、持续交付产品和服务，创造最佳客户体验，取得效率与成本、风险更高层次的平衡。建设银行自 2010 年开始，积极推进以客户为中心、以企业级架构为核心、以企业级业务模型为驱动的转型理念。通过聚焦金融科技战略、部署公共功能组件、推进云服务服务和产品创新以建设金融生态，搭建场景金融。此外，建设银行还通过打造大中台体系、围绕"生态、场景、用户"开展探索、转变经营理念和构建营销生态圈等措施进行自身数字化经营探索。截至 2020 年，平安银行已将数字化思维渗入自身各大业务条线，全面赋能产品创新、客户服务、业务运营和风险控制等经营管理领域，推动业务流程、经营管理全线上化。此外，该行坚持通过建立数字化人才队伍和组织机制，推进全面人工智能化战略。

长三角地区部分城市商业银行也已开启自身转型升级的道路，本书选取其中具有代表性的城市商业银行以阐述其转型升级的方向。2020 年，浙江泰隆银行通过实施数字化转型整体战略、形成以数字化为核心的信贷工厂作业模式、搭建集中数据平台、开展数据治理工作等措施成为长三角地区城市商业银行数字化的普惠金融业务标杆；2022 年，江苏银行由直销银行发展模式转向数字银行，对现有银行业务进行数字化重构以提供精细化运营的能力，并与营销策略在客户体验层面进行统一协同，实现人群识别精细化、智能化和全渠道的协作运营；2022 年，上海银行以满足老年人日常需求、帮助老年人便利使用线上服务、改善老年客户体验为目标，积极探索线上线下"适老化"服务，重点围绕"便利化服务水平、金融服务方式、网点适老化改造、金融教育宣传"等领域，帮助老年人跨越数字鸿沟，搭上数字快车，在信息化、智能化社会发展中获得更多幸福感和安全感；北京银行通过紧紧围绕首都城市战略定位，北京银行持续打造科创金融、文化金融、绿色金融特色品牌，完善特色金融服务体系，为科创、文化、绿色产业注入金融"活水"。此外，2022 年，北京银行以数字化为引领，推进发展模式、业务结构、客户结构、营运能力、管理方式"五大转型"以推进其金融服务便捷度、客户体验满意度不断升级；2022 年，苏州市被列入"十四五"时期开展无废城市建设城市名单，绿色成为城市发展的最亮底色，双碳目标之下，苏州银行锚定目标，力求实效，秉持以金融服务支持绿色发展的理念，在推动自身高质量发展的同时加快转型发展步伐，聚力打造第一、第二、第三产业绿色乡村、绿色智造、绿色消费的绿色金融全面品牌序列，建立覆盖绿色信贷、绿色直接融资、碳金融的多层次立体化业务体系。

根据上述国内外商业银行转型升级方向来看，国外商业银行转型升级时间相较国内起步较早，早早布局数字化升级、金融科技创新等方向，并将其上升到银行战略层面的高度。同时注重专业化人才的培养，业务与人才全面数字化赋能。国内起步相对较早的商业银行主要是国有大型商业银行，虽起步较晚，但仍将银行转型升级上升到全行战略高度。同时也积极对业务进行数字化赋能、优化客户体验、重视金融生态圈的建设和专业性人才的培育。已有长三角地区城市商业银行的转型升级方向大多借鉴国外商业银行和国内大型国有商业银行，但受限于自身资产规模和立足本地发展等要求城市商业银行的转型升级必须富有自身发展特点，走出与国有大型商业银行差异化的道路。同时城市商业银行还要结合当地具体发展情况，结合当地经济发展战略制定适宜的转型升级措施，方能在未来监管趋严、竞争加剧、利润摊薄等环境中行稳致远。

第二节　长三角地区城市商业银行经营情况分析及动态变化

一、长三角地区城商行空间分布格局和发展变化

从总量上来说，如图3－5所示，长三角地区城商行的分支机构总数蓬勃增长，从2013年的累计2139家净增加到2021年的3823家，净增78.7%，但长三角地区城商行分支机构增长速度在2021年有明显放缓。

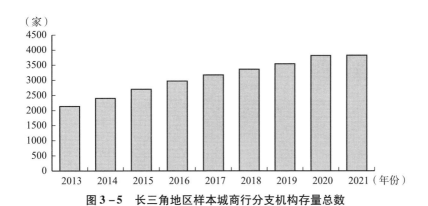

图3－5　长三角地区样本城商行分支机构存量总数

资料来源：国家金融监督管理总局网站公布历年数据整理所得。

从长三角地区城商行存量结构上来说，对比2013年与2021年的长三角地区城商行分支机构存量结构图3－6和图3－7我们可以发现，随着城商行分支机构的成立与退出，长三角地区城商行分支机构数量变化趋势明显。

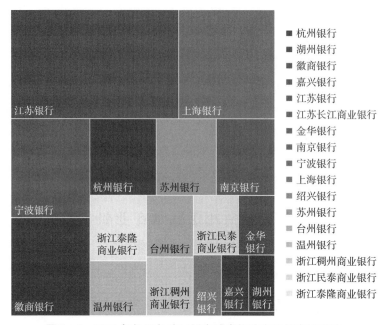

图 3 – 6　2013 年长三角地区样本城商行分支机构存量结构

资料来源：国家金融监督管理总局网站公布历年数据整理所得。

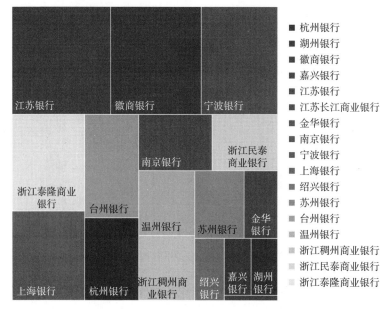

图 3 – 7　2021 年长三角地区样本城商行分支机构存量结构

资料来源：国家金融监督管理总局网站公布历年数据整理所得。

具体而言，图 3-6 展示了 2013 年长三角城市商业银行的网点数量结构。江苏银行以 483 家的数量排名第一，占据了长三角城市商业银行的网点总量 22.6% 的份额；上海银行以 277 家的数量排名第二，占据了长三角城市商业银行的网点总量 12.9% 的份额；宁波银行以 208 家的数量排名第三，占据了长三角城市商业银行的网点总量 9.7% 的份额；徽商银行以 206 家的数量排名第四，占据了长三角城市商业银行的网点总量 9.6% 的份额；杭州银行、苏州银行和南京银行分别以 135 家、121 家、118 家的数量排名第五、六、七位，各占据了长三角城市商业银行的网点总量约 6% 的份额；剩下十家银行，共拥有 591 家网点，合计占据了长三角城市商业银行的网点总量约 28% 的份额。

随着金融监管完善和金融市场发展，市场洗礼下的长三角地区不断有新成立和退出的城商行分支机构。相比 2013 年，长三角城市商业银行分支机构存量结构在 2021 年已经明显变化（见图 3-7）。以网点数量最多的江苏银行为例，其网点数量占长三角地区城商行总量的比例从 2013 年的 22.6% 下滑到了 2021 年的 13.7%，期间江苏银行网点数量绝对值仅仅在 483 家的基础上增加了 42 家。而网点数量较少的十家城商行共拥有 1263 家分支机构，合计占据了长三角城市商业银行的网点总量约 33% 的存量份额，这一比例相比 2013 年时提高了 5%。总体来说，长三角地区城商行分支机构存量结构呈现出了多缩少增的特点。

通过对长三角地区 17 家城市商业银行分支机构的成立和退出数据进行分析，从不同年份看，不难观测到三个明显的趋势（见图 3-8）。第一，2008 年由于受到美国次贷危机影响，样本城商行的新成立数量达到了低谷，自此以后，样本城商行开始蓬勃发展，新成立分支机构的数量逐年增加，到 2015 年达到顶峰，之后连续 4 年出现小幅下滑，但总体位于高位；第二，自 2014 年起随着样本城商行的新成立分支机构数量达到高位，其退出分支机构数量同样也开始显著增加。究其原因，一是城商行分支机构总体存量数量增加，同质业务竞争加剧了银行分支机构的迭代；二是由于运营成本过高，业务单一和客户不足等多重原因导致大量的社区银行关闭；三是互联网、智能手机与金融科技的新发展对银行线下网点具有一定的替代和挤出效应。

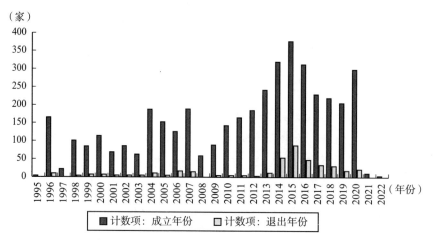

图3-8 长三角地区17家城市商业银行分支机构成立与退出汇总

资料来源：国家金融监督管理总局网站公布历年数据整理所得。

从长三角地区样本城商行分支机构存量的省际分布来看，如图3-9所示，本书将各个城市商业银行的网点按照所位于的省份汇总发现，截至2021年底长三角城市商业银行已经在天津市、福建省、四川省、广东省、北京市、上海市、安徽省、江苏省、浙江省等省和直辖市都设立了分支机

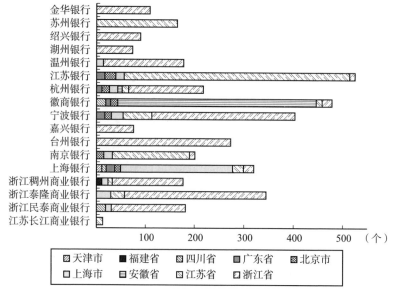

图3-9 长三角地区样本城商行分支机构的省际分布

资料来源：国家金融监督管理总局网站公布历年数据整理所得。

构。其中，江苏银行、杭州银行、徽商银行、宁波银行、上海银行所涉的分
支机构坐落位置均超过 4 省（直辖市）。

　　本书进一步将城商行分支机构按照该长三角地区城市商业银行总部所在
省份区分为省内和跨省两个部分（见图 3 – 10）。我们可以观察到，截至
2021 年底分支机构数量较多的城市商业银行均在长三角地区非总部所在省
份的省外开立了分支网点。可见随着城商行规模的逐步扩大，仅依托省内市
场已经难以满足进一步发展需要。更进一步地，将网点按照该城市商业银行
总部所在省份区分为长三角和长三角外两个部分（见图 3 – 11）。我们可以
观察到，长三角地区 17 家城市商业银行基本上都采取了深耕长三角地区的
发展战略，当然，银行分支机构的设立与地方经济和金融环境也密切相关。

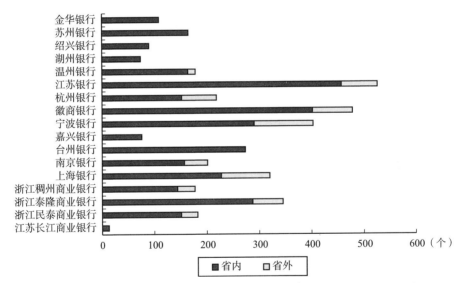

图 3 – 10　2021 年长三角地区样本城商行在所属省内和跨省设立分支机构存量

资料来源：国家金融监督管理总局网站公布历年数据整理所得。

　　从浙江省内的 15 家样本城商行分支机构数量情况来看（见图 3 – 12），不
难发现位于第一梯队的是宁波银行、浙江泰隆商业银行和台州银行，它们分
别在浙江省内拥有的分支机构数量接近总量的 15%，三家城商行在浙江省内
分支机构存量占有率达 45%，几乎占据了浙江省分支机构数量的半壁江山。
位于第二梯队的是温州银行、杭州银行、浙江民泰商业银行、浙江稠州商业
银行和长三角地区城商行，2021 年在浙江省内网点存量占全省的 39%。

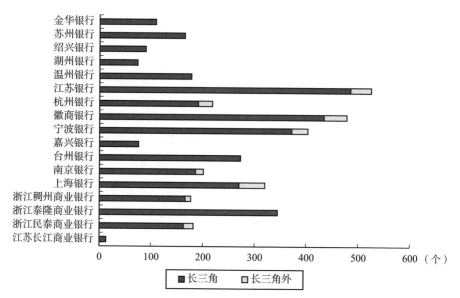

图 3 - 11 2021 年长三角内外分组的样本城商行分支机构的分布

资料来源：国家金融监督管理总局网站公布历年数据整理所得。

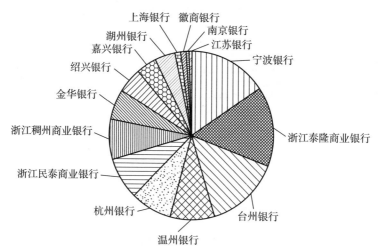

图 3 - 12 2021 年长三角地区样本城商行在浙江省内分支机构存量分布图

资料来源：国家金融监督管理总局网站公布历年数据整理所得。

　　从长三角地区市地域内样本城商行分支机构数量情况来看（见图 3 - 13），截至 2021 年底，长三角地区样本城商行中有 9 家城商行在长三角地区设立了 208 家分支机构。在长三角地区市辖内样本城商行分支机构存量排名第一的是长三角地区城商行，紧随其后的是浙江稠州商业银行53家，第三是浙江泰隆商业银行，最少的是嘉兴银行和温州银行。

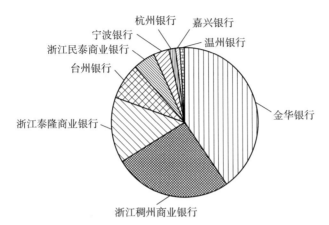

图3-13 2021年长三角地区样本城商行在长三角地区市内分支机构存量

资料来源：国家金融监督管理总局网站公布历年数据整理所得。

从长三角地区城商行2012~2021年员工与分支机构数量情况来看，可以看到总体来说期间长三角地区城商行的员工和分支结构数量都保持了增长的态势。图3-14显示，长三角地区城商行历年员工数量来看呈现稳步上升

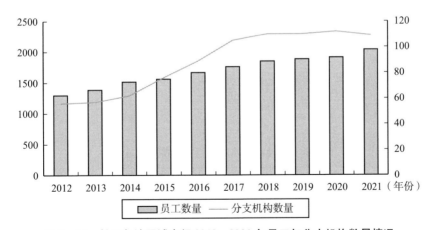

图3-14 长三角地区城商行2012~2021年员工与分支机构数量情况

资料来源：员工数据来源于各大城商行公布的年度报告；分支机构数量来源于国家金融监督管理总局网站公布历史数据整理所得。

态势，年均增长率为 5.15%；从历年分支机构存量来看，2012~2021 年年均增长率为 8.01%，2014~2017 年间每年分支机构的存量也有显著增加，2018~2020 年间每年分支机构存量数较为平稳，2021 年略有下降。不难发现，近年来长三角地区城商行在增加员工规模与分支机构数量投入的同时，也在一定程度上及时调整和优化了分支机构的结构。

二、长三角地区城商行经营情况分析

在本书的后续章节中，我们将根据长三角地区样本银行的数据建立模型，并进行实证分析。在此之前，我们将运用 17 家长三角地区城市商业银行的相关财务数据从规模、结构、效益、效率以及资产质量五个维度对长三角地区上市城商行的经营情况进行深入分析，以便更好地探究长三角地区城市商业银行的经营状况和动态变化。

在 2021 年，长三角地区的地区生产总值达到了 27.6 万亿元，占全国的 24.1%。这一地区正在迅速成为中国经济增长的重要极点。面对经济波动和疫情不确定性，长三角地区的城市商业银行致力于服务实体经济和国家战略。

根据表 3-1 的数据，截止到 2021 年，长三角地区的 17 家城市商业银行的资产和负债规模均超过了 10 万亿元。总资产规模达到 14.25 万亿元，较 2020 年增长了 1.75 万亿元，同比增长 13.99%，高于全国城市商业银行总资产增速的 9.7%。总负债规模为 13.12 万亿元，较 2020 年增长了 1.59 万亿元，高于全国城市商业银行总负债增速的 9%。这些数据表明，长三角地区城市商业银行具有较强的经营韧性。

表 3-1　　　　　　　　长三角地区样本城商行经营情况汇总

经营业绩指标	2019 年	2020 年	2021 年
营业收入（亿元）	2683.53	2912.47	3441.07
同比增长（%）	19.17	8.53	18.15
净利润（亿元）	939.68	961.01	1169.29
同比增长（%）	13.97	2.27	21.67

经营业绩指标	2019 年	2020 年	2021 年
总资产（亿元）	109050.51	125019.74	142503.92
同比增长（%）	10.59	14.64	13.99
总负债（亿元）	99532.92	115285.04	131190.50
同比增长（%）	11.32	15.83	13.80
平均 ROE（%）	9.15	7.57	11.29
不良贷款余额（亿元）	587.25	718.33	757.83
不良贷款率（%）	1.30	1.24	1.09

资料来源：根据样本城商行公布的年度数据整理所得。下表 3 - 2 至表 3 - 10 同。

然而，我们也应看到，在 2019 年末新冠肺炎疫情暴发后，2020 年度长三角地区城市商业银行净利润合计增速从 2019 年的 13.97% 下降到 2.27%，出现大幅下降。2021 年净利润为 1169.29 亿元，2019～2021 年平均每年增加 12.64%。尽管疫情期间长三角地区城市商业银行盈利能力受到了较大影响，但它们很快恢复了稳健的经营能力。2019～2021 年，长三角地区城市商业银行的平均净资产收益率分别为 9.15%、7.57%、11.29%。除了 2020 年受疫情影响有所下降外，ROE 基本维持在 10% 左右，与大型国有商业银行持平。

在 2021 年，长三角地区城市商业银行不良贷款余额为 757.83 亿元，比上年末增加了 39.5 亿元。平均不良贷款率从 2019 年末的 1.30% 下降到 2021 年的 1.09%，低于大型国有商业银行的平均不良贷款率 1.32% 和全国城市商业银行的平均不良贷款率 1.83%。尽管长三角地区城商行的不良贷款压力整体仍处于相对较高水平，但相比其他地区城商行以及大型国有商业银行具有优势。

本书将从规模、结构、效益、效率以及资产质量五个维度对长三角地区上市城市商业银行的经营情况进行详细阐述和分析。

（一）规模指标

1. 资产业务指标

从表 3 - 2 可以看出，在 2021 年度，长三角地区城商行加大信贷投放，支持实体经济发展，贷款、存款规模平均增速高于资产、负债整体增速。从资产规模来看，长三角地区城商行的体量持续增长，截止到 2021 年末，其总资产达到了 14.25 万亿元。

在具体银行方面，宁波银行和浙江泰隆银行的资产规模增幅均超过了 20%，高于 17 家城商行平均资产增速的 13.99%。而徽商银行、上海银行和浙江稠州银行的资产增速则低于 10%。

值得注意的是，宁波银行在样本城商行中资产规模增速最高，达到了 23.99%，比平均增速高出 10 个百分点。这主要是由于贷款增加所导致，宁波银行 2021 年贷款增速为 25.45%，也是长三角地区 17 家城商行中增速最高的。

表 3−2　　　　　　　　长三角地区城商行资产情况

银行名称	资产总额（亿元）			同比增长（%）		
	2019 年	2020 年	2021 年	2019 年	2020 年	2021 年
杭州银行	10240.70	11692.57	13905.65	11.18	14.18	18.93
徽商银行	11317.21	12717.01	13836.62	7.73	12.37	8.80
江苏银行	20650.58	23378.93	26188.74	7.23	13.21	12.02
上海银行	22370.82	24621.44	26531.99	10.32	10.06	7.76
南京银行	13434.35	15170.76	17489.47	8.06	12.93	15.28
宁波银行	13177.17	16267.49	20156.07	18.03	23.45	23.90
绍兴银行	1283.29	1538.81	1848.02	18.42	19.91	20.09
湖州银行	712.24	854.84	1013.99	36.91	20.02	18.62
金华银行	776.82	739.07	865.59	7.78	−4.86	17.12
台州银行	2229.60	2755.58	3161.58	17.75	23.58	14.74
嘉兴银行	823.36	1046.73	1223.88	22.33	27.13	16.92
浙江泰隆银行	2077.75	2580.73	3125.53	23.26	24.21	21.11
浙江稠州银行	2342.53	2712.19	2960.46	10.03	15.78	9.15
浙江民泰银行	1572.42	1843.66	2032.72	12.90	17.25	10.25
江苏长江银行	302.21	347.70	385.36	10.03	15.05	10.83
温州银行	2304.72	2871.83	3247.97	1.18	24.61	13.10
苏州银行	3434.72	3880.68	4530.29	10.41	12.98	16.74
总计	109050.51	125019.74	142503.92	10.59	14.64	13.99

从表 3-3 可以看出，长三角地区城商行在 2021 年度加大了信贷投放力度，以更好地服务实体经济。截至 2021 年末，该地区城商行的贷款总额达到了 6.9 万亿元，较 2020 年新增了 1.01 万亿元。尽管 2021 年的贷款增幅为 17.29%，较 2020 年下降了 0.94 个百分点，但仍然保持了较高的增长水平。

表 3-3　　　　　　　　　长三角地区城商行贷款情况

银行名称	贷款总额（亿元）			同比增长（%）		
	2019 年	2020 年	2021 年	2019 年	2020 年	2021 年
杭州银行	4140.56	4836.49	5885.63	18.14	16.81	21.69
徽商银行	4639.85	5729.54	6547.95	21.54	23.49	14.28
江苏银行	10404.97	12016.09	14001.72	17.01	15.48	16.52
上海银行	9725.05	10981.24	12237.48	14.32	12.92	11.44
南京银行	5688.64	6745.87	7903.22	18.43	18.58	17.16
宁波银行	5291.02	6877.15	8627.09	23.31	29.98	25.45
绍兴银行	672.15	853.86	1062.03	17.47	27.03	24.38
湖州银行	357.70	439.57	534.34	27.37	22.89	21.56
金华银行	409.19	444.14	506.08	15.11	8.54	13.95
台州银行	1515.35	1689.08	1922.24	21.25	11.46	13.80
嘉兴银行	437.75	568.17	675.42	18.24	29.79	18.88
浙江泰隆银行	1356.26	1663.01	2020.75	24.07	22.62	21.51
浙江稠州银行	1122.39	1285.21	1540.41	23.09	14.51	19.86
浙江民泰银行	959.82	1181.35	1402.64	19.11	23.08	18.73
江苏长江银行	230.24	260.16	291.20	11.54	13.00	11.93
温州银行	1219.67	1395.22	1728.69	15.18	14.39	23.90
苏州银行	1604.18	1881.17	2132.82	13.51	17.27	13.38
总计	49774.79	58847.33	69019.70	18.14	18.23	17.29

在 17 家城商行中，宁波银行和上海银行在 2019～2021 年期间保持了较高的贷款增长率，在疫情期间充分发挥了服务地方经济的作用。此外，在资产规模较小的银行中，湖州银行、浙江泰隆银行和浙江稠州银行也维持着较

高的贷款增速。这些银行在一定程度上利用疫情期间扩展自身的资产业务，实现了资产规模的快速增长。

值得注意的是，2021 年中国上市城商行的贷款总额同比增速为 14.76%，低于长三角地区城商行 2.53 个百分点。这一数据表明，长三角地区城商行在信贷投放方面表现亮眼。

2. 负债业务指标

从表 3-4 可以看出，长三角地区城商行在 2021 年末的总负债规模稳步增长。截至 2021 年末，该地区城商行的总负债合计达到了 13.18 万亿元，较 2020 年末的 11.56 万亿元增长了 1.62 万亿元。尽管 2021 年末负债规模增幅为 14.03%，较 2020 年下降了 0.21 个百分点，但仍然保持了稳定增长的态势。

表 3-4　　　　　　　　　长三角地区城商行负债情况

银行名称	负债总额（亿元）			同比增长（%）		
	2019 年	2020 年	2021 年	2019 年	2020 年	2021 年
杭州银行	9615.25	10883.95	13004.94	4.39	13.19	19.49
徽商银行	10422.28	11660.28	12721.46	-0.79	11.88	9.10
江苏银行	19286.22	21558.13	24208.19	0.15	11.78	12.29
上海银行	20598.56	22712.05	24474.30	1.58	10.26	7.76
南京银行	12555.07	14090.44	16263.83	0.98	12.23	15.42
宁波银行	12169.81	15077.56	18656.08	9.01	23.89	23.73
绍兴银行	1210.68	1425.34	1708.20	11.72	17.73	19.84
湖州银行	668.74	792.20	936.69	-3.08	18.46	18.24
金华银行	732.12	685.25	799.14	1.58	-6.40	16.62
台州银行	2030.02	2555.94	2917.20	7.21	25.91	14.13
嘉兴银行	770.31	971.46	1128.63	14.45	26.11	16.18
浙江泰隆银行	1916.04	2396.34	2880.61	13.67	25.07	20.21
浙江稠州银行	2161.49	2519.65	2726.90	1.53	16.57	8.23
浙江民泰银行	1459.29	1713.62	1871.27	4.77	17.43	9.20
江苏长江银行	284.07	323.34	354.55	3.42	13.82	9.65

银行名称	负债总额（亿元）			同比增长（%）		
	2019 年	2020 年	2021 年	2019 年	2020 年	2021 年
温州银行	2174.55	2671.91	2986.55	-4.53	22.87	11.78
苏州银行	3145.19	3568.37	4187.40	279.28	13.45	17.35
总计	101199.68	115605.82	131825.85	4.87	14.24	14.03

从表 3-5 可以看出，长三角地区城商行存款规模增速与负债端基本保持同步。2021 年末，长三角地区城商行存款余额合计 8.27 万亿元，相比 2020 年末增长 0.93 万亿元；规模增幅 12.52%，较 2020 年下降 1.94 个百分点。

表 3-5　　　　　　　　　长三角地区城商行存款情况

银行名称	存款总额（亿元）			同比增长（%）		
	2019 年	2020 年	2021 年	2019 年	2020 年	2021 年
杭州银行	6139.02	6980.26	8106.58	15.23	13.70	16.14
徽商银行	5938.34	7129.53	7686.68	4.92	20.06	7.81
江苏银行	11854.80	13062.34	14512.16	8.43	10.19	11.10
上海银行	11860.71	12971.76	14504.30	13.77	9.37	11.81
南京银行	8499.16	9462.11	10717.04	10.30	11.33	13.26
宁波银行	7715.21	9251.74	10528.87	19.30	19.92	13.80
绍兴银行	896.66	1055.25	1163.53	29.53	17.69	10.26
湖州银行	515.44	606.18	696.97	19.12	17.60	14.98
金华银行	572.80	562.66	645.40	13.13	-1.77	14.71
台州银行	1741.52	2075.10	2347.86	17.41	19.15	13.14
嘉兴银行	560.40	745.67	887.51	19.12	33.06	19.02
浙江泰隆银行	1405.65	1799.59	2158.62	25.75	28.03	19.95
浙江稠州银行	1495.16	1819.28	1979.43	18.20	21.68	8.80
浙江民泰银行	1068.05	1292.62	1527.34	19.89	21.03	18.16
江苏长江银行	240.62	277.65	306.70	13.90	15.39	10.46
温州银行	1543.75	1968.12	2219.41	13.81	27.49	12.77
苏州银行	2165.94	2437.43	2713.78	12.41	12.53	11.34
总计	64213.23	73497.28	82702.18	12.91	14.46	12.52

（二）结构指标

从表 3 - 6 可以看出，2021 年，长三角地区城商行非利息收入占总营收的比重达 29.28%，较 2020 年末的 27.51% 上升了 1.77 个百分点。各大城商行之间占比情况分化明显，其中南京银行、宁波银行作为长三角城商行中的佼佼者，2021 年度非息收入占比分别为 33.77% 和 38.04%，金华银行和浙江稠州银行作为新兴城商行，在非息收入业务领域异军突起，非息收入占比分别为 59.83% 和 48.23%。

表 3 - 6 长三角地区城商行非息收入占比情况

银行名称	非息收入（亿元）		总营收（亿元）		占比（%）	
	2020 年	2021 年	2020 年	2021 年	2020 年	2021 年
杭州银行	55.34	83.25	248.06	293.61	22.31	28.36
徽商银行	59.62	88.55	317.14	357.11	18.8	24.8
江苏银行	150.40	182.92	520.26	637.71	28.91	28.68
上海银行	143.52	157.92	507.46	562.30	28.28	28.09
南京银行	107.72	138.22	344.65	409.25	31.25	33.77
宁波银行	132.52	200.77	411.11	527.74	32.23	38.04
绍兴银行	10.10	5.56	30.64	36.34	32.98	15.29
湖州银行	2.68	1.57	18.00	22.68	14.86	6.91
金华银行	9.39	10.59	9.88	17.70	95.01	59.83
台州银行	22.44	8.42	100.99	111.86	22.22	7.53
嘉兴银行	7.78	9.34	25.46	29.46	30.56	31.71
浙江泰隆银行	18.37	28.44	101.70	126.81	18.07	22.43
浙江稠州银行	28.96	36.68	69.05	76.00	41.94	48.26
浙江民泰银行	20.26	7.27	50.57	57.51	40.06	12.65
江苏长江银行	0.77	1.03	11.50	11.26	6.67	9.12
温州银行	3.04	14.19	42.34	55.42	7.18	25.61
苏州银行	28.39	32.97	103.64	108.29	27.39	30.44
总计	801.28	1007.69	2912.47	3441.07	27.51	29.28

(三) 效益指标

1. 营业总收入

根据表 3 - 7 的数据，我们可以看出长三角地区城商行的营业收入增速在下降，这主要是由于银行采取了一系列措施来支持实体经济。在 2020 年，为响应国家号召，支持疫情防控和复工复产，长三角银行采取了降低利率和减免收费等措施。这导致了营业收入同比增速较 2019 年有所下滑，合计实现营业收入 2912.47 亿元，同比增长 8.53%，增幅较 2019 年度下降了10.64 个百分点。

表 3 - 7　　　　　　　　长三角地区城商行营业总收入情况

银行名称	营业总收入（亿元）			同比增长（%）		
	2019 年	2020 年	2021 年	2019 年	2020 年	2021 年
杭州银行	214.09	248.06	293.61	25.53	15.87	18.36
徽商银行	312.87	317.14	357.11	16.12	1.37	12.60
江苏银行	449.74	520.26	637.71	27.68	15.68	22.58
上海银行	498.00	507.46	562.30	13.47	1.90	10.81
南京银行	324.42	344.65	409.25	18.38	6.24	18.74
宁波银行	350.81	411.11	527.74	21.26	17.19	28.37
绍兴银行	23.81	30.64	36.34	21.98	28.68	18.64
湖州银行	17.53	18.00	22.68	6.41	2.67	26.00
金华银行	12.82	9.88	17.70	-0.73	-22.91	79.05
台州银行	97.45	100.99	111.86	3.96	3.63	10.76
嘉兴银行	23.74	25.46	29.46	12.85	7.26	15.68
浙江泰隆银行	96.13	101.70	126.81	19.59	5.80	24.69
浙江稠州银行	65.85	69.05	76.00	32.77	4.86	10.06
浙江民泰银行	47.78	50.57	57.51	22.04	5.84	13.73
江苏长江银行	11.94	11.50	11.26	8.08	-3.62	-2.12
温州银行	42.31	42.34	55.42	16.95	0.08	30.90
苏州银行	94.24	103.64	108.29	21.80	9.97	4.49
总计	2683.53	2912.47	3441.07	19.17	8.53	18.15

然而，在 2021 年，随着疫情放缓和经济逐渐恢复，长三角地区城商行的营业收入增速迅速恢复至接近疫情前水平，并且总量超过了疫情前水平。具体来看，长三角地区城商行的业绩表现出一定的分化。江苏银行、南京银行、宁波银行和杭州银行保持了较高的营业收入增速。值得注意的是，在经历了连续两年负增长后，金华银行在疫情期间实现了弯道超车，2021 年营业收入增速达到了 79.05%。此外，在长三角地区规模较小的城商行中，业绩分化也更为明显。

2. 净利润

根据表 3-8 的数据，我们可以看出长三角地区城商行在 2020 年度经受了巨大的考验，但仍然保持了净利润的正增长。合计实现净利润 1169.29 亿元，同比增长 2.27%，增幅较 2019 年度下降了 11.7 个百分点。在 17 家城商行中，有 6 家银行实现了净利润的同比增长，而 11 家银行的净利润同比下降。

表 3-8　　　　　　　　　　　　长三角地区城商行净利润情况

银行名称	净利润（亿元）			同比增长（%）		
	2019 年	2020 年	2021 年	2019 年	2020 年	2021 年
杭州银行	66.02	71.36	92.61	21.99	8.09	29.77
徽商银行	100.62	99.21	117.85	13.56	-1.39	18.79
江苏银行	149.60	156.20	204.09	12.80	4.41	30.66
上海银行	203.33	209.15	220.80	12.54	2.86	5.57
南京银行	125.67	132.10	159.66	12.32	5.12	20.86
宁波银行	137.91	151.36	196.09	22.91	9.75	29.55
绍兴银行	4.72	4.46	11.90	21.25	-5.50	166.95
湖州银行	7.11	6.49	8.45	45.56	-8.75	30.18
金华银行	2.03	0.93	3.32	12.56	-54.21	257.50
台州银行	42.22	38.29	42.28	-9.84	-9.29	10.40
嘉兴银行	6.74	6.45	8.40	5.73	-4.36	30.29
浙江泰隆银行	31.79	29.39	36.28	14.77	-7.53	23.43
浙江稠州银行	18.09	16.79	18.47	19.77	-7.21	10.03
浙江民泰银行	8.29	7.61	11.59	15.87	-8.21	52.17

续表

银行名称	净利润（亿元）			同比增长（%）		
	2019 年	2020 年	2021 年	2019 年	2020 年	2021 年
江苏长江银行	2.51	2.35	2.64	5.90	−6.34	12.02
温州银行	6.93	1.59	1.98	35.84	−77.00	24.29
苏州银行	26.11	27.25	32.87	12.79	4.40	20.62
总计	939.68	961.01	1169.29	13.97	2.27	21.67

具体来看，南京银行、苏州银行、杭州银行、江苏银行、上海银行和宁波银行这六家银行的净利润合计为 747.42 亿元，同比增长 5.47%，为长三角地区总体净利润正增速提供了支撑。而徽商银行的净利润出现了负增长，下降了 1.39%；温州银行的净利润下降幅度最大，达到了 −77.00%。

在 2021 年度，长三角地区 17 家城商行均实现了净利润的正增长，总体同比增速达到了 21.67%。

（四）效率指标

根据表 3−9 的数据，我们可以看出在 2020 年度，长三角地区城商行的平均净资产收益率呈现下降趋势。平均净资产收益率为 10.07%，较 2019 年度下降了 1.44 个百分点，表明盈利能力面临挑战。在 2021 年度，长三角地区城商行的平均净资产收益率为 11.09%，尚未恢复至疫情前水平。

具体来看，南京银行、宁波银行和上海银行这三家城商行在过去三年中一直保持着较高的加权平均净资产收益率水平，展现出老牌城商行出色的盈利效率。

而在长三角地区新兴规模较小的城商行中，业绩表现出一定的分化。台州银行在过去三年中净资产收益率水平一直维持在 15% 以上；湖州银行的净资产收益率高于平均水平；而金华银行的净资产收益率水平在整个长三角地区城市商业银行来看处于相对较低的位置，具有一定发展潜力。

表 3 - 9　　　　　　　　　　长三角地区城商行净资产收益率情况

银行名称	净资产收益率（%）		
	2019 年	2020 年	2021 年
杭州银行	11.03	9.95	10.84
徽商银行	12.64	10.06	10.83
江苏银行	11.45	9.69	10.64
上海银行	12.01	11.38	11.14
南京银行	15.12	13.52	13.90
宁波银行	15.14	13.76	14.59
绍兴银行	6.78	5.40	11.33
湖州银行	18.20	12.26	12.93
金华银行	4.62	2.16	6.89
台州银行	22.85	17.92	17.16
嘉兴银行	13.84	11.95	12.22
浙江泰隆商业银行	21.81	15.93	15.91
浙江稠州商业银行	10.38	8.87	8.49
浙江民泰商业银行	7.41	6.12	8.36
江苏长江商业银行	14.65	12.18	12.28
温州银行	5.18	1.11	1.11
苏州银行	9.63	8.94	9.96
均值	12.51	10.07	11.09

（五）资产质量指标

根据表 3 - 10 的数据，我们可以看出在 2019～2021 年三年间，长三角地区城商行的不良贷款率逐年下降，保持了较好的下降趋势，并且并未受到疫情的冲击。

然而，在同一时期，长三角地区城商行的不良贷款余额总体呈上升趋势。2019 年末，不良贷款余额合计为 587.32 亿元；而到了 2020 年末，不良贷款余额延续增加的态势，迅速合计增加至 718.26 亿元。

结合不良资产率并未上升的事实，可以判断长三角地区城商行在疫情期间积极响应了国家政策，加大了对实体经济的帮扶力度，并增加了贷款规模。因此，虽然不良贷款余额有所上升，但不良贷款率仍然处于较低水平，表明长三角地区城商行的资产质量总体较高。

表 3 – 10　　　　　长三角地区城商行不良贷款率不良贷款余额情况

银行名称	不良贷款余额（亿元）			不良贷款率（％）		
	2019 年	2020 年	2021 年	2019 年	2020 年	2021 年
杭州银行	55.33	51.75	50.41	1.34	1.07	0.86
徽商银行	48.15	113.58	116.60	1.04	1.98	1.78
江苏银行	143.57	158.29	151.38	1.38	1.32	1.08
上海银行	112.53	134.01	152.95	1.16	1.22	1.25
南京银行	50.82	61.74	72.33	0.89	0.91	0.91
宁波银行	41.41	54.56	66.19	0.78	0.79	0.77
绍兴银行	11.26	11.08	10.26	1.67	1.30	0.97
湖州银行	3.57	3.70	4.19	1.00	0.84	0.78
金华银行	8.20	7.46	7.45	2.00	1.68	1.47
台州银行	9.87	20.81	18.53	0.65	1.23	0.96
嘉兴银行	4.90	5.49	5.43	1.12	0.97	0.77
浙江泰隆银行	14.93	15.85	18.74	1.10	0.95	0.93
浙江稠州银行	17.03	18.88	21.87	1.52	1.47	1.42
浙江民泰银行	16.16	18.31	18.89	1.68	1.55	1.35
江苏长江银行	3.41	3.70	3.96	1.48	1.42	1.36
温州银行	21.71	13.14	12.97	1.78	0.94	0.75
苏州银行	24.48	25.92	23.69	1.53	1.38	1.11
总计	587.32	718.26	755.84	1.30	1.24	1.09

进一步观察具体银行层面的数据，我们可以发现小城商行的不良贷款率明显高于老牌城商行。例如金华银行、泰隆银行和民泰银行等银行的不良贷款率均较高，在后续经营中应当关注其资产质量问题。

第三节　长三角地区城市商业银行上市情况研究

一、上市整体发展情况

对于中国的银行业来说，上市①仍然是一条重要的发展途径。由于目前大部分国有大型商业银行和股份制银行已经完成了上市，因此在未来金融企业的上市过程中，城市商业银行和农村商业银行将成为主要的上市主体。

目前我国城市商业银行上市的主要模式有整体上市②、联合上市③和分拆上市④三类，其中整体上市以城商行中宁波银行为代表。在 2007 年，宁波银行、南京银行和北京银行这三家城市商业银行成功在 A 股市场上市，开启了中国城市商业银行上市的序幕。长三角地区的城商行在这一过程中率先开启了城商行上市的发展阶段。

至今，有 17 家城商行已经在 A 股上市，分别是南京银行、宁波银行、北京银行、江苏银行、贵阳银行、杭州银行、上海银行、成都银行、郑州银行、长沙银行、青岛银行、西安银行、齐鲁银行、兰州银行和厦门银行。其中长三角地区 A 股上市的城商行为宁波银行、南京银行、上海银行、江苏银行、杭州银行和苏州银行。在港股上市的城商行有 16 家，分别是盛京银行、贵州银行、徽商银行、九江银行、锦州银行、中原银行、天津银行、江西银行、威海银行、青岛银行、甘肃银行、重庆银行、郑州银行、哈尔滨银行、晋商银行和泸州银行。其中徽商银行属于长三角地区上市的城商行（见表 3 - 11）。

---

① 上市即首次公开募股（Initial Public Offerings，IPO），又名首次公开发行、首次公开招股、股票市场启动，是公开上市集资的一种类型。意即公司通过证券交易所首次将它的股票卖给一般公众投资者的募集资金方式。

② 整体上市是指国有商业银行以其整体资产进行重组，改制为股份制商业银行后整体上市。

③ 联合上市是指合并重组几家国有商业银行的有关分支行，新建一家由各国有商业银行总行联合控股的股份制商业银行上市。

④ 分拆上市是指拿出经营状况比较好的一家或几家分行，经过资产重组后独立注册成股份有限公司制的子银行上市。

表 3 – 11   长三角城市商业银行上市情况信息

所属机构名称	首立年份	首设分机构数量（家）	上市年份	2021 年底分支机构数量（家）	总资产（亿元）
杭州银行	1996	25	2016	217	13906
湖州银行	1998	1	—	74	1014
徽商银行	2005	142	2013	478	13837
嘉兴银行	1996	1	—	76	1224
江苏银行	1998	36	2016	525	26189
江苏长江商业银行	1997	1	—	13	385
金华银行	1997	1	—	109	866
南京银行	1996	42	2007	201	17489
宁波银行	1997	17	2007	403	20156
上海银行	1995	1	2016	320	26532
绍兴银行	1997	1	—	90	1848
苏州银行	2004	91	2019	165	4530
台州银行	2002	24	—	272	3162
温州银行	1997	1	—	178	3248
浙江稠州商业银行	2006	12	—	176	2960
浙江民泰商业银行	2006	8	—	181	2033
浙江泰隆商业银行	2006	9	—	345	3126

　　根据表 3 – 11 中的数据，我们可以看到在 17 家长三角城市商业银行中，有 7 家已经完成了上市，占比达到了 41.2%。在这 7 家已上市的长三角城市商业银行中，从首立到上市的平均用时为 14.7 年。其中，用时最短的是徽商银行，仅用了 8 年；而用时最长的是上海银行，用时达到了 21 年。

　　此外，在首设分支机构数量方面，徽商银行以 142 个分支机构位居榜首。这主要是因为徽商银行是全国首家由城市商业银行和城市信用社联合重组成立的区域性股份制商业银行。在 2005 年，徽商银行正式合并了安徽省内的芜湖、马鞍山、安庆、淮北和蚌埠 5 家城市商业银行，以及六安、淮南、铜陵、阜阳科技、阜阳鑫鹰、阜阳银河和阜阳金达等 7 家城市信用社。

二、上市地点与途径

长三角城商行上市主要在 A 股主板市场公开上市，表 3 - 12 介绍了长三角地区城商行上市的情况。本书分别以 A 股上市的北京银行和在 H 股上市的郑州银行为例，具体说明一家城市商业银行从准备上市到上市成功所需大致流程。北京银行上市历程为：（1）北京银行 2005 年 3 月 25 日成功引入境外投资；（2）2006 年 8 月 10 日北京银行上市辅导投行初定；（3）2006年 12 月 8 日北京银行拟 A + H 上市；（4）2007 年 5 月 12 日北京银行 A 股上市已准备就绪；（5）2007 年 8 月 22 日北京银行首发 27 日审核；（6）2007 年 8 月 28 日北京银行获准 A 股首发；（7）2007 年 9 月 3 日北京银行 IPO 正式启动。郑州银行上市历程为：（1）2012 年 9 月 1 日，郑州市政府牵头成立郑州银行 IPO 上市工作领导小组；（2）2014 年 8 月 1 日郑州银行公开招募战略投资者；（3）2014 年 9 月 1 日郑州银行上市辅导投行初定；（4）2015 年 3月 1 日郑州银行审议《关于郑州银行股份有限公司发行 H 股股票并在香港上市的议案》；（5）2015 年 9 月 14 日河南省银监局批复同意该行 H 股上市计划；（6）2015 年 9 月 30 日郑州银行向港交所提交上市预披露文件；（7）2015 年 12 月 23 日郑州银行 IPO 正式启动。

表 3 – 12　　　　　　　　　　　长三角地区城商行上市情况

银行名称	上市时间	上市地点	IPO 发行情况
南京银行	2007 年 7 月 19 日	沪 A	发行股 6.3 亿，募资 67.14 亿元，发行价格 11 元
宁波银行	2007 年 7 月 19 日	深 A	发行股 4.5 亿，募资 40.27 亿元，发行价格 9.2 元
江苏银行	2016 年 8 月 2 日	沪 A	发行股 11.54 亿，募资 71.29 亿元，发行价格 6.27 元
上海银行	2016 年 11 月 16 日	沪 A	发行股 6 亿，募资 104.5 亿元，发行价格 17.77 元
苏州银行	2019 年 8 月 2 日	深 A	发行股 3.33 亿，募资 25.7 亿元，发行价格 7.86 元
杭州银行	2016 年 10 月 27 日	沪 A	发行股 2.62 亿，募资 36.11 亿元，发行价格 14.39 元
徽商银行	2013 年 11 月 12 日	港交所主板	发行股 30.05 亿，发行价格 3.53 港元

第四章

长三角地区城市商业银行全要素
生产率的动态特征

第一节　指标选择与数据来源

一、指标选择

在全要素生产率测算中，投入和产出指标选取方法主要分为生产法和中介法。生产法将银行视为存款服务和贷款业务的生产者，则投入为固定资产、人员工资和其他营业支出；中介法则将银行比作存款人（资金融出者）和贷款人（资金融入者）之间的中介，以实现资金融通，此时商业银行产出为各项贷款及利息收入、净利润等，投入则为存款、固定资产和营业总支出等。生产法关心的重点是人、财、物的投入能产生多少业务量；中介法则不但能通过净利润、营业收入等反映银行的盈利能力，还可以通过贷款总额的相互补充，从整体上反映银行的全要素生产率水平。一般认为，中介法在对经营主体的整体绩效进行评价时更加有效，而生产法则对与经营主体的分支机构的绩效进行评价时更加有效，所以本书采用中介法选择投入和产出变量，指标具体设定方法见表4-1。

（1）依据上述分析，本书选取投入变量：存款总额、固定资产和营业总成本。

投入变量 X1：存款总额。作为商业银行的主要业务，银行依赖吸收存款和发放贷款的净利差来实现盈利。存款不仅是银行负债的重要组成部分，也是开展资产业务和中间业务的基础。目前，存款仍然是银行信贷资金的主要来源，具有稳定性强、成本低的优势，能够匹配中长期贷款。因此，吸收更多的存款能够帮助银行扩大贷款规模，获取更多的利差收入。总之，存款是银行发放贷款和进行投资的主要投入。

表 4－1   变量定义

分类	变量	符号	含义
投入指标	存款总额	X1	年度财务报表中各项存款余额
	固定资产	X2	年度财务报表中固定资产余额
	营业总成本	X3	年度财务报表中营业总成本
产出指标	ROE	Y1	商业银行年度净资产收益率
	净利润	Y2	年度财务报表中所列净利润
	利息净收入	Y3	年度财务报表中利息净收入
	不良贷款	Y4	年度财务报表中不良贷款余额
环境变量	公司年龄（age）	S1	截至 2021 年公司成立时间
	产业集中度（HHI）	S2	HHI 为银行业赫芬达尔－赫希曼指数
	GDP 增长率	S3	城市商业银行所在城市 GDP 增长率
	公司规模	S4	截至 2021 年公司规模（虚拟变量，中型取 0，大型取 1）

投入变量 X2：固定资产。银行的固定资产包括在经营过程中持有的建筑房屋、机器设备、交通运输设备等有形资产，为银行提供经营、管理和服务等相关职能。

投入变量 X3：营业总成本。营业总成本包括主营业务成本和其他业务成本以及利息支出。营业总成本涵盖商业银行的各项支出，其投入水平决定银行的整体效率水平。

（2）期望产出：包括净资产收益率（ROE）、净利润和利息净收入。

期望产出变量 Y1：净资产收益率（ROE）。该指标是公司税后利润除以净资产得到的百分比率，反映股东权益的收益水平，用以衡量公司运用自有资本的效率。该指标体现了自有资本获得净收益的能力。因此，净资产收益率可以作为合意产出指标。

期望产出变量 Y2：净利润。银行通过将吸收的存款及各种要素投入转化成贷款和其他投资，以获取利润。净利润的提升会增加银行的可动用资金，促使银行扩大规模，占据更大市场份额，获取更大利润。因此，净利润可以作为合意产出指标。

期望产出变量 Y3：利息净收入。银行的利息净收入是资产的利息收入与利息支出之间的差值。净利息收入会受到资产规模和净息差的影响，通常作为银行经营资产或负债的成果，能反映出银行经营管理能力。

（3）非期望产出：不良贷款。

非期望产出变量 Y4：不良贷款。风险因素对银行生产率有显著的影响，本书将不良贷款作为非期望产出，以更贴近现实地得到长三角城商行实际全要素生产率。

二、数据来源

本书数据来源除金华银行为特供内部数据外，其余长三角地区 16 家城市商业银行所有指标数据均源自 Wind 数据库与各大样本银行官网定期公布的年度报告，以及样本银行所在地区的地方统计年鉴和中国金融年鉴，数字普惠金融数据来自北京大学数字金融研究中心。本书基于研究目的和数据的可获得性，选择 2012～2021 年长三角地区 17 家城市商业银行的面板数据作为研究样本。其中，江苏省四家（南京银行、江苏银行、江苏长江商业银行、苏州银行），浙江省 11 家（金华银行、杭州银行、宁波银行、绍兴银行、嘉兴银行、湖州银行、温州银行、浙江稠州商业银行、浙江民泰商业银行、浙江泰隆商业银行、台州银行），上海市 1 家（上海银行），安徽省 1 家（徽商银行）。

基于城市商业银行全要素生产率测算方法的理论分析，本书认为非参数法不仅考虑了非效率值和随机误差对效率的影响，同时反映了研究对象的效率值在样本期内时序上的变化，能更好地体现效率值的准确度。且基于参数分析法中 SFA 方法的优势综合考虑，本书将采用以投入为导向、经 SFA 方法调整后的三阶段 DEA – Malmquist 指数模型进行城市商业银行全要素生产率测度，并进行类比分析。

第二节　描述性统计及类比分析

一、指标说明

根据表 4 – 2 描述性统计，长三角地区城市商业银行 2012 ~ 2021 年各项主要指标均在合理范围内，具有显著差异。差异主要体现在投入指标的存款总额、营业总成本和产出指标的利息净收入。

首先，结合环境指标的 HHI 和 GDP 增长率均值，2012 ~ 2021 年期间长三角地区城市商业银行的银行地区集聚程度和经济发展速度也呈现显著差异。这表明本书选择的环境变量对长三角地区城市商业银行的投入产出变量影响较为显著，本书环境指标选取具备一定的合理性。

表 4 – 2　　2012 ~ 2021 年长三角城市商业银行主要指标描述性统计

指标	平均值	标准差	最小值	最大值
存款总额（亿元）	2919.19	3448.92	34.78	14512.16
固定资产（亿元）	20.86	19.80	0.81	76.18
营业总成本（亿元）	70.44	79.95	1.64	373.63
ROE（%）	10.60	4.14	1.63	22.99
净利润（亿元）	41.90	51.88	0.91	220.80
利息净收入（亿元）	89.11	98.65	0.09	454.80
不良贷款余额（亿元）	25.01	33.09	0.39	158.29
HHI（%）	0.40	0.17	0.18	0.91
GDP 增长率（%）	8.50	3.15	0.50	20.28

其次，本书进一步分析了长三角地区城市商业银行主要经营指标的时间趋势变化。如图 4 – 1 所示，（a）为长三角地区城市商业银行 2012 ~ 2021 年

总体存款总额及不良贷款余额变动情况。

　　总体来看，存款总额和不良存款余额的变化趋势基本一致。随着长三角地区城市商业银行规模扩张，不良贷款余额随着存款增加而上升。具体从存款来看，2012～2021 年，长三角地区城市商业银行存款总额年均值翻了三倍有余，反映出居民收入水平提高和银行利润快速增长。即使在 2019 年新冠肺炎疫情暴发，存款总额仍保持较高增长速度。这主要是因为我国疫情控制较好，2021 年以来疫情基本得到控制，银行吸收存款总额年均值达到新高点。从不良贷款来看，2019～2020 年不良贷款余额急剧增长 22.32%，年均值达到 42.26 亿元。2020～2021 年随着疫情初步控制，不良贷款余额增长下降。数据显示，长三角地区城市商业银行的不良贷款余额仍能控制在合理水平。上述指标变化反映出长三角地区城市商业银行应对不良资产的防范方法和处置手段有效，采取的风险管理手段能实现信贷资产质量稳定增长。

　　如图 4-1 所示，（b）为长三角地区城市商业银行固定资产、营业成本和利润、利息收入变化趋势，（c）为金华银行净资产收益率（ROE）、HHI、GDP 增长率变化趋势。结合图 4-1（b）和（c）可以看到，长三角地区城市商业银行在 2012～2018 年间 ROE 出现较大下滑，主要是涵盖利息支出的营业总成本的增加。2019～2020 年中国遭受疫情冲击，宏观经济下行、市场利率下跌，贷款等生息资产收益率走低，导致净息差收窄大幅拉低了长三角地区城市商业银行的 ROE。不过伴随着 2021 年疫情好转，居民生活逐渐恢复正常，收入储蓄均增加，相比 2020 年，ROE 有较大提升。固定资产投资方面，随着长三角地区城市商业银行不断拓展业务，增加网点数量，金融科技信息化升级，固定资产整体保持着稳定增长。营业总成本方面，2012～2017 年间营业总成本年均值增长了 125.09%，2017 年首次出现回落，其中2017 年相比 2016 年营业总成本年均值下降 0.47%，2017～2019 年以后营业总成本继续保持高速增长。2019～2021 年间长三角地区城市商业银行营业总成本有较大上升，主要因疫情等客观因素影响，成本年均值上升29.93%。净利润方面，2012～2019 年间以年均 13.88% 的速度保持高速增长，但 2019～2020 年间长三角地区城市商业银行净利润仅出现小幅增长，这一时期增长速度保持低迷。2020～2021 年间净利润大幅上升，达到历史最高，增长速度达 21.67%。一方面，受小微企业可延缓还本付息政策影响，长三角地区城市商业银行资产质量愈加稳定；另一方面，长三角地区城市商业银行的存贷款业务受疫情影响较小，存款和正常贷款保持稳定增长，且还在支持企业复产复工过程中进一步加大了贷款力度，同年长三角地区城市商业银行净利润也实现了新的增长。

此外，如图 4 – 1 所示，（c）为长三角地区城市商业银行净资产收益率（ROE）、HHI、GDP 增长率变化趋势。结合上文（b）图中 ROE 的分析，2012 ~ 2019 年间长三角地区城市商业银行的 ROE 和 HHI 指数基本保持一致，表明这一时期长三角地区城市商业银行 ROE 的持续下降主要因其不断扩大投资规模、增设营业网点，城市商业银行初期投资回报难以覆盖不断上升的成本。2019 ~ 2021 年间上述两者并未表现出一致性，HHI 指数延续下降态势，这一时期 ROE 和长三角地区城市商业银行所处地区的 GDP 增长率呈现高度相关。期间长三角地区城市商业银行 ROE 表现出显著的 "U" 型变化，主要因 2019 ~ 2020 我国受到新冠肺炎疫情的影响，宏观经济受到了巨大冲击，随着 2020 ~ 2021 年疫情逐渐得到控制，经济得到一定程度上的恢复。此外，宏观经营环境方面，长三角地区城市商业银行 GDP 保持较好的增长势头，年平均增长率达 8.50%，这为长三角地区城市商业银行的蓬勃发展提供了优越的经济基础。

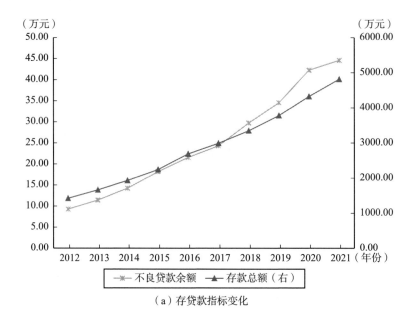

（a）存贷款指标变化

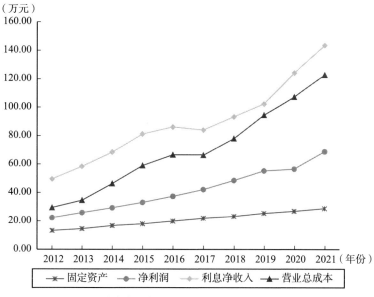

（b）固定资产、营业成本和利润和利息收入变化趋势

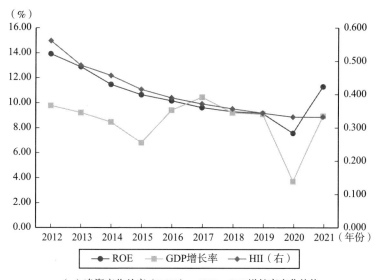

（c）净资产收益率（ROE）、HHI、GDP增长率变化趋势

图4-1 长三角城市商业银行主要指标变化趋势

二、描述性统计及比较

（一）省市间描述性统计及比较

通过对 17 家城市商业银行依省市分类进行描述性统计，可以综合反映四省市城市商业银行的发展情况。上海市是我国经济发展中心，其银行各项主要经营指标均占据优势。本书将上海市与其他三省市城市商业银行的主要指标进行比较分析，以反映其他省市银行与上海银行的各项指标优劣。如表 4-3~表 4-9 所示，江苏省、浙江省、安徽省城市商业银行在存款、固定资产、营业总成本、净利润、利息净收入和不良贷款方面均与上海银行存在显著差异。

首先，分析上海银行几乎各项主要经营指标均占据绝对优势的原因。第一，上海银行总部位于上海国际金融中心，分支机构覆盖了国内最活跃地区，具有显著的区位优势。第二，上海银行具有海外业务优势。近几年上海银行积极拓展海外市场，扩大海外市场的影响力，在促进境内外企业贸易交流、服务"引进来"和"走出去"方面，企业方面取得诸多成果，形成了多层次、全流程的跨境金融服务特色。第三，上海银行具有显著的民生金融特色。民生金融领域服务是上海银行的老牌优势，其通过金融提高上海"五个新城"的公共服务水平，在促进地方民生发展的同时也提高了上海银行的服务深度和广度。第四，上海银行具有金融科技发展水平高的优势。金融科技与民生金融结合发展，上海银行在医疗金融领域依托"互联网＋医疗＋金融"提供专业化的服务；在智慧城市建设方面，通过整合大数据中心"一网通办"合作资源，不断创新金融的应用场景。

其次，将四省市城市商业银行之间除发展环境指标外的指标进行比较分析，本书得出以下主要结论：

第一，四省市城市商业银行之间的 ROE 均无显著差异，其余各项经营指标几乎均存在显著的差异。

第二，江苏省与安徽省城市商业银行之间除固定资产外，其余经营指标并无明显差异。而浙江省城市商业银行主要经营指标与其他三省市均存在较大差距。这一方面是因为长三角地区大型或中等规模城市商业银行吸收利润能力相近，另一方面受到地区城市商业银行数量限制，特别是浙江省涵盖众多中等规模城市商业银行导致各项经营指标均值数据与其他地区城市商业银行具有较大差距。

第三，浙江省对不良贷款的治理成效显著，浙江省城市商业银行在四省市之间保持最低的不良贷款余额。根据银保监会的数据显示，2021年全国银行业不良贷款率同比下降至1.73%，但各地监管局辖区内银行的不良贷款率却参差不齐，江苏（0.74%）、浙江（0.74%）和广东（0.94%）的数据较低，而东北大连、吉林、黑龙江同期不良贷款率分别是5.95%、2.81%、2.40%，均高于全国平均值，三地不良贷款率平均值是江浙粤的4.61倍。这说明浙江省城市商业银行在资产管理上具有优势。浙江省作为全国经济发达省份之一，整体经济运行平稳，区域信用环境相对稳定。具体而言，近年来在国内宏观经济形势下行压力上升、新冠肺炎疫情持续冲击以及外向型经济产业链转移和经济结构持续调整的大背景下，浙江省银行业在资产结构、信贷结构、负债结构等多方面进行了调整，一方面优化各类业务结构，另一方面加强了对风险的把控，以直接应对经济下行期对资产质量的冲击，这些举措共同造就了浙江省城市商业银行较低的不良贷款率水平。

第四，就发展环境而言，对HHI指数和GDP增长率进行比较后发现各地区具有明显差异。其中，安徽省内的徽商银行HHI指数和GDP增长率数据指标均占据第一，徽商银行位于合肥市，是安徽省唯一的城市商业银行，且是全国第一家将省内城商行和城信社重组的城商行，资源聚集优势明显。近些年来，安徽首府合肥以科技创新为发展重点，经济发展迅速，展现了较强活力。一方面，合肥金融业生态日益健全，普惠金融建设持续增强，建成了社区、小微、科技、文化等专业支行；另一方面，实现了农商行、村镇银行、政府性融资担保公司县域全覆盖，GDP增长中的金融贡献不断加大。上海市城市商业银行所在城市GDP增长率与江苏和浙江城市商业银行并无明显差异，但HHI指数却存在显著的差异。原因在于，同属于长三角地区，经济均已得到较高水平发展，金融发展环境趋于稳定，都形成了国有股份制商业银行—股份制商业银行—城市商业银行—农商行—外资银行—非银行金融机构的多层次银行业。而上海市作为国际金融中心，金融极为发达，拥有诸多大型国有股份制银行和外资银行的亚太总部；此外，国内诸多城市商业银行均在上海市开设分支机构，HHI 指数较高。

表 4 - 3   分省描述性统计

指标名称	江苏省				浙江省			
	平均值	标准差	最小值	最大值	平均值	标准差	最小值	最大值
存款总额（亿元）	4439.28	4300.35	70.72	14512.16	1602.38	2000.72	34.78	10528.87
固定资产（亿元）	32.05	22.97	0.81	72.9	14.38	15.58	1.67	76.18
营业总成本（亿元）	99.48	97.65	1.64	373.63	43.41	52.46	5.47	322.96
ROE（%）	10.68	2.34	7.13	16.82	10.47	4.89	1.63	22.99
净利润（亿元）	59.08	56.65	0.91	204.09	22.46	32.35	0.93	196.09
利息净收入（亿元）	129.7	116.55	2.63	454.8	50.83	60.23	0.09	326.97
不良贷款余额（亿元）	38.39	44.85	0.39	158.29	13.23	13.25	1.67	66.19
HHI（%）	0.33	0.05	0.27	0.5	0.39	0.15	0.18	0.89
GDP 增长率（%）	9.23	3.44	0.5	17.18	8.02	2.83	2.51	14.83
指标名称	安徽省				上海市			
	平均值	标准差	最小值	最大值	平均值	标准差	最小值	最大值
存款总额（亿元）	4805.67	1828.68	2395.43	7686.68	9437.17	2963.2	5450.32	14504.3
固定资产（亿元）	19.21	11.03	13.32	44.14	48.97	7.88	38.51	59.04
营业总成本（亿元）	124	68.1	35.99	221.54	198.16	82.19	81.74	326.72

指标名称	安徽省				上海市			
	平均值	标准差	最小值	最大值	平均值	标准差	最小值	最大值
ROE（%）	11.43	2.3	9.36	16.73	10.89	1.61	9.02	13.01
净利润（亿元）	76.56	24.62	43.06	117.85	152.38	50.28	75.17	220.8
利息净收入（亿元）	169.84	78.09	63.43	268.56	267.08	78.52	156.61	404.38
不良贷款余额（亿元）	44.3	39.23	9.49	116.6	81.8	41.21	32.64	152.95
HHI（%）	0.84	0.03	0.79	0.91	0.48	0.09	0.39	0.64
GDP 增长率（%）	11.73	3.65	6.76	20.28	7.69	2.78	1.43	11.16

表 4－4　上海市与江苏省城市商业银行主要指标 2012～2021 年均值比较

指标名称	G1（0）	Mean1	G2（1）	Mean2	Mean Diff	t－Value
存款总额	10	9437.17	40	4439.28	4997.89	3.46***
固定资产	10	48.97	40	32.05	16.91	2.28**
营业总成本	10	198.16	40	99.49	98.67	2.94***
ROE	10	10.89	40	10.68	0.21	0.27
净利润	10	152.38	40	59.08	93.30	4.75***
利息净收入	10	267.08	40	129.70	137.38	3.52***
不良贷款余额	10	81.80	40	38.39	43.41	2.78***
HHI	10	0.48	40	0.33	0.15	7.09***
GDP 增长率	10	7.69	40	9.23	－1.55	－1.32

表 4 - 5　　　上海市与浙江省城市商业银行主要指标 2012 ~ 2021 年均值比较

指标名称	G1 (0)	Mean1	G2 (1)	Mean2	Mean Diff	t - Value
存款总额	10	9437. 17	110	1602. 38	7834. 78	11. 35 ***
固定资产	10	48. 97	110	14. 38	34. 59	6. 92 ***
营业总成本	10	198. 16	110	43. 41	154. 75	8. 47 ***
ROE	10	10. 89	110	10. 47	0. 43	0. 27
净利润	10	152. 38	110	22. 46	129. 92	11. 55 ***
利息净收入	10	267. 08	110	50. 83	216. 25	10. 60 ***
不良贷款余额	10	81. 80	110	13. 23	68. 57	12. 16 ***
HHI	10	0. 48	110	0. 39	0. 09	1. 94 *
GDP 增长率	10	7. 69	110	8. 02	- 0. 33	- 0. 36

表 4 - 6　　　上海市与安徽省城市商业银行主要指标 2012 ~ 2021 年均值比较

指标名称	G1 (0)	Mean1	G2 (1)	Mean2	Mean Diff	t - Value
存款总额	10	9437. 17	10	4805. 67	4631. 49	4. 21 ***
固定资产	10	48. 97	10	19. 21	29. 76	6. 94 ***
营业总成本	10	198. 16	10	124. 00	74. 16	2. 20 **
ROE	10	10. 89	10	11. 43	- 0. 54	- 0. 61
净利润	10	152. 38	10	76. 56	75. 82	4. 28 ***
利息净收入	10	267. 08	10	169. 84	97. 24	2. 78 **
不良贷款余额	10	81. 80	10	44. 30	37. 49	2. 08 *
HHI	10	0. 48	10	0. 84	- 0. 36	- 12. 53 ***
GDP 增长率	10	7. 69	10	11. 73	- 4. 04	- 2. 79 **

表 4 - 7　　　江苏省与浙江省城市商业银行主要指标 2012 ~ 2021 年均值比较

指标名称	G1 (0)	Mean1	G2 (1)	Mean2	Mean Diff	t - Value
存款总额	40	4439. 28	110	1602. 38	2836. 90	5. 49 ***
固定资产	40	32. 05	110	14. 38	17. 67	5. 37 ***
营业总成本	40	99. 49	110	43. 41	56. 08	4. 51 ***
ROE	40	10. 68	110	10. 47	0. 22	0. 27

指标名称	G1（0）	Mean1	G2（1）	Mean2	Mean Diff	t – Value
净利润	40	59.08	110	22.46	36.62	4.93***
利息净收入	40	129.70	110	50.83	78.87	5.40***
不良贷款余额	40	38.39	110	13.23	25.16	5.31***
HHI	40	0.33	110	0.39	− 0.06	− 2.47**
GDP 增长率	40	9.23	110	8.02	1.21	2.19**

表 4 – 8　江苏省与安徽省城市商业银行主要指标 2012 ~ 2021 年均值比较

指标名称	G1（0）	Mean1	G2（1）	Mean2	Mean Diff	t – Value
存款总额	40	4439.28	10	4805.67	− 366.39	− 0.26
固定资产	40	32.05	10	19.21	12.84	1.71*
营业总成本	40	99.49	10	124.00	− 24.51	− 0.75
ROE	40	10.68	10	11.43	− 0.75	− 0.91
净利润	40	59.08	10	76.56	− 17.48	− 0.95
利息净收入	40	129.70	10	169.84	− 40.14	− 1.03
不良贷款余额	40	38.39	10	44.30	− 5.92	− 0.38
HHI	40	0.33	10	0.84	− 0.51	− 29.17***
GDP 增长率	40	9.23	10	11.73	− 2.49	− 2.03**

表 4 – 9　安徽省与浙江省城市商业银行主要指标 2012 ~ 2021 年均值比较

指标名称	G1（0）	Mean1	G2（1）	Mean2	Mean Diff	t – Value
存款总额	10	4805.67	110	1602.38	3203.29	4.88***
固定资产	10	19.21	110	14.38	4.83	0.96
营业总成本	10	124.00	110	43.41	80.59	4.53***
ROE	10	11.43	110	10.47	0.96	0.62
净利润	10	76.56	110	22.46	54.10	5.15***
利息净收入	10	169.84	110	50.83	119.01	5.83***
不良贷款余额	10	44.30	110	13.23	31.07	5.63***
HHI	10	0.84	110	0.39	0.45	9.63***
GDP 增长率	10	11.73	110	8.02	3.71	3.87***

（二）分规模描述性统计及比较

由于长三角地区不同规模的城市商业银行各项指标均有显著差异，因此本书参考《金融业企业划型标准规定》分类，将长三角 17 家城市商业银行分成中型和大型两类进行描述性统计，并对各项具体指标进行比较，以反映其具体差异所在。其中中型规模城市商业银行有 11 家，分别为江苏长江商业银行、苏州银行、台州银行、嘉兴银行、浙江民泰商业银行、浙江泰隆商业银行、浙江稠州商业银行、温州银行、湖州银行、绍兴银行和金华银行。大型规模城市商业银行为 6 家，分别为南京银行、江苏银行、杭州银行、宁波银行、上海银行和徽商银行。然后具体以大型规模城市商业银行——南京银行和中型规模城市商业银行——金华银行为例进行详细分析。

首先，如表 4-10~表 4-11 所示，11 家中型银行与 6 家大型银行在存款总额、固定资产、营业总成本、净利润、利息净收入、不良贷款余额、HHI 指数和 GDP 增长率方面均存在显著差异。大型银行在存款规模、净利润等主要经营指标和经营环境方面都占据优势。而中型银行与大型银行在 ROE 方面虽存在差异，但并不显著，即大中型银行获取 ROE 的能力相近。

其次，具体以南京银行为例，其较好的发展逻辑具有较强的参考意义。作为较早实现全国化布局的江苏本土商业银行，其于 2007 年公开上市，在金融领域根植多年，建立了相对完善的管理、运营和风控机制。

截至 2021 年三季度，南京银行共在江苏省内设立了 14 家分行，另外还分别在北京、上海、杭州等多个一线及新一线城市设立了分行，营业网点从成立初期的 39 家增长到 215 家，增长达 4.5 倍。[①] 南京银行的发展突破了传统城市商业银行的地域限制，向一线城市和主要的二线城市纵深布局，所以其资产规模得到了极大扩张，吸收存款、发放贷款规模也与日俱增。在盈利方面，南京银行不仅依靠赚取传统的手续费及佣金，更是积极地探索其他领域收入发展。例如在委托理财业务方面，南京银行发挥固定收益投资专长，积极覆盖货币市场、债券、非标债权、权益市场等各大投资领域，实现产品多元化、收益层次化，支撑理财手续费收入稳步提升。在交易银行业务方

---

① 根据国家金融监督管理总局网站公布历年数据整理所得。

面，不断加强金融科技创新，围绕现金管理、供应链金融、贸易融资及跨境金融四大业务方向发展，通过创新场景化产品体系，将金融服务嵌入客户交易行为，实现交易银行收入的逐步增长。

表 4 – 10　　2012～2021 年间不同规模的城市商业银行描述性统计

指标名称	中型				大型			
	Mean	SD	Min	Max	Mean	SD	Min	Max
存款总额（亿元）	850.02	604.40	34.78	2713.78	6712.66	3283.39	2075.77	14512.16
固定资产（亿元）	11.26	11.79	0.81	52.60	38.45	19.49	11.14	76.18
营业总成本（亿元）	24.57	17.33	1.64	80.80	154.55	81.47	35.99	373.63
ROE（%）	10.35	4.85	1.63	22.99	11.05	2.32	6.62	16.73
净利润（亿元）	11.01	10.49	0.91	46.82	98.53	49.65	35.11	220.8
利息净收入（亿元）	28.11	23.10	0.09	103.44	200.94	85.04	63.43	454.8
不良贷款余额（亿元）	8.51	6.15	0.39	25.92	55.27	40.35	9.49	158.29
HHI（%）	10.33	4.57	1.63	22.4	11.05	2.32	6.62	16.73
GDP 增长率（%）	0.39	0.13	0.24	0.89	0.45	0.22	0.18	0.91

最后，以中型城市商业银行金华银行为例，虽然金华银行与大型城市商业银行在盈利和资产规模上存在较大的差距，但随着金融科技的不断应用，这种差距可以得到极大弥补。当前，商业银行依靠宏观经济高速增长的时期已难以实现，伴随着金融脱媒现象的加剧、直接融资市场的快速发展以及同行业竞争加剧等压力增加，银行的业务空间遭到不断地挤压，坚持以利息收入为主的传统盈利模式难以维持现有的利润水平，甚至出现下滑现象。

表 4 - 11　　　　大型和中型城市商业银行 2012 ~ 2021 年间主要指标均值比较

指标名称	G1（0）	Mean1	G2（1）	Mean2	Mean Diff	t - Value
存款总额	60	6712.66	110	850.02	5862.63	18.21***
固定资产	60	38.45	110	11.26	27.19	11.33***
营业总成本	60	154.55	110	24.57	129.99	16.12***
ROE	60	11.05	110	10.35	0.70	1.05
净利润	60	98.53	110	11.01	87.53	17.82***
利息净收入	60	200.95	110	28.11	172.83	20.05***
不良贷款余额	60	55.27	110	8.51	46.76	11.93***
HHI	60	0.45	110	0.38	0.07	2.56**
GDP 增长率	60	9.58	110	7.92	1.67	3.39***

　　而金融科技的运用能极大地优化商业银行的传统经营模式，推动银行朝着数字化方向发展。在吸收和运用金融科技技术的过程中，能够改进商业银行原有的经营模式，创新出多元化的金融产品和服务模式，所以金融科技创新是银行得以获取盈利的新阵地。金华银行对于金融科技的运用也有较多的布局和尝试。在 2021 年 9 月，金华银行便积极地探索智慧医疗"医后付"支付场景，借助金融科技力量，结合区县域医疗民众就医习惯，为患者构建新型"非接触式"快捷支付场景，填补了信用医疗的空白，从而能提高患者就医获得感。在 2021 年 10 月，金华银行与新希望金融科技签署"普惠金融数字化转型项目"合作协议，以加大科技赋能为引领，实现小微、零售贷款数字化转型，提升行内小微、零售贷款的质效与体量。这些针对于金融科技上布局的举措都能够为类似金华银行的中等规模城市商业银行在未来发展赢取机会。

第三节　动态特征与比较分析

一、全要素生产率测算方法

　　本节分为两部分对长三角地区城市商业银行全要素生产率进行评价。第一部分测算和分解全要素生产率，包括测算长三角地区城市商业银行第一阶段全要素生产率及其分解值，并进行描述性分析；运用随机前沿方法剔除环境因素，对原始投入数据进行调整；利用调整后的投入数据，计算长三角地区样本城市商业银行的全要素生产率及其分解值。第二部分分析长三角地区城市商业银行全要素生产率及分解项特征，并进行类比分析。包括描述全要素生产率及分解项总体特征并进行详细分析；探究长三角四省市间的全要素生产率及分解项特征，并进行省市间类比分析；进一步分析浙江省内和江苏省内城市商业银行全要素生产率及分解项特征，并进行省内类比分析。

二、全要素生产率测算及分解

（一）第一阶段全要素生产率测算及分解

第一阶段本书采用 DEA – Malmquist 指数方法，使用 Stata17.0 软件对 17 家城市商业银行全要素生产率（TFPCH）进行测算，并对全要素生产率进行分解得出商业银行综合技术效率指数（EFFCH）、技术变化指数（TECHCH）、纯技术效率指数（PECH）以及规模效率指数（SECH），结果见表 4 – 12。

表 4 – 12　　　　2012 ~ 2021 年长三角城商行第一阶段全要素生产率及分解值

银行名称	TFPCH	EFFCH	TECHCH	PECH	SECH	排名
上海银行	0.993	0.997	0.997	1.000	0.997	12
南京银行	0.991	1.000	0.992	0.997	1.003	13
台州银行	0.999	1.000	0.999	0.999	1.000	6
嘉兴银行	1.006	1.005	1.002	1.001	1.004	3
宁波银行	0.996	1.004	0.993	1.001	1.002	10
徽商银行	0.984	0.985	1.000	0.985	1.000	17
杭州银行	0.998	1.001	0.998	1.003	0.998	7
江苏银行	0.991	0.995	0.996	1.002	0.994	15
江苏长江商业银行	0.998	1.004	0.994	0.996	1.008	8
浙江民泰商业银行	0.996	0.999	0.996	0.995	1.005	11

银行名称	TFPCH	EFFCH	TECHCH	PECH	SECH	排名
浙江泰隆商业银行	1.010	1.014	0.997	1.006	1.008	2
浙江稠州商业银行	0.988	0.990	0.999	0.990	1.000	16
温州银行	1.000	1.004	0.996	1.004	1.001	5
湖州银行	1.011	1.016	0.996	1.017	1.000	1
绍兴银行	1.001	1.002	0.999	0.999	1.004	4
苏州银行	0.997	1.000	0.997	0.997	1.004	9
金华银行	0.991	0.987	1.004	0.996	0.992	14
均值	0.997	1.000	0.997	0.999	1.001	——

通过对样本银行的第一阶段全要素生产率进行分解，从上表中，我们能够看到样本银行在样本期间内的全要素生产率、技术效率变化指数、纯技术效率变化指数和规模效率的变化情况。

在第一阶段全要素生产率指数方面，17 家样本银行在选定时期内（2012～2021 年）仅湖州银行、浙江泰隆商业银行、嘉兴银行、绍兴银行四家样本银行的全要素生产率指数均大于 1，表明这些银行的全要素生产率得到进一步改善，其余银行的全要素生产率并未在样本期间得到明显改善。其中，湖州银行的全要素生产率指数最高，达到了 1.011，通过表 4 - 12 可以看出，湖州银行全要素生产率相对较高的原因除技术效率（资源优化配置水平得到提高）提高外，最重要还是得益于技术效率指数中的纯技术效率指数（技术进步、管理创新能力增强）的提高；相反，徽商银行的全要素生产率指数最低，究其原因是技术效率指数的下降，特别是纯技术效率指数。由此，我们可以得出，技术效率指数对于长三角地区城市商业银行全要素生产率的水平具有显著影响。

在技术效率变化指数方面，17 家样本银行在选定时期内（2012～2021 年）除上海银行、徽商银行、江苏银行、浙江民泰商业银行、浙江稠州商业银行和金华银行以外，其余 11 家样本银行的技术效率变化指数均大于 1，即其余 11 家样本银行的技术效率得到进一步改善。17 家样本银行在选定时期内（2012～2021 年）技术效率变化指数平均值为 1.000，技术效率变化指数平均值大于 1，说明长三角地区城市商业银行在选定时期内（2012~2021 年）资源优化配置水平得到提高。

在技术进步变化指数方面，17 家样本银行在选定时期内（2012~2021 年）除嘉兴银行、徽商银行和金华银行外，其余 14 家样本银行的技术进步变化指数均小于 1，说明其在选定时期内（2012~2021 年）呈现出技术退步的状态。17 家样本银行在选定时期内（2012~2021 年）技术进步变化指数平均值为 0.997，整体技术进步变化指数平均值小于 1，说明长三角地区城市商业银行在选定时期内（2012~2021 年）技术水平、管理创新等并未得到提高。

在纯技术效率变化指数方面，17 家样本银行在选定时期内（2012~2021 年）纯技术效率变化指数仅有 8 家大于 1，其余 9 家样本银行的纯技术效率指数均小于 1，说明这些样本银行在选定时期内（2012~2021 年）纯技术效率退步。17 家样本银行在选定时期内（2012~2021 年）纯技术效率指数平均值为 0.999，整体纯技术效率指数平均值小于 1，说明长三角地区城市商业银行在选定时期内（2012~2021 年）纯技术水平并未得到显著的提高。

在规模效率变化指数方面，17 家样本银行在选定时期内（2012~2021 年）除上海银行、杭州银行、江苏银行和金华银行外其余 13 家样本银行在选定时期内（2012~2021 年）规模效率变化指数均大于 1，即 13 家样本银行的规模效率得到改善。总体上，17 家样本银行在选定时期内（2012~2021 年）规模效率变化指数平均值为 1.001，即长三角地区城市商业银行在样本期间内总体上规模效率变化指数有效。

（二）第二阶段剔除环境变量的影响

第二阶段通过随机前沿方法对原始投入数据进行调整，以剔除外生不可控环境因素及随机误差项的干扰，从而能准确测评实际效率水平。本书运用第一阶段的 DEA – Malmquist 指数模型计算出各投入变量的松弛变量作为因变量，将城市商业银行设立年限、ROE、HHI、所在城市 GDP 增长率作为解释变量，而后逐年代入随机前沿分析模型进行线性回归。

如表 4 – 1 所示，环境变量 S1 为城市商业银行设立年限。通常成立时间越长，商业银行在经营管理方面经验越成熟，市场占有率越高。这也为商业银行降低经营成本，提高管理效率增加了可能性。

环境变量 S2 为所在城市 HHI 指数。HHI 作为市场结构指标，用来衡量各城市的城市商业银行市场竞争度，具体公式如下。

$$HHI = \sum_{k=1}^{N} \left(\frac{branch_{km}}{Total_{Branch_m}} \right)^2 \tag{4.1}$$

其中 $branch_{km}$ 为第 k 家城市商业银行的分支机构数量，$Total_{Branch_m}$ 为该市所有城市商业银行的分支机构数量。其值越大则该地区城市商业银行越集中，大型商业银行垄断力越高；反之，竞争程度越高。

环境变量 S3 为所在城市 GDP 增长率。GDP 增长率反映企业经营的外部环境，一般认为银行所在地区经济环境会影响商业银行生产经营能力。本章所用样本数据跨度为 10 年，10 年内国家整体经济运行状况和与银行经营行为息息相关的货币政策势必呈现显著的周期特征。此外总体经济状况、国家货币政策紧缩或宽松也会对银行存贷款等传统业务和创新型业务的选择和开展造成影响，进而改变银行的投入和产出，这也就从纵向不同程度地影响到每家银行每个时间维度的效率值，因此判断整体银行业效率变化特征必须建立在剔除环境因素影响的基础之上。

环境变量 S4 为城市商业银行规模。商业银行规模能从侧面反映其经营能力，企业规模较高的商业银行一般生产率水平较高。

本章通过使用 Stata17.0 软件，将第一阶段计算得到的冗余值作为被解释变量，四个环境变量作为解释变量进行随机前沿分析回归，进而得出管理无效率 u_{ij} 的条件估计值和随机误差因素 v_{ij}，并对三项投入进行逐年调整。由于回归结果较多，受文章篇幅所限，本书不再具体展现回归结果。

（三）第三阶段全要素生产率再测算及分解

通过第二阶段的回归模型估计出参数后进而可以计算出管理无效率 u_{ij} 和随机误差因素 v_{ij}，从而进一步计算出逐年调整后的投入变量值，最后将调整后的投入变量与原始产出变量再次代入 DEA - Malmquist 模型，此时通过 Stata17.0 计算得到的结果则是剔除外生环境因素和随机误差影响后的效率值，能真实反映出各城市商业银行的效率水平，表 4 - 13 是在剔除了外生环境因素及随机误差影响后的年均效率值及其分解值情况。

表 4 – 13   2012～2021 年长三角城商行第三阶段全要素生产率及分解值

银行名称	TFPCH	EFFCH	TECHCH	PECH	SECH	排名
上海银行	1.018	1.005	1.014	1.006	0.999	4
南京银行	0.989	0.999	0.990	0.994	1.006	15
台州银行	1.010	1.000	1.009	0.997	1.003	6
嘉兴银行	1.019	1.004	1.016	1.002	1.003	2
宁波银行	1.019	1.012	1.006	1.002	1.010	3
徽商银行	1.002	0.989	1.013	0.978	1.011	12
杭州银行	1.001	0.997	1.009	1.000	0.997	13
江苏银行	1.007	1.005	1.004	1.009	0.996	9
江苏长江商业银行	1.004	1.007	0.998	0.998	1.009	10
浙江民泰商业银行	1.002	0.995	1.007	0.993	1.003	11
浙江泰隆商业银行	1.022	1.017	1.005	1.003	1.014	1
浙江稠州商业银行	0.983	0.982	1.001	0.988	0.994	17
温州银行	0.996	0.993	1.005	1.005	0.989	14
湖州银行	1.012	1.014	0.998	1.022	0.996	5
绍兴银行	1.007	1.000	1.008	0.999	1.000	8
苏州银行	1.008	0.997	1.013	0.992	1.005	7
金华银行	0.984	0.971	1.014	0.998	0.974	16
均值	1.005	0.999	1.007	0.999	1.001	—

在全要素生产率指数方面，17 家样本银行在选定时期内（2012～2021
年）除南京银行、浙江稠州商业银行、温州银行和金华银行外，其余 13 家
样本银行的全要素生产率指数均大于 1，表明其余 13 家样本银行的全要
生产率得到改善。总体上，17 家样本银行在选定时期内（2012～2021 年）
全要素生产率平均值为 1.005，即长三角地区城市商业银行在样本期间内总
体上全要素生产率得到改善。其中，浙江泰隆商业银行的全要素生产率指数
最高，达到了 1.022，通过表 4 – 13 可以看出，浙江泰隆商业银行全要素生

产率及其分解指标均大于 1，说明其全要素生产率整体得到了提升。进一步分析浙江泰隆商业银行全要素生产率相对较高的原因除技术效率（资源优化配置水平得到提高）提高外，最重要还是得益于规模变化指数（吸收存款能力增强）的提高；相反，浙江稠州商业银行的全要素生产率指数最低，为 0.983，究其原因是由于技术效率指数和纯技术效率指数的下降。由此，我们可以得出，技术效率指数对于长三角地区城市商业银行全要素生产率的水平有显著的影响。城市商业银行可以通过技术进步或提高创新管理能力等途径来提高技术效率指数，从而提高全要素生产率水平。

在技术效率变化指数方面，17 家样本银行在选定时期内（2012～2021年）除南京银行、徽商银行、杭州银行、浙江民泰商业银行、浙江稠州商业银行、温州银行、苏州银行和金华银行以外，其余 9 家样本银行的技术效率变化指数均大于 1，即其余 9 家样本银行的技术效率得到改善。17 家样本银行在选定时期内（2012～2021年）技术效率变化指数平均值为 0.999，技术效率变化指数平均值小于 1，说明我国长三角地区城市商业银行在选定时期内（2012～2021年）资源优化配置水平并未得到提高。

在技术进步变化指数方面，17 家样本银行在选定时期内（2012～2021年）除南京银行、江苏长江商业银行和湖州银行外，其余 14 家样本银行的技术进步变化指数均大于 1，说明这些样本银行在选定时期内（2012～2021年）技术得到改善。这些样本银行技术进步的原因可能有：银行的经营管理水平进步、创新经营管理水平发展得到提升、现代银行业标志的电子化产品或网上业务等以技术支撑的业务创新能力提升、规模经济等。总体上，17家样本银行在选定时期内（2012～2021年）技术进步指数为 1.007，说明在选定时期内（2012～2021年），我国长三角地区城市商业银行技术进步明显。技术进步指数对长三角地区城市商业银行全要素生产率、经营管理效率有较大影响。长三角地区城市商业银行可以通过技术进步、管理创新、推广现代化新型银行业务、提高规模效率等方式促进银行技术进步，进而推动银行全要素生产率水平的提高，促进我国长三角地区城市商业银行经营管理效率的提升以及银行实现长期可持续性发展。

在纯技术效率变化指数方面，17 家样本银行在选定时期内（2012～2021年）纯技术效率变化指数仅有 8 家城市商业银行大于 1。总体来看，说明样本银行在选定时期内（2012~2021 年）纯技术效率变化指数平均值为 0.999，说明这些样本银行在选定时期内（2012~2021 年）纯技术水平并未得到改善。造成纯效率变化指数衰退的原因可能如下：银行的经营管理效率退步、银行经营管理水平的退步、电子产品和新型现代银行业务的推广不及时等。

在规模效率变化指数方面，17 家样本银行在选定时期内（2012~2021年）除上海银行、杭州银行、江苏银行、浙江稠州商业银行、温州银行、湖州银行和金华银行外其余 10 家样本银行在选定时期内（2012~2021 年）规模效率变化指数均大于 1，即 10 家样本银行的规模效率得到改善。提高规模效率变化指数的途径有如下方式：对银行的扩张不要带有盲目性，不要进行非理性银行扩张；要转变长三角地区城市商业银行的经营管理方式，要由粗放型的经营管理模式向节约高效型的经营管理模式转变，减少不必要的资源浪费，使长三角地区城市商业银行的规模效率变化指数得以提升。总体上，17 家样本银行在选定时期内（2012~2021 年）规模效率变化指数平均值为 1.001，即我国长三角地区城市商业银行在样本期间内总体上规模效率变化指数有效。

（四）长三角地区城市商业银行全要素生产率及其分解值测算前后对比

本书将剔除环境因素前后测算的效率值进行分解对比，可以直观呈现管理无效率和随机误差项对全要素生产率的影响程度。

表 4-14 呈现了剔除环境因素影响后长三角地区城市商业银行全要素生产率及其分解值的差异大小。总体上第三阶段测算出的全要素生产均值在样本期 2012~2021 年相比第一阶段虽每时期均值有所变化，但全要素生产率总体均值（2012~2021 年）相比第一阶段得到显著提升。具体来看，第一阶段测算得到的全要素生产率均值为 0.997，第三阶段测得全要素生产率均值为 1.005。总体说明未考虑环境因素等影响测算得到的全要素生产率均值在样本期更低，且小于 1，经环境因素调整之后的全要素生产率均值大于 1，错误低估了长三角地区城市商业银行全要素生产率的改善；进一步从其分解指标可以看出，第三阶段年均全要素生产率值相比第一阶段提升的原因更多来自第三阶段中年均技术进步指数，相比第一阶段提升 1.003%，而在第三阶段中年均技术效率均值不但没有提升，反而下降 0.001 个单位。

表 4 - 14　　　　2012 ~ 2021 年长三角城商行第一、三阶段全要素生产率分析

年份	第一阶段	第三阶段	第一阶段	第三阶段	第一阶段	第三阶段	第一阶段	第三阶段	第一阶段	第三阶段
	TFPCH	TFPCH	EFFCH	EFFCH	TECHCH	TECHCH	PECH	PECH	SECH	SECH
2012 ~ 2013	1.005	1.028	1.015	1.023	0.990	1.005	0.993	0.981	1.022	1.043
2013 ~ 2014	0.999	1.008	0.996	0.979	1.003	1.030	1.011	1.014	0.985	0.966
2014 ~ 2015	0.993	0.996	0.999	0.967	0.994	1.031	1.002	1.004	0.997	0.964
2015 ~ 2016	0.988	0.984	0.998	1.003	0.989	0.981	0.996	0.996	1.003	1.006
2016 ~ 2017	1.000	0.967	0.991	0.994	1.009	0.973	0.988	0.982	1.003	1.012
2017 ~ 2018	0.987	0.991	0.999	0.978	0.989	1.014	1.001	0.995	0.998	0.983
2018 ~ 2019	0.993	1.015	0.994	0.991	0.999	1.026	0.987	0.988	1.007	1.004
2019 ~ 2020	0.988	0.974	1.020	1.049	0.968	0.928	1.032	1.047	0.989	1.002
2020 ~ 2021	1.021	1.084	0.989	1.011	1.033	1.072	0.983	0.985	1.006	1.026
均值	0.997	1.005	1.000	0.999	0.997	1.007	0.999	0.999	1.001	1.001

综上，无论是全要素生产率值本身，还是其分解项均在第一阶段和第三阶段中具体年均值表现出了显著的差异，总体第三阶段测算出的全要素生产均值在样本期 2012 ~ 2021 年相比第一阶段得到提升，且均值大于 1，说明长三角地区城市商业银行在样本期 2012 ~ 2021 年全要素生产率得到进一步改善。说明环境因素、管理无效率和随机误差项对各效率的影响十分显著，剔除这些环境因素等影响之后，全要素生产率的测算更加真实和准确。同时，为进一步详细分析长三角地区城市商业银行在样本期 2012 ~ 2021 年第三阶段全要素生产率及其分解值，本书进一步归纳长三角地区城市商业银行全要素生产率及分解项特征，并进行类比分析。

三、全要素生产率特征分析与比较

（一）全要素生产率总体特征分析与比较

表 4 - 15 通过对样本银行的全要素生产率进行分解，我们可以得出样本银行在样本期间内的总体年度平均技术效率变化指数、年度平均技术进步效

率指数、年度平均纯技术效率变化指数和年度平均规模效率。

表 4－15 长三角地区城市商业银行第三阶段效率及其分解指标

年份	TFPCH	EFFCH	TECHCH	PECH	SECH
2012～2013	1.028	1.023	1.005	0.981	1.043
2013～2014	1.008	0.979	1.030	1.014	0.966
2014～2015	0.996	0.967	1.031	1.004	0.964
2015～2016	0.984	1.003	0.981	0.996	1.006
2016～2017	0.967	0.994	0.973	0.982	1.012
2017～2018	0.991	0.978	1.014	0.995	0.983
2018～2019	1.015	0.991	1.026	0.988	1.004
2019～2020	0.974	1.049	0.928	1.047	1.002
2020～2021	1.084	1.011	1.072	0.985	1.026
均值	1.005	0.999	1.007	0.999	1.001

在年度平均全要素生产率指数方面，17 家样本银行在 2012～2021 年时间跨度为 10 年的研究结果中，只有在 2012～2014 年、2018～2019 年和 2020～2021 年样本银行的年度平均全要素生产率大于 1（全要素生产率得到改善）。

2012～2014 年度平均全要素生产率指数有效率的原因可能有：2012 年我国处于经历全球金融危机（2008 年）后的恢复时期，我国实行宽松的财政政策和货币政策，国家从财政上大力支持我国的经济建设，长三角地区是我国经济发达地区，经济复苏较快，因此相对于其他年度长三角地区经济处于全球金融危机影响后的银行业年度平均全要素生产率相对更加有效。

2018～2019 年度平均全要素生产率指数大于 1，有效的原因可能有：2018 年，我国正处在经济发展的良好局面，长三角地区城市商业银行在有利的大宏观环境下得以繁荣发展，在此阶段，长三角地区城市商业银行利润不断创收、业务范围不断扩大，经营管理水平和技术创新能力得到全面发展。

2020～2021 年度平均全要素生产率指数大于 1，有效的原因可能有：进入到 2020～2021 年时期，由于我国疫情防控得当，经济率先得到恢复，这一时期，长三角地区城市商业银行全要素生产率达到 1.084，长三角地区城市商业银行年度平均全要素生产率指数相对于 2012～2014 年和 2018～2019 年度全要素生产率改善程度相对更高，因此，2020～2021 年度长三角地区城市商业银行年度平均全要素生产率更加有效。这体现出一方面疫情严重的 2019～2020 年时期，我国经济发展状况受到了较大冲击，另一方面也反映出我国经济发展的强大韧性，长三角地区城市商业银行应对疫情危机的科学性。

其中，年度平均全要素生产率指数最高的年度是 2020～2021 年，从表中我们可以看出这一年度除了年度平均技术效率变化有效以外，长三角地区城市商业银行全要素生产率指数的提升点更多的是得益于年度平均技术进步指数的提高；年度平均全要素生产率指数最低的年度是 2016～2017 年，从表中我们可以看出，致使这一年度长三角地区城市商业银行年度平均全要素生产率下降的主要原因就在于年度平均技术进步指数的下降。因此，我们可以得出如下结论：年度平均技术进步指数对于年度平均全要素生产率而言影响显著，长三角地区城市商业银行可以通过提高技术进步，进行创新管理，从而促进长三角地区城市商业银行年度平均全要素生产率指数的全面提升。总体上，17 家样本银行年度平均全要素生产率指数平均值为 1.005，大于 1，说明 2012～2021 年 17 家样本银行年度平均全要素生产率指数是有效的。

在年度平均技术效率变化指数方面，从表中我们可以看出长三角地区城市商业银行 2012～2021 年 17 家样本银行年度平均技术效率变化指数在 2013～2015 年度和 2016～2019 年度的平均技术效率变化指数均小于 1，效率并未得到改善。这与四个年度对应的平均全要素生产率指数体现的无效率状态基本一致。因此我们也得出如下结论：年度平均技术效率变化指数对于年度平均全要素生产率指数具有显著的影响，是致使 2013～2015 年度和 2016～2019 年度平均全要素生产率无效率的重要原因。长三角地区城市商业银行在经营管理的过程中一定要注意技术效率变化指数的提升（减少资源浪费，促进资源的优化配置），以此来促进长三角地区城市商业银行全要素生产率指数的提升。总体上，长三角地区城市商业银行 2012～2021 年 17 家样本银行年度平均技术效率变化指数平均值为 0.999，说明长三角地区城市商业银行 2012～2021 年 17 家样本银行年度技术效率变化指数并未得到明显改善。

　　在年度平均技术进步指数方面，从表中我们可以看出长三角地区城市商业银行 2012～2021 年 17 家样本银行年度平均技术进步指数在 2012～2015 年、2017～2019 年和 2020～2021 年度大于 1 有效率，这与四个年度对应的年度平均全要素生产率指数体现的有效率基本一致。我们也得出如下结论：年度平均技术进步指数对于年度平均全要素生产率指数会产生正相关的影响，是致使年度平均全要素生产率有效率的重要原因。长三角地区城市商业银行在经营管理的过程中一定要注意技术进步指数的提升，以此来促进长三角地区城市商业银行全要素生产率指数的提升。长三角地区城市商业银行在经营管理的发展过程中可以通过技术进步、管理创新、推广现代化新型银行业务、提高规模效率等方式促进长三角地区城市商业银行技术进步，进而推动长三角地区城市商业银行全要素生产率水平的提高，促进长三角地区城市商业银行经营管理效率的提升以及我国银行实现长期可持续性发展。总体上，长三角地区城市商业银行 2012～2021 年 17 家样本银行年度平均技术进步指数平均值为 1.007，说明长三角地区城市商业银行 2012～2021 年 17 家样本银行年度技术进步指数是有效率的。

　　在年度平均纯技术效率变化指数方面，长三角地区城市商业银行 2012～2021 年 17 家样本银行年度平均纯技术效率变化指数在 2012～2013 年度、2015～2019 年度和 2020～2021 年度，是小于 1 无效率。究其原因可能是长三角地区城市商业银行在这一阶段的技术水平、创新管理、现代新型业务的推广及电子业务的创新水平与实际发展程度存在差距，从而导致在这一阶段年度平均纯技术效率指数小于 1，即无效率。我们可以得出如下结论：长三角地区城市商业银行经营管理过程中，技术水平、创新管理、现代新型业务的推广及电子业务的创新十分重要，银行业必须提高重视。总体上，17 家样本银行年度平均纯技术效率变化指数平均值为 0.999，小于 1，说明我国 2012～2021 年 17 家样本银行年度纯技术效率指数并未得到明显改善。

　　在年度平均规模效率变化指数方面，17 家样本银行在选定时期内仅有 2013～2014 年、2014～2015 年和 2017～2018 年度的平均规模效率变化指数小于 1 即无效率。从数据中可以看出，2013～2015 年度这一时期的跨度上，全要素生产率指数和技术效率变化指数都出现了一定程度的下降，而规模效应的增长能促使全要素生产率的提高。长三角地区城市商业银行年均规模效益下降，一定程度上拖累了全要素生产率的改善。年度平均规模效率变化指数下降的主要原因可能有：这一时期我国商业银行又面临着利率市场化进程不断推进、整体经济增长速度放缓、新的银行资产要求规定出台等各种严峻考验一定程度上限制了商业银行规模的扩张或商业银行规模的无序扩张，效率低下等因素造成规模效率指数下降。

我们可以得出结论：规模效率在提高长三角地区城市商业银行全要素生产率水平方面的作用不容忽视，长三角地区城市商业银行在经营管理过程中，要注重规模效率的提高。提高规模效率的途径可能有如下方式：进一步加强在金融科技领域的发展，将金融科技赋能到传统业务模式中去，搭建完善的风控体系，可以大幅降低经营成本，提高资产利用效率，发挥规模优势，显著提高长三角地区城市商业银行规模效率水平；对银行的扩张不要带有盲目性，不要进行非理性银行扩张；要转变长三角地区城市商业银行的经营管理方式，要由粗放型的经营管理模式向节约高效型的经营管理模式转变，使长三角地区城市商业银行的规模效率变化指数得以提升。总体上，长三角地区城市商业银行 2012~2021 年 17 家样本银行年度平均规模效率变化指数平均值为 1.001 大于 1，说明 2012~2021 年长三角地区城市商业银行17 家银行年度规模效率指数是有效率的。

（二）省市间全要素生产率特征分析与比较

如表 4-16~表 4-20 所示，通过对样本银行的全要素生产率进行分解，我们可以得出样本银行在样本期间内的省市间年度平均技术效率变化指数、年度平均技术进步效率指数、年度平均纯技术效率变化指数、年度平均规模效率及其年度平均增长率情况及时间趋势变化。

1. 全要素生产率特征与比较

如表 4-16 所示，四省市城市商业银行在选定时期内（2012~2021 年）的全要素生产率指数均值均大于 1，表明四省市城市商业银行的全要素生产率均处于改善时期。首先，从全要素生产率来看，上海市城市商业银行的全要素生产率指数最高，达到了 1.018，通过表 4-16 可以看出，上海市城市商业银行的全要素生产率相对较高的原因除 2016～2017 年度和 2019～2020 年度年均值小于 1，其余时期年均全要素生产率均大于 1，表明上海市城市商业银行的全要素生产率基本处于持久的改善时期；相反，江苏省城市商业银行的全要素生产率指数最低，为 1.002，究其原因是江苏省城市商业银行的全要素生产率指数仅在 2012～2013 年度、2014～2015 年度和 2019～2021 年度大于 1，其余时期均小于 1，表明江苏省城市商业银行的全要素生产率处于短暂的改善时期。

表 4－16　　　　长三角地区城市商业银行省市间全要素生产率年均动态变化

年份	江苏	浙江	上海	安徽
2012～2013	1.044	1.017	1.057	1.050
2013～2014	0.992	1.008	1.077	1.007
2014～2015	1.009	0.981	1.007	1.092
2015～2016	0.964	0.983	1.035	1.028
2016～2017	0.966	0.971	0.946	0.951
2017～2018	0.986	0.995	1.049	0.909
2018～2019	0.993	1.011	1.022	1.130
2019～2020	1.007	0.977	0.963	0.812
2020～2021	1.058	1.103	1.009	1.042
均值	1.002	1.005	1.018	1.002
年均增长率	0.226%	1.127%	－0.393%	1.393%

其次，从全要素生产率年均增长率来看，安徽省城市商业银行的全要素生产率年均增长率最高达到 1.393%，上海市全要素生产率的全要素生产率年均增长率最低，且是四省市中唯一为负值的省市。由此，我们可以得出，长三角地区城市商业银行全要素生产率总体处于改善时期，但省市间城市商业银行的全要素生产率指数及增速呈现明显的差异，长三角地区城市商业银行在提高全要素生产率的同时要注意区域间城市商业银行均衡发展。

2. 技术效率变化指数特征与比较

如表 4－17 所示，四省市城市商业银行在选定时期内（2012～2021 年）

除浙江省及安徽省城市商业银行以外，江苏省及上海市城市商业银行的技术效率变化指数均大于1，即江苏省及上海市城市商业银行的技术效率得到明显改善。

表4-17　　　长三角地区城市商业银行省市间技术效率指数年均动态变化

年份	江苏	浙江	上海	安徽
2012～2013	1.034	1.015	1.050	1.034
2013～2014	0.977	0.978	1.027	0.957
2014～2015	1.001	0.947	0.991	1.025
2015～2016	0.991	1.004	1.025	1.020
2016～2017	1.002	0.990	0.989	1.002
2017～2018	0.974	0.975	1.025	0.978
2018～2019	0.976	1.001	0.954	0.973
2019～2020	1.063	1.055	1.043	0.930
2020～2021	0.999	1.024	0.942	0.983
均值	1.002	0.999	1.005	0.989
年均增长率	-0.330%	0.180%	-1.173%	-0.516%

然而，浙江省城市商业银行的技术效率变化指数虽小于1，并未改善，但技术效率变化指数年均增长率是四省市中唯一为正值的省市，其余省市的技术效率变化指数年均增长率均为负增长。由此，我们可以得出，长三角地区技术效率变化指数的改善对全要素生产率的提升具有显著影响；江苏省和上海市的城市商业银行的技术效率变化指数虽然得到改善，但却存在增速为负的风险，后续改善的动力不足；相反，浙江省的城市商业银行的技术效率变化指数虽然并未得到改善，增长动力充足；反观安徽省的城市商业银行的技术效率变化指数既没有得到改善且年均增长存在衰退的迹象。

3. 技术进步效率指数特征与比较

如表4-18所示，四省市城市商业银行在选定时期内（2012～2021年）的技术进步变化指数均值均大于1，表明四省市城市商业银行的技术进步变化指数均处于改善时期。其中，上海市城市商业银行的技术进步变化指数最高，达到了 1.014，通过表 4－18 可以看出，上海市城市商业银行的技术进步变化指数有无改善的时期与全要素生产率基本一致，表明技术进步变化指数对上海市城市商业银行全要素生产率具有正向的影响。

表 4－18　　　　长三角地区城市商业银行省市间技术进步效率年均动态变化

年份	江苏	浙江	上海	安徽
2012～2013	1.010	1.002	1.007	1.016
2013～2014	1.017	1.031	1.049	1.052
2014～2015	1.010	1.036	1.017	1.065
2015～2016	0.973	0.980	1.010	1.008
2016～2017	0.964	0.980	0.956	0.949
2017～2018	1.012	1.021	1.023	0.929
2018～2019	1.019	1.012	1.071	1.161
2019～2020	0.948	0.927	0.923	0.874
2020～2021	1.060	1.078	1.070	1.060
均值	1.001	1.007	1.014	1.013
年均增长率	0.753%	1.136%	1.121%	1.632%

此外，四省市城市商业银行的技术进步变化指数年均增长率均为正值，存在正向的持续增长效应。其中，安徽省城市商业银行的技术进步变化指数年均增长率最高，达到 1.632%。由此，我们可以得出，长三角地区城市商业银行技术进步变化指数的改善对全要素生产率的提升具有重要影响；四省市城市商业银行的技术进步变化指数不仅得到改善，而且还存在正向的持续增长效应。

4. 纯技术效率指数特征与比较

如表 4－19 所示，四省市城市商业银行在选定时期内（2012～2021 年）仅浙江省和上海市城市商业银行的纯技术效率变化指数大于 1，说明浙江省和上海市城市商业银行在选定时期内（2012～2021 年）存在技术进步。

表 4 - 19 长三角地区城市商业银行省市间纯技术效率年均动态变化

年份	江苏	浙江	上海	安徽
2012～2013	0.975	0.981	1.015	0.972
2013～2014	1.007	1.018	1.038	0.976
2014～2015	1.009	1.000	0.979	1.041
2015～2016	0.998	0.993	1.019	1.011
2016～2017	0.989	0.982	0.955	0.987
2017～2018	0.973	1.003	1.023	0.971
2018～2019	0.994	0.989	0.985	0.961
2019～2020	1.050	1.054	1.076	0.936
2020～2021	0.990	0.989	0.966	0.950
均值	0.998	1.001	1.006	0.978
年均增长率	0.236%	0.166%	−0.409%	−0.236%

从纯技术效率变化指数年均增长率来看，江苏省和浙江省城市商业银行的纯效率变化指数年均增长率为正值，存在明显的正向增长。由此，我们可以得出，纯技术效率变化指数的改善对全要素生产率的提升具有重要影响；四省市中仅有浙江省城市商业银行的技术进步变化指数不仅得到改善，而且还存在正向的持续增长效应。

5. 规模效率指数特征与比较

如表 4 - 20 所示，四省市城市商业银行在选定时期内（2012～2021 年）仅江苏省和安徽省城市商业银行在选定时期内（2012～2021 年）规模效率变化指数大于 1，即江苏省和安徽省城市商业银行的规模效率得到改善。

表 4 - 20 长三角地区城市商业银行省市间规模效率指数年均动态变化

年份	江苏	浙江	上海	安徽
2012～2013	1.060	1.035	1.034	1.064
2013～2014	0.970	0.962	0.990	0.980
2014～2015	0.992	0.947	1.012	0.985
2015～2016	0.994	1.011	1.006	1.008

续表

年份	江苏	浙江	上海	安徽
2016~2017	1.013	1.009	1.036	1.015
2017~2018	1.002	0.972	1.003	1.007
2018~2019	0.982	1.014	0.968	1.013
2019~2020	1.013	1.001	0.969	0.993
2020~2021	1.010	1.036	0.976	1.035
均值	1.004	0.999	0.999	1.011
年均增长率	-0.542%	0.092%	-0.691%	-0.285%

从规模效率变化指数年均增长率来看，仅浙江省城市商业银行规模效率变化指数年均增长率为正值，存在明显的正向增长。由此，我们可以得出，规模效率变化指数的改善对全要素生产率的提升具有重要影响；四省市城市商业银行的规模效率变化指数及其增速放缓，不存在既得到改善，还存在正向的持续增长效应的省市，表明样本期间长三角地区城市商业银行的规模达到一定阈值，资产规模增长的阻力较大，盲目扩张的发展模式已不适应当前城市商业银行发展的要求。长三角地区城市商业银行必须提高自身资产业务质量，积极探索表外业务以提升自身全要素生产率。

（三）省内全要素生产率特征分析与比较

1. 浙江省内城市商业银行全要素生产率特征分析与比较

（1）全要素生产率特征与比较。

第一，对浙江省内城商行全要素生产率指数进行总体分析。表4-21给出了2012~2021年浙江省内城商行11家样本银行全要素生产率指数及分解均值。总体上，11家样本银行在选定时期内（2012~2021年）全要素生产率平均值为1.005，浙江省内城商行全要素生产率得到改善，与长三角地区城市商业银行在样本期间内年均全要素生产率基本持平。具体来看，11家样本银行在选定时期内（2012~2021年）除浙江稠州商业银行、温州银行和金华银行外，其余8家样本银行的全要素生产率指数均大于1，即全要素生产率得到改善。其中，年均全要素生产率指数最大的是泰隆银行，达到

1.022，而最低为稠州银行达到 0.983，小于 1，并未实现全要素生产率的持续改善。

11 家城商行中全要素生产率年均增长率均为正值，实现全要素生产率的正向增长。其中，年均增长率最大的是绍兴银行，年均增长率达到 3.07%，而增长率最低为温州银行，年均衰退 0.20%，这表明浙江省城商行全要素生产率差异较大。相对于全要素生产率指数，样本银行的技术进步指数，纯技术指数、规模效率指数均值之间的差异较小。

第二，具体到浙江省内样本银行全要素生产率随时间变化趋势，可以发现样本银行全要素生产率随时间波动幅度较为明显，总体呈现先改善后衰退再改善的波浪状态。其中，民泰银行、泰隆银行和湖州银行与浙江省内分别对应的年度平均全要素生产率指数所对应的有无效率基本相一致，其余省内城商行与省内全要素生产率均值表现出较大差异。

从具体年份来看，2012～2014 年浙江省内样本银行全要素生产率呈现改善状态，其中 2012～2013 年间除嘉兴银行、杭州银行和绍兴银行及 2013～2014 年间除宁波银行、民泰银行、温州银行、绍兴银行和金华银行外、其余浙江省内样本银行全要素生产率均呈现改善状态；2014～2018 年间大多银行与浙江省内样本银行全要素生产率基本保持衰退状态；2019～2021 年除台州银行、温州银行、绍兴银行和金华银行外，其余银行与浙江省城市商业银行总体全要素生产率的变动趋势相一致，即总体呈现先下降后上升的趋势，呈"U"型增长。其中，2019～2020 年浙江省城市商业银行全要素生产率整体呈现下降的趋势，这一时期疫情是导致浙江省城市商业银行全要素生产率大幅下降的主要原因。一方面，疫情反复，中小企业发展困难濒临倒闭、民众深居简出导致银行业有效信贷需求下滑，对城商行的冲击尤其明显，从而拖累城商行规模扩张；另一方面，银行新增信贷业务有所下降，金融科技实力薄弱、服务体系不完善的银行在业务开展方面面临较大困难。因此，2019～2020 年浙江省城市商业银行的全要素生产率有较大下降。到 2020～2021 年疫情逐渐得到控制，居民消费增加、企业投资增加等因素，银行信贷业务需求在这一时期显著增强，因此，这一时期生产率呈现显著增长，且效率值大于 1，全要素生产率得到改善。

表 4 - 21　　　　　不同时期浙江省样本银行全要素生产率的变化

年份	台州银行	嘉兴银行	宁波银行	杭州银行	民泰银行	泰隆银行	稠州银行	温州银行	湖州银行	绍兴银行	金华银行	浙江均值
2012 ~ 2013	1.049	0.980	1.081	0.920	1.095	1.071	1.005	1.010	1.019	0.956	1.006	1.017
2013 ~ 2014	1.034	1.029	0.997	1.018	0.998	1.051	1.004	0.973	1.021	0.998	0.963	1.008
2014 ~ 2015	1.013	1.011	1.018	1.020	0.937	0.986	0.963	1.008	0.963	0.950	0.922	0.981
2015 ~ 2016	0.961	1.058	0.958	0.939	0.958	1.015	0.965	1.000	1.007	0.984	0.967	0.983
2016 ~ 2017	1.014	1.068	0.968	0.950	0.905	0.984	0.953	0.923	1.010	0.967	0.935	0.971
2017 ~ 2018	1.063	0.974	1.051	1.028	0.952	0.990	0.948	0.998	0.994	0.967	0.980	0.995
2018 ~ 2019	0.976	1.012	1.005	1.020	1.063	1.006	1.030	0.967	1.007	1.042	0.999	1.011
2019 ~ 2020	0.863	0.934	0.960	1.074	0.988	0.985	0.970	1.078	0.950	1.006	0.942	0.977
2020 ~ 2021	1.114	1.110	1.131	1.045	1.125	1.110	1.015	1.010	1.134	1.196	1.146	1.103
均值	1.010	1.019	1.019	1.001	1.002	1.022	0.983	0.996	1.012	1.007	0.984	1.005
年均增长率	1.378%	1.895%	0.885%	1.765%	0.679%	0.583%	0.217%	0.204%	1.592%	3.067%	1.970%	1.294%

（2）技术效率特征与比较。

为进一步阐述 2012 ~ 2021 年浙江省城市商业银行技术效率动态变化趋势，表 4 - 22 给出了 2012 ~ 2021 年浙江省内城商行 11 家样本银行技术效率指数及分解均值。

第一，对浙江省内城商行技术效率指数进行总体分析。总体上，11 家样本银行在选定时期内（2012 ~ 2021 年）技术效率平均值为 0.999，浙江省内城商行技术效率并未得到改善，与长三角地区城市商业银行在样本期间内

年均技术效率基本持平。具体来看，11 家样本银行在选定时期内（2012～
2021 年）除杭州银行、民泰银行、稠州银行、温州银行和金华银行外，其
余 6 家样本银行的技术效率指数均大于 1，即技术效率得到改善。其中，年
均技术效率指数最大的是泰隆银行，达到 1.017，而最低为金华银行达到
0.971，小于 1，并未实现年均技术效率指数的持续改善。

11 家城商行中嘉兴银行、杭州银行、湖州银行、绍兴银行和金华银行
技术效率年均增长率均为正值，其余城商行技术效率年均增长率并未实现正
向增长。但技术效率年均增长率均值为正值，总体上实现技术效率的正向增
长，表明浙江省内城商行技术效率年均增长率正向增速整体大于衰减。其中，
年均增长率最大的是绍兴银行，年均增长率达到 2.466%，而增长率最低为稠
州银行，年均衰退 0.998%，这表明浙江省城商行技术效率差异较大。

第二，具体到浙江省内样本银行技术效率随时间变化趋势，可以发现样
本银行技术效率随时间波动幅度较为明显，总体呈现与全要素生产率对应年
均效率值基本一致。其中，民泰银行、泰隆银行、稠州银行、温州银行、湖
州银行和绍兴银行与浙江省内分别对应的年度平均技术效率指数所对应的有
无效率基本相一致，其余省内城商行与省内技术效率均值表现出较大差异。

从具体年份来看，仅 2012～2013 年、2014～2015 年和 2018～2021 年间
浙江省内样本银行技术效率均呈现改善状态。其中，2012～2013 年间除嘉
兴银行、杭州银行、绍兴银行和金华银行外，其余浙江省内样本银行技术效
率均呈现改善状态；2014～2015 年浙江省内样本银行技术效率总体保持改
善状态，其中嘉兴银行表现较为抢眼，技术效率年均值在这一期间排名第
一，达到 1.079；2018～2021 年嘉兴银行、民泰银行、泰隆银行、湖州银行
和绍兴银行与浙江省城市商业银行总体技术效率的变动趋势相一致，即实现
年均技术效率连续三年的改善。

表 4-22　　　　　　　　浙江省内城市商业银行技术效率

年份	台州银行	嘉兴银行	宁波银行	杭州银行	民泰银行	泰隆银行	稠州银行	温州银行	湖州银行	绍兴银行	金华银行	浙江均值
2012～2013	1.051	0.988	1.050	0.957	1.064	1.044	1.049	1.034	1.000	0.943	0.985	1.015

续表

年份	台州银行	嘉兴银行	宁波银行	杭州银行	民泰银行	泰隆银行	稠州银行	温州银行	湖州银行	绍兴银行	金华银行	浙江均值
2013~2014	1.008	0.976	0.984	0.981	0.968	1.024	0.968	0.958	0.998	0.970	0.921	0.978
2014~2015	0.996	0.912	1.012	0.929	0.950	1.010	0.906	0.972	0.934	0.915	0.888	0.947
2015~2016	0.980	1.079	0.997	0.942	0.991	1.044	0.990	1.022	1.021	0.983	0.990	1.004
2016~2017	0.989	1.046	1.045	0.987	0.909	0.959	0.974	0.966	1.049	1.014	0.955	0.990
2017~2018	0.992	0.943	1.029	1.079	0.950	0.961	0.906	0.999	0.965	0.950	0.949	0.975
2018~2019	0.987	1.025	0.974	0.907	1.055	1.043	1.022	0.941	1.066	1.015	0.981	1.001
2019~2020	0.955	1.026	0.996	1.200	1.033	1.067	1.083	1.118	1.032	1.076	1.016	1.055
2020~2021	1.038	1.046	1.021	0.992	1.039	1.007	0.939	0.928	1.065	1.134	1.057	1.024
均值	1.000	1.004	1.012	0.997	0.995	1.017	0.982	0.993	1.014	1.000	0.971	0.999
年均增长率	−0.093%	1.051%	−0.272%	1.471%	−0.099%	−0.323%	−0.998%	−0.847%	0.985%	2.466%	1.028%	0.397%

　　由于商业银行的技术效率增加源自对于技术运用、发展和布局，而银行业竞争的核心是风险管控能力。作为一个典型案例，湖州银行的风控管理体系建设有较大成果，其运用数字化转型成果将信贷业务进行全流程智能化管理。湖州银行的具体措施：第一，搭建大数据信息监测系统，实现了贷前风险报告展示、贷后风险预警、贷后风险审核流程等多项功能集成。第二，开发智能贷后管理系统，研发智能贷后监测系统，搭建相应风险预警体系以提升贷后管理智能化。第三，开发大数据风控决策引擎，实现数据驱动运营，

数据赋能风控，采用大数据模型分析，精准刻画客户画像，实现风控指标直观量化管理。第四，开发 RPA 自动化流程机器人，提高了运营效率、准确的监测跟踪能力和更灵活的业务需求响应。

正是得益于前沿技术上的运用，湖州银行的技术效率在全要素生产率中的贡献不断加大，年均技术效率为 1.014，在浙江省内年均技术效率值位居第二，仅次于泰隆银行。台州银行年均技术效率为 1.000，位居第六。实际上，数字化转型是银行未来核心竞争力之一，将数字化转型运用于智能信贷管理、业务模式创新能极大提高商业银行的核心竞争力。此外，台州银行在 2019 年便重点打造支付创新项目，将金融业务融入居民生活服务及各种场景中，为行业客群和中小商户提供高效、便捷的金融结算服务，助其提升经营管理能力和效率。具体措施：第一，提供轻量级业务与商户管理平台。实现满足经营商户收款、账务管理、用户管理、门店管理等功能操作。第二，建设新型服务金融场景。针对居民物业、产业园区、校园、医院等推出收款衍生产品以及其他民生缴费服务。第三，为规模化的行业客户订制一对一的金融方案。通过集成银联支付等支付搭建收银台，通过开放平台以标准 API 技术输出方式开放给有线上收款需求的网络商户或线下实体商户，实现商户销售买卖的线上化，降低企业的运营成本[①]。

（3）技术进步效率特征与比较。

为进一步阐述 2012～2021 年浙江省城市商业银行技术进步效率动态变化趋势，表 4 - 23 给出了 2012～2021 年浙江省内城商行 11 家样本银行技术进步效率指数及分解均值。

第一，对浙江省内城商行技术进步效率指数进行总体分析。总体上，11 家样本银行在选定时期内（2012～2021 年）技术进步效率平均值为 1.007，浙江省内城商行技术进步效率得到改善，与长三角地区城市商业银行在样本期间内年均技术进步效率基本持平。具体来看，11 家样本银行在选定时期内（2012～2021 年）除湖州银行外，其余 10 家样本银行的技术进步效率指数均大于 1，即技术进步效率得到改善。其中，年均技术进步效率指数最大的是嘉兴银行，达到 1.016，而最低为湖州银行达到 0.998，小于 1，并未实

---

① 根据台州银行官网相关数据整理。

现年均技术进步效率指数的持续改善。

表 4 – 23　　　　　　　　浙江省城市商业银行技术进步效率

年份	台州银行	嘉兴银行	宁波银行	杭州银行	民泰银行	泰隆银行	稠州银行	温州银行	湖州银行	绍兴银行	金华银行	浙江均值
2012 ~ 2013	0.999	0.991	1.029	0.961	1.030	1.026	0.958	0.977	1.019	1.014	1.022	1.002
2013 ~ 2014	1.026	1.054	1.013	1.038	1.031	1.027	1.038	1.015	1.023	1.029	1.046	1.031
2014 ~ 2015	1.016	1.108	1.006	1.098	0.986	0.977	1.063	1.037	1.031	1.039	1.039	1.036
2015 ~ 2016	0.980	0.981	0.961	0.997	0.967	0.972	0.975	0.978	0.986	1.001	0.977	0.980
2016 ~ 2017	1.026	1.021	0.926	0.962	0.996	1.027	0.978	0.955	0.963	0.953	0.979	0.980
2017 ~ 2018	1.072	1.033	1.022	0.953	1.002	1.029	1.046	0.999	1.030	1.017	1.033	1.021
2018 ~ 2019	0.989	0.988	1.031	1.125	1.008	0.965	1.007	1.027	0.945	1.027	1.018	1.012
2019 ~ 2020	0.903	0.911	0.963	0.895	0.956	0.923	0.896	0.964	0.920	0.935	0.927	0.927
2020 ~ 2021	1.073	1.061	1.108	1.054	1.084	1.102	1.081	1.088	1.064	1.054	1.085	1.078
均值	1.009	1.016	1.006	1.009	1.007	1.005	1.005	1.005	0.998	1.008	1.014	1.007
年均增长率	1.228%	1.197%	1.159%	1.928%	0.777%	1.169%	1.961%	1.521%	0.773%	0.681%	1.009%	1.218%

　　11 家城商行技术进步效率年均增长率均为正值，即浙江省内城商行技术进步效率年均增长率在样本期间处于持续增长时期，与浙江省全要素生产率年均增长率呈现一致的时期波动。其中，年均增长率最大的是稠州银行，年均增长率达到 1.961%，而增长率最低为绍兴银行，年均增长率达到 0.681%，这表明浙江省城商行技术进步效率年均增长率差异较大。

　　第二，具体到浙江省内样本银行技术进步效率随时间变化趋势，可以发现样本银行技术进步效率随时间波动幅度较为明显，总体呈现与全要素生产率对应年均效率值基本一致。其中，除台州银行、嘉兴银行和泰隆银行外，其余城商行与浙江省内年度平均技术进步效率指数所对应的有无效率基本相一致，表明浙江省内年度平均技术进步效率指数所对应的有无效率与各城商行年度平均技术进步效率指数呈现较小波动。

从具体年份来看，2012～2015年、2017～2019年和2020～2021年间浙江省内样本银行技术进步效率均呈现改善状态。其中，2012～2015年间宁波银行、湖州银行、绍兴银行和金华银行与浙江省城市商业银行总体技术进步效率的变动趋势基本相一致，即实现年均技术进步效率连续三年的改善；2017～2019年间宁波银行、民泰银行、稠州银行、绍兴银行和金华银行与浙江省内样本银行技术进步效率基本呈现一致的改善状态；2020～2021年浙江省内样本银行技术进步效率总体保持改善状态，且各城商行技术进步效率均大于1，实现效率值的持续改善。其中宁波银行表现较为抢眼，技术进步效率年均值在这一期间排名第一，达到1.108。

上述数据表明浙江省内城商行在科技领域的布局对于促进技术进步效率具有成效。自2016年以来，浙江省内城商行也通过成立科技支行、积极探索金融科技业务；2021年积极探索智慧医疗"医后付"支付场景，借助金融科技力量拓展民生金融；与金融科技公司合作，加大科技赋能。这些举措都为提高浙江省内城商行的技术进步效率产生了积极作用。

（4）纯技术效率变化特征与比较。

为进一步阐述2012～2021年浙江省城市商业银行纯技术效率动态变化趋势，表4-24给出了2012～2021年浙江省内城商行11家样本银行纯技术效率指数及分解均值。

第一，对浙江省内城商行纯技术效率指数进行总体分析。总体上，11家样本银行在选定时期内（2012～2021年）纯技术效率平均值为1.001，浙江省内城商行纯技术效率得到改善，且高于长三角地区城市商业银行在样本期间内年均纯技术效率，表明浙江省城商行在长三角地区纯技术效率占据一定的优势。具体来看，11家样本银行在选定时期内（2012～2021年）除台州银行、民泰银行、稠州银行、绍兴银行和金华银行外，其余6家样本银行的纯技术效率指数均大于1，即纯技术效率得到改善。其中，年均纯技术效率指数最大的是湖州银行，达到1.022，而最低为稠州银行达到0.988，小于 1，并未实现年均纯技术效率指数的持续改善。

11 家城商行中除嘉兴银行和稠州银行外，其余城商行纯技术效率年均增长率实现正向增长，且纯技术效率年均增长率均值为正值，总体上实现纯技术效率的正向增长，表明浙江省内城商行纯技术效率年均增长率正向增速整体大于衰减。其中，年均增长率最大的是金华银行，年均增长率达到1.212%，而增长率最低为嘉兴银行，年均衰退 0.421%，这表明浙江省城商行纯技术效率年均增长率差异较大。

第二，具体到浙江省内样本银行纯技术效率随时间变化趋势，可以发现样本银行纯技术效率随时间波动幅度较为明显。其中，除绍兴银行、湖州银行、稠州银行和民泰银行外，其余城商行与浙江省内年度平均纯技术效率指数所对应的有无效率相一致，表明浙江省内年度平均纯技术效率指数所对应的有无效率与各城商行年度平均纯技术效率指数呈现较小波动。

表 4 – 24 　　　　　　　　浙江省城市商业银行纯技术效率

年份	台州银行	嘉兴银行	宁波银行	杭州银行	民泰银行	泰隆银行	稠州银行	温州银行	湖州银行	绍兴银行	金华银行	浙江均值
2012 ~ 2013	0.964	1.005	0.987	0.933	0.974	0.984	0.968	1.018	1.015	1.013	0.929	0.981
2013 ~ 2014	1.029	0.976	1.014	1.019	0.999	1.005	1.025	0.996	1.155	0.977	1.004	1.018
2014 ~ 2015	1.002	1.031	1.012	0.971	0.996	0.986	0.986	1.013	0.998	0.984	1.026	1.000
2015 ~ 2016	0.998	1.012	0.999	0.939	1.005	0.989	1.006	0.989	0.985	0.983	1.016	0.993
2016 ~ 2017	0.963	0.968	1.021	0.968	0.976	0.979	0.948	0.969	1.031	0.985	0.989	0.982
2017 ~ 2018	1.016	1.037	1.007	1.043	0.923	1.008	0.989	1.047	0.998	0.964	1.006	1.003
2018 ~ 2019	0.969	1.000	0.986	0.989	1.064	1.005	1.001	0.889	0.956	1.035	0.980	0.989
2019 ~ 2020	1.037	1.028	1.004	1.160	0.981	1.094	1.025	1.135	1.076	1.044	1.010	1.054

年份	台州银行	嘉兴银行	宁波银行	杭州银行	民泰银行	泰隆银行	稠州银行	温州银行	湖州银行	绍兴银行	金华银行	浙江均值
2020 ~ 2021	1.000	0.964	0.988	0.975	1.017	0.981	0.944	0.991	0.985	1.012	1.019	0.989
均值	0.997	1.002	1.002	1.000	0.993	1.003	0.988	1.005	1.022	0.999	0.998	1.001
年均增长率	0.574%	-0.421%	0.020%	1.033%	0.747%	0.093%	-0.194%	0.392%	0.029%	0.031%	1.212%	0.320%

从具体年份来看，2013 ~ 2015 年、2017 ~ 2018 年和 2019 ~ 2020 年间浙江省内样本银行纯技术效率均呈现改善状态。其中，2013 ~ 2015 年间台州银行、宁波银行和金华银行与浙江省城市商业银行总体纯技术效率的变动趋势基本相一致，即实现年均纯技术效率连续两年的改善；2017 ~ 2018 年间除民泰银行、稠州银行、绍兴银行和湖州银行外，其余城商行与浙江省内样本银行纯技术效率呈现一致的改善状态；2019 ~ 2020 年浙江省内样本银行纯技术效率总体保持改善状态，且除民泰银行外，其余各城商行纯技术效率均大于 1，实现效率值的持续改善。其中杭州银行表现较为抢眼，纯技术效率年均值在这一期间排名第一，达到 1.160。

（5）规模效率变化特征与比较。

为进一步阐述 2012 ~ 2021 年浙江省城市商业银行规模效率动态变化趋势，表 4 - 25 给出了 2012 ~ 2021 年浙江省内城商行 11 家样本银行规模效率指数及分解均值。

第一，对浙江省内城商行规模效率指数进行总体分析。总体上，11 家样本银行在选定时期内（2012 ~ 2021 年）规模效率平均值为 0.999，浙江省内城商行规模效率并未得到改善，且低于长三角地区城市商业银行在样本期间内年均规模效率，表明浙江省城商行在长三角地区规模效率已经达到一定阈值，规模的无序扩张拖累了浙江省城商行年均规模效率的改善，进一步造成浙江省城商行年均全要素生产率的衰退。具体来看，11 家样本银行在选定时期内（2012 ~ 2021 年）除杭州银行、稠州银行、温州银行、湖州银行和金华银行外，其余 6 家样本银行的规模效率指数均大于 1，即规模效率得到改善。其中，年均规模效率指数最大的是泰隆银行，达到 1.014，而最低为金华银行达到 0.974，小于 1，并未实现年均规模效率指数的持续改善。

11 家城商行中嘉兴银行、杭州银行、湖州银行和绍兴银行规模效率年均增长率均为正值，即城商行规模效率年均增长率实现正向增长，且规模效率年均增长率均值为正值，总体上实现规模效率的正向增长，表明浙江省内城商行规模效率年均增长率正向增速整体大于衰减。其中，年均增长率最大的是绍兴银行，年均增长率达到 2.495%，而增长率最低为温州银行，年均衰退 0.825%，这表明浙江省城商行规模效率年均增长率差异较大。

第二，具体到浙江省内样本银行规模效率随时间变化趋势，可以发现样本银行规模效率随时间波动幅度较为明显。其中，除温州银行、民泰银行和宁波银行外，其余城商行与浙江省内年度平均规模效率指数所对应的有无效率基本相一致，表明浙江省内年度平均规模效率指数所对应的有无效率与各城商行年度平均规模效率指数呈现较小波动。

表 4 - 25　　　　　　　浙江省城市商业银行规模效率

年份	台州银行	嘉兴银行	宁波银行	杭州银行	民泰银行	泰隆银行	稠州银行	温州银行	湖州银行	绍兴银行	金华银行	浙江均值
2012 ~ 2013	1.090	0.983	1.063	1.026	1.092	1.061	1.084	1.016	0.985	0.931	1.060	1.035
2013 ~ 2014	0.980	1.000	0.971	0.962	0.968	1.018	0.944	0.962	0.864	0.993	0.917	0.962
2014 ~ 2015	0.994	0.884	1.000	0.956	0.953	1.024	0.919	0.960	0.936	0.930	0.866	0.947
2015 ~ 2016	0.983	1.066	0.997	1.003	0.987	1.056	0.985	1.034	1.037	1.001	0.974	1.011
2016 ~ 2017	1.027	1.081	1.023	1.020	0.932	0.979	1.028	0.997	1.017	1.030	0.965	1.009
2017 ~ 2018	0.976	0.909	1.022	1.034	1.030	0.953	0.917	0.955	0.967	0.986	0.943	0.972
2018 ~ 2019	1.019	1.024	0.988	0.917	0.991	1.037	1.021	1.059	1.115	0.981	1.001	1.014
2019 ~ 2020	0.921	0.998	0.993	1.034	1.053	0.975	1.057	0.985	0.959	1.031	1.006	1.001

续表

年份	台州银行	嘉兴银行	宁波银行	杭州银行	民泰银行	泰隆银行	稠州银行	温州银行	湖州银行	绍兴银行	金华银行	浙江均值
2020~2021	1.038	1.086	1.034	1.017	1.022	1.027	0.994	0.936	1.081	1.121	1.037	1.036
均值	1.003	1.003	1.010	0.997	1.003	1.014	0.994	0.989	0.996	1.000	0.974	0.999
年均增长率	-0.358%	1.896%	-0.272%	0.122%	-0.617%	-0.267%	-0.739%	-0.825%	1.752%	2.495%	-0.005%	0.289%

从具体年份来看，2012~2013年、2015~2017年和2018~2021年间浙江省内样本银行规模效率均呈现改善状态。其中，2012~2013年浙江省内样本银行规模效率总体保持改善状态，且除嘉兴银行、湖州银行和绍兴银行外，其余各城商行规模效率均大于1，实现效率值的持续改善；2015~2017年间嘉兴银行、杭州银行、湖州银行和绍兴银行与浙江省内样本银行规模效率呈现一致的改善状态；2018~2021年间仅金华银行与浙江省城市商业银行总体规模效率的变动趋势相一致，即实现年均规模效率连续三年的改善。其中绍兴银行在2020~2021年期间表现较为抢眼，规模效率年均值在这一期间排名第一，达到1.212。

2. 江苏省城市商业银行全要素生产率特征分析与比较

（1）全要素生产率特征与比较。

第一，对江苏省内城商行全要素生产率指数进行总体分析。表4-26给出了2012~2021年江苏省内城商行四家样本银行全要素生产率指数及分解均值。总体上，四家样本银行在选定时期内（2012~2021年）全要素生产率平均值为1.002，江苏省内城商行全要素生产率得到改善，低于长三角地区城市商业银行在样本期间内年均全要素生产率。具体来看，四家样本银行在选定时期内（2012~2021年）除南京银行外，江苏银行、江苏长江商业银行和苏州银行的全要素生产率指数均大于1，即全要素生产率得到改善。其中，年均全要素生产率指数最大的是苏州银行，达到1.008，而最低为南京银行，达到0.989，小于1，并未实现全要素生产率的持续改善。

四家城商行中全要素生产率年均增长率仅江苏银行为正值，实现全要素生产率的正向增长，而增长率最低为苏州银行，年均衰退1.010%，这表明江苏省城商行全要素生产率差异较大。2012～2021 年间江苏省全要素生产率年均增长率整体并未实现正向增长，年均衰退 0.390%。

第二，具体到江苏省内样本银行全要素生产率随时间变化趋势，可以发现样本银行全要素生产率随时间波动幅度较为明显，总体呈现先改善后衰退再改善的波浪状态，与浙江省和长三角地区全要素生产率基本保持一致。其中，苏州银行和江苏长江商业银行与江苏省内分别对应的年度平均全要素生产率指数所对应的有无效率基本相一致，南京银行和江苏银行则表现出较大差异。

表 4 - 26　　　　　　　　江苏省城市商业银行全要素生产率

年份	南京银行	江苏银行	江苏长江商业银行	苏州银行	江苏均值
2012～2013	1.026	0.991	1.029	1.129	1.044
2013～2014	1.020	0.991	1.006	0.949	0.992
2014～2015	1.025	0.971	1.024	1.017	1.009
2015～2016	0.940	0.976	0.965	0.974	0.964
2016～2017	0.927	1.002	1.000	0.935	0.966
2017～2018	0.982	0.957	1.007	0.998	0.986
2018～2019	0.977	1.016	0.982	0.998	0.993
2019～2020	0.947	1.081	0.960	1.042	1.007
2020～2021	1.056	1.082	1.064	1.032	1.058
均值	0.989	1.007	1.004	1.008	1.002
年均增长率	-0.255%	0.270%	-0.155%	-1.010%	-0.390%

从具体年份来看，2012～2013 年、2014～2015 年和 2019～2021 年江苏省内样本银行全要素生产率呈现改善状态。其中，2012～2013 年和 2014～2015 年间除江苏银行外，其余江苏省内样本银行全要素生产率均呈现改善状态；2019～2021 年除南京银行和江苏长江商业银行外，江苏银行和

苏州银行与江苏省城市商业银行总体全要素生产率的变动趋势相一致，即保持两年的持续增长。一方面，2019～2020 年江苏省城市商业银行应对疫情具有成效。另一方面，疫情对江苏省居民消费增加、企业投资增加等因素并未产生显著负面影响，银行信贷业务需求在这一时期显著增强，因此，这一时期生产率呈现显著增长，且效率值大于 1，全要素生产率得到改善。

（2）技术效率特征与比较。

为进一步阐述 2012～2021 年江苏省城市商业银行技术效率动态变化趋势，表 4-27 给出了 2012～2021 年江苏省内城商行四家样本银行技术效率指数及分解均值。

第一，对江苏省内城商行技术效率指数进行总体分析。总体上，四家样本银行在选定时期内（2012～2021 年）技术效率平均值为 1.002，江苏省内城商行技术效率得到改善，且高于长三角地区城市商业银行在样本期间内年均技术效率，表明江苏省内城商行技术效率在长三角地区城市商业银行于样本期间占据一定优势。具体来看，四家样本银行在选定时期内（2012～2021 年）除南京银行和苏州银行外，江苏银行和江苏长江商业银行的技术效率指数均大于 1，即技术效率得到改善。其中，年均技术效率指数最大的是江苏长江商业银行，达到 1.007，而最低为苏州银行，达到 0.997，小于1，并未实现年均技术效率指数的持续改善。

第二，四家城商行中仅南京银行和江苏银行年均增长率均为正值，其余城商行技术效率年均增长率并未实现正向增长。江苏省城商行技术效率年均增长率均值为负值，总体上技术效率呈现一定的衰退。其中，年均增长率最大的是江苏银行，年均增长率达到 0.503%，而增长率最低为苏州银行，年均衰退 0.807%，这表明江苏省城商行技术效率差异较大。

第三，具体到江苏省内样本银行技术效率随时间变化趋势，可以发现样本银行技术效率随时间波动幅度较为明显。其中，仅江苏商业银行与江苏省内分别对应的年度平均技术效率指数所对应的有无效率基本一致，其余省内城商行与省内技术效率均值表现出较大差异。

表4-27 江苏省城市商业银行技术效率

年份	南京银行	江苏银行	江苏长江商业银行	苏州银行	江苏均值
2012~2013	0.999	0.984	1.025	1.130	1.034
2013~2014	1.036	0.962	1.001	0.908	0.977
2014~2015	1.076	0.950	1.002	0.977	1.001
2015~2016	0.969	0.992	0.985	1.016	0.991
2016~2017	0.997	1.065	0.971	0.977	1.002
2017~2018	0.986	0.969	0.966	0.975	0.974
2018~2019	0.969	0.965	1.025	0.946	0.976
2019~2020	0.981	1.123	1.047	1.102	1.063
2020~2021	0.981	1.032	1.038	0.945	0.999
均值	0.999	1.005	1.007	0.997	1.002
年均增长率	0.086%	0.503%	-0.163%	-0.807%	-0.262%

从具体年份来看，江苏省内样本银行技术效率年均值随时间波动呈现改善、衰退、再改善的循环圈，南京银行、江苏银行和苏州银行基本呈现一致的状态。其中，仅江苏长江商业银行表现较为抢眼，除2015~2018年技术效率年均值小于1，其余时期均实现技术效率的改善。表明江苏省技术效率年均值在2012~2021年间呈现改善状态，优于长三角地区城商行，但从具体样本银行来看，少有银行能实现技术效率的持续增长，技术效率缺乏持续增长的动力，从而在一定程度上拖累江苏省城商行全要素生产率的改善。

（3）技术进步效率特征与比较。

为进一步阐述2012~2021年江苏省城市商业银行技术进步效率动态变化趋势，表4-28给出了2012~2021年江苏省内城商行四家样本银行技术进步效率指数及分解均值。

第一，对江苏省内城商行技术进步效率指数进行总体分析。总体上，四家样本银行在选定时期内（2012~2021年）技术进步效率平均值为1.001，江苏省内城商行技术进步效率得到改善，但低于长三角地区城市商业银行在样本期间内年均技术进步效率。具体来看，四家样本银行在选定时期内

（2012～2021 年）除南京银行和江苏长江商业银行外，其余样本银行的技术进步效率指数均大于 1，即技术进步效率得到改善。其中，年均技术进步效率指数最大的是苏州银行，达到 1.013，而最低为南京银行，达到 0.990，小于 1，并未实现年均技术进步效率指数的持续改善。

第二，四家城商行技术进步效率年均增长率除南京银行均为正值，整体上为正值，表明江苏省内城商行技术进步效率年均增长率在样本期间处于持续增长时期。其中，年均增长率最大的是苏州银行，年均增长率达到 0.451%，而增长率最低为南京银行，年均衰退 0.240%，这表明江苏省城商行技术进步效率年均增长率差异较大。

第三，具体到江苏省内样本银行技术进步效率随时间变化趋势，可以发现样本银行技术进步效率随时间波动幅度较为明显，总体呈现与全要素生产率对应年均效率值基本一致。其中，除南京银行和苏州银行外，其余城商行与江苏省内年度平均技术进步效率指数所对应的有无效率基本一致，表明江苏省内年度平均技术进步效率指数所对应的有无效率与各城商行年度平均技术进步效率指数呈现较小波动。

表 4-28　　　　　　　　江苏省城市商业银行技术进步效率

年份	南京银行	江苏银行	江苏长江商业银行	苏州银行	江苏均值
2012～2013	1.027	1.007	1.004	0.999	1.010
2013～2014	0.985	1.030	1.005	1.046	1.017
2014～2015	0.953	1.022	1.022	1.042	1.010
2015～2016	0.969	0.983	0.979	0.959	0.973
2016～2017	0.930	0.941	1.029	0.957	0.964
2017～2018	0.996	0.988	1.042	1.023	1.012
2018～2019	1.008	1.053	0.958	1.056	1.019
2019～2020	0.965	0.962	0.917	0.946	0.948
2020～2021	1.076	1.048	1.025	1.092	1.060
均值	0.990	1.004	0.998	1.013	1.001
年均增长率	-0.240%	0.113%	0.082%	0.451%	0.050%

　　从具体年份来看，2012～2015 年、2017～2019 年和 2020～2021 年间江苏省内样本银行技术进步效率均呈现改善状态，与浙江省样本银行技术进步效率基本一致。其中，2012～2015 年间江苏银行和江苏长江商业银行与江苏省城市商业银行总体技术进步效率的变动趋势基本相一致，即实现年均技术进步效率连续三年的改善；2017～2019 年间仅苏州银行与江苏省内样本银行技术进步效率基本呈现一致的改善状态；2019～2020 年间江苏省内样本银行技术进步效率受疫情影响总体呈现衰退状态，而随着 2020～2021 年疫情逐渐得到控制，江苏省内样本银行技术进步效率总体保持改善状态，且各城商行技术进步效率均大于 1，实现效率值的持续改善。

　　（4）纯技术效率特征与比较。

　　为进一步阐述 2012～2021 年江苏省城市商业银行纯技术效率动态变化趋势，表 4 - 29 给出了 2012～2021 年江苏省内城商行四家样本银行纯技术效率指数及分解均值。

表 4 - 29　　　　　　　　江苏省城市商业银行纯技术效率

年份	南京银行	江苏银行	江苏长江商业银行	苏州银行	江苏均值
2012～2013	0.985	0.942	0.986	0.989	0.975
2013～2014	1.063	1.000	0.986	0.980	1.007
2014～2015	1.060	0.998	0.989	0.989	1.009
2015～2016	0.964	1.002	1.027	0.998	0.998
2016～2017	0.973	1.003	0.993	0.988	0.989
2017～2018	0.966	1.003	0.991	0.931	0.973
2018～2019	0.963	0.993	1.006	1.014	0.994
2019～2020	0.995	1.126	1.039	1.039	1.050
2020～2021	0.976	1.017	0.966	1.001	0.990
均值	0.994	1.009	0.998	0.992	0.998
年均增长率	0.198%	0.939%	0.186%	0.105%	0.304%

　　第一，对江苏省内城商行纯技术效率指数进行总体分析。总体上，四家样本银行在选定时期内（2012～2021 年）纯技术效率平均值为 0.998，江

苏省内城商行纯技术效率并未得到改善。具体来看,首先,四家样本银行在选定时期内(2012~2021年)仅江苏银行的纯技术效率指数均大于1,即纯技术效率得到改善,而最低为苏州银行达到0.992,小于1,并未实现年均纯技术效率指数的持续改善。其次,浙江省四家城商行纯技术效率均为正值,总体上实现纯技术效率的正向增长,表明江苏省内城商行纯技术效率年均增长率整体正向增速大于衰减。其中,年均增长率最大的是江苏银行,年均增长率达到0.939%,而增长率最低为苏州银行,年均增长率为0.105%,这表明江苏省城商行纯技术效率年均增长率差异较大。

第二,具体到江苏省内样本银行纯技术效率随时间变化趋势,可以发现样本银行纯技术效率随时间波动幅度较为明显。其中,仅南京银行与江苏省内年度平均纯技术效率指数所对应的有无效率相一致,表明江苏省各城商行年度平均纯技术效率指数呈现较明显波动。

从具体年份来看,江苏省内样本银行纯技术效率年均值随时间波动呈现衰退、再改善的循环圈,南京银行、江苏长江商业银行和苏州银行基本呈现一致的状态。其中,仅江苏银行表现较为抢眼,除2012~2013年、2014~2015年和2018~2019年纯技术效率年均值小于1,其余时期均实现纯技术效率的改善。表明江苏省少有样本银行能实现纯技术效率的持续增长,纯技术效率缺乏持续增长的动力,从而一定程度上拖累江苏省城商行全要素生产率的改善,与江苏省纯技术效率年均值一致。

(5)规模效率特征与比较。

为进一步阐述2012~2021年江苏省城市商业银行规模效率动态变化趋势,表4-30给出了2012~2021年江苏省内城商行四家样本银行规模效率指数及分解均值。

表4-30 江苏省城市商业银行规模效率

年份	南京银行	江苏银行	江苏长江商业银行	苏州银行	江苏均值
2012~2013	1.015	1.044	1.039	1.142	1.060
2013~2014	0.975	0.962	1.015	0.926	0.970

年份	南京银行	江苏银行	江苏长江商业银行	苏州银行	江苏均值
2014～2015	1.015	0.952	1.013	0.987	0.992
2015～2016	1.006	0.991	0.960	1.018	0.994
2016～2017	1.025	1.062	0.978	0.989	1.013
2017～2018	1.020	0.966	0.975	1.047	1.002
2018～2019	1.007	0.971	1.019	0.933	0.982
2019～2020	0.986	0.997	1.008	1.061	1.013
2020～2021	1.005	1.015	1.075	0.945	1.010
均值	1.006	0.996	1.009	1.005	1.004
年均增长率	-0.072%	-0.402%	-0.245%	-0.876%	-0.547%

第一，对江苏省内城商行规模效率指数进行总体分析。总体上，四家样本银行在选定时期内（2012～2021年）规模效率平均值为1.004，江苏省内城商行规模效率得到改善，且高于长三角地区城市商业银行在样本期间内年均规模效率，表明江苏省城商行在长三角地区规模效率占据一定的优势。具体来看，首先，四家样本银行在选定时期内（2012～2021年）除江苏银行外，其余样本银行的规模效率指数均大于1，即规模效率得到改善。其中，江苏长江商业银行年均规模效率指数表现较为抢眼，达到1.009。其次，四家城商行规模效率年均增长率均为负值，总体上规模效率呈现衰退状态，表明江苏省内城商行规模效率已经达到一定阈值，过度的资本扩张反而会阻碍规模效率的提升，拖累全要素生产率的改善。其中，年均增长率最低为苏州银行，年均衰退0.876%，这表明江苏省城商行规模效率年均增长率差异较大。

第二，具体到江苏省内样本银行规模效率随时间变化趋势，可以发现样本银行规模效率随时间波动幅度较为明显。其中，除温州银行、民泰银行和宁波银行外，其余城商行与江苏省内年度平均规模效率指数所对应的有无效率基本相一致，表明江苏省内年度平均规模效率指数所对应的有无效率与各城商行年度平均规模效率指数呈现较小波动。

　　从具体年份来看，江苏省内样本银行规模效率年均值随时间波动呈现改善、衰退、再改善的循环圈，与技术效率基本一致，江苏银行、江苏长江商业银行和苏州银行基本呈现一致的状态。其中，南京银行表现较为抢眼，除2013~2014年和2019~2020年规模效率年均值小于1，其余时期均实现规模效率的改善。表明江苏省少有样本银行能实现规模效率的持续增长，规模效率缺乏持续增长的动力，从而一定程度上拖累江苏省城商行全要素生产率的改善，与江苏省纯技术效率和技术效率年均值一致。

第五章

长三角地区城市商业银行全要素
生产率的驱动因素

第一节 驱动因素的理论分析

在本章中，我们将构建长三角地区城商行商业银行全要素生产率的驱动因素模型，以便进行实证分析。首先，我们将从理论层面探讨研究商业银行全要素生产率时应考虑的因素。这一步骤对于我们进行指标选择和增强实证分析的论证有效性至关重要。本小节将从三个方面对城商行商业银行全要素生产率的驱动因素进行理论分析。

一、资源配置

资源配置这一概念最早出现在斯密（1776）的著作《国富论》中，他将劳动力作为资源，阐述了劳动分工对经济增长的作用。劳动分工在各个生产领域、生产环节的分配不同，则资本和劳动力生产要素的配置就会不同，进而对经济增长的作用也会不同。只有合理的资源配置方式才会对经济增长产生积极的作用。而商业银行作为现代化经济社会金融体系中主导机构，在市场经济中进行资源配置，是市场经济运行中不可或缺的一部分。因此，提高商业银行的要素生产率显然应包含提升资源配置的能力。丁怡帆、魏彦杰和马云飞（2022）认为我国金融发展中存在的资源错配问题可能在一定程度上阻碍了实体经济的高质量发展。他通过选取 2008～2020 年我国 A 股上市公司的相关数据研究发现，金融资源错配会显著抑制企业全要素生产率的提升，且在金融资源分配不足时更为显著；陈宇晴（2022）利用 2011～2020 年沪深交易所 A 股上市企业相关数据进行研究发现，金融资源错配加剧企业的融资约束，抑制实业投资及企业创新，进而阻碍全要素生产率的提升。数字金融的发展一定程度上能缓解金融资源错配。

二、科技投入

新经济增长理论诞生于 20 世纪 80 年代，代表人物为罗默和卢卡斯（Romer and Lucas）。新经济增长理论批判继承了新古典经济增长理论，认为技术进步是经济增长的最终源泉，科技投入是促进技术进步最直接的因素。科技投入具体又分为两个部分：为获取科技成果开展理论研究工作的投入和对为获得经济效益和社会效益而进行的技术创新、改造等方面的投入。科技投入对生产力的正向作用是通过提高物质资本和人力资本的边际收益来实现的。科技投入增加物质资本的效率是通过下面三个途径：保证物质资本使用价值的前提下降低生产成本；在生产成本不变的情况下，提高物质资本的使用价值；降低生产成本的同时提高物质资本的使用价值。商业银行的科技投入体现在金融科技水平，金融科技的发展对商业银行全要素生产率具有显著的促进作用。周志刚和严圣阳（2022）对中国 41 家不同类型的商业银行 2000～2018 年间的全要素生产率进行实证研究，研究发现金融科技创新对商业银行全要素生产率具有显著的正向促进作用，且主要体现在全国性股份制商业银行；王秀意（2022）对中国 28 家上市商业银行 2009～2018 年的全要素生产率进行了测算和分析，发现商业银行的金融科技发展通过其产品和服务的创新，对上市商业银行和大型规模商业银行全要素生产率具有显著的正向促进作用，且主要体现在技术进步方面。

三、外部环境

随着经济的发展和社会的进步，越来越多的银行开始进行相关业务和组织结构的改革和转变，也有越来越多的学者开始研究银行经营范围之外的影响因素，如外部环境，包括整体宏观经济因素、行业监管政策、市场结构等。

市场监管方面，伯格（Berg，1993）利用 1980~1989 年间挪威银行业的数据研究政府放松管制对挪威银行业经营效率的影响，他发现，在政府放松管制前，挪威银行业的经营效率是下降的，而在放松管制后，挪威银行业的经营效率上升，而这种变化来源于效率改进，而非技术进步；福山和韦伯（Fukuyama and Weber，2015）采用 DEA 方法，在考虑了金融监管指标的前提下分析了日本银行业 2006~2010 年间 101 家商业银行效率的变化。

金融危机方面，我国学者路妍和李刚（2018）利用我国 16 家上市商业银行 2006~2016 年的数据，构建了基于 DEA 的 Malmquist 指数模型测度其全要素生产率，他们研究发现宏观背景环境对商业银行全要素生产率有着显著的影响，金融危机会抑制金融创新，从而导致商业银行的全要素生产率下降。

市场结构方面的研究最为丰富，市场结构按照竞争程度不同分为：完全竞争市场、垄断竞争市场、寡头市场、完全垄断市场。而市场结构对于银行效率的作用机理则分为三类方式。第一类理论认为，市场竞争对于银行效率有正向的推动作用，并且其核心为银行业务的市场份额，即市场结构通过影响银行的市场行为，进而促进其绩效水平。第二类理论认为完全竞争市场中，银行集中度较低，而不完全竞争市场中的银行较高的集中度可以进一步提升其效率。第三类理论同样认为集中度较高的市场银行效率较高，但是逻辑顺序与第二类理论相反，即高效率银行可以占有更多的市场份额，进而提升市场的集中度。但学者的研究结论并未一致，伯格和汉姆（Berger and Hanmn，1998）通过对美国商业银行大样本数据进行研究，表明市场结构对于银行效率并没有显著的影响；达拉特（Darrat，2002）对科威特地区的银行数据进行了类似的研究，但是结论为高竞争程度的市场结构可以有效推动银行业的效率水平；韦尔（Weill，2004）对 1994～1999 年期间欧洲和美国地区银行效率的实证研究则表明，集中度较低的银行结构与商业银行效率为负相关性，即竞争带来的结果是银行效率下降。

第二节　模型构建与指标说明

一、模型构建

近年来，面板计量模型成为学术界关注的焦点。与截面数据计量模型相比，面板数据计量模型有助于一般模型的扩展，并且提供的信息量更大。基于面板模型的选择方式有两种：一种是利用固定效应模型进行计量分析，然后采用似然比 LR 方法检验。如果检验统计量能通过 5% 的显著性水平检验，则采用固定效应模型；另一种是利用随机效应模型进行计量分析，并进行 Hausman 检验。如果 Hausman 检验统计量能通过 5% 的显著性水平检验，则选择随机效应模型是合理的。本书中的模型将结合 LR 和 Hausman 检验进行模型选择。

本书的模型通过异方差和多重共线性检验、结合 LR 和 Hausman 检验，对 17 家银行 2013～2021 年间一共 153 个观测样本进行平衡面板数据的固定效应回归。以全要素生产率作为被解释变量；非利息收入的营收占比、资本充足率、数字普惠金融发展指数，不良贷款余额和正常贷款余额作为解释变量，本书设置回归方程（5.1）进行基本回归分析。为了探究上述解释变量对全要素生产率分解项的影响，本书设置回归方程（5.2）～（5.3）进行回归分析。模型的具体设置如下：

本书构建模型（5.1）为探究全要素生产率驱动因素的计量经济模型。其中 $TFPCH_{it}$ 为城商行 i 在 t 时期的全要素生产率，γ_i 为不随时间变化的个体异质性，$Year_i$ 为年份虚拟变量，$area_i$ 为地区虚拟变量，ε_t 为随机扰动项。其中 t 为时间；i 为城商行样本标识，α 为待估计参数。

$$TFPCH_{it} = \alpha_0 + \alpha_1 x_{1_{it}} + \alpha_2 x_{2_{it}} + \alpha_3 x_{3_{it}} + \alpha_4 x_{4_{it}} + \alpha_5 x_{5_{it}} + \alpha_6 number_{it}$$
$$+ \alpha_7 GDP_{it} + \gamma_i + Year_i + area_i + \varepsilon_t \tag{5.1}$$

本书构建模型（5.2）为分析全要素生产率的分解项技术效率驱动因素的计量经济模型。$EFFCH_{it}$ 为城商行 i 在 t 时期的技术效率，γ_i 为不随时间变化的个体异质性，$Year_i$ 为年份虚拟变量，$area_i$ 为地区虚拟变量，ε_t 为随机扰动项。其中 t 为时间；i 为城商行样本标识，α 为待估计参数。

$$EFFCH_{it} = \alpha_0 + \alpha_1 x_{1_{it}} + \alpha_2 x_{2_{it}} + \alpha_3 x_{3_{it}} + \alpha_4 x_{4_{it}} + \alpha_5 x_{5_{it}} + \alpha_6 number_{it}$$
$$+ \alpha_7 GDP_{it} + \gamma_i + Year_i + area_i + \varepsilon_t \quad (5.2)$$

本书构建模型（5.3）为分析全要素生产率的分解项技术进步效率驱动因素的计量经济模型。其中 $TECHCH_{it}$ 为城商行 i 在 t 时期的技术进步效率。同理，γ_i 为不随时间变化的个体异质性，$Year_i$ 为年份虚拟变量，$area_i$ 为地区虚拟变量，ε_t 为随机扰动项。其中 t 为时间；i 为城商行样本标识，α 为待估计参数。

$$TECHCH_{it} = \alpha_0 + \alpha_1 x_{1_{it}} + \alpha_2 x_{2_{it}} + \alpha_3 x_{3_{it}} + \alpha_4 x_{4_{it}} + \alpha_5 x_{5_{it}} + \alpha_6 number_{it}$$
$$+ \alpha_7 GDP_{it} + \gamma_i + Year_i + area_i + \varepsilon_t \quad (5.3)$$

同时，为了进一步探究全要素生产率及其分解项增长率的影响，本模型经过异方差和多重共线性检验、结合 LR 和 Hausman 检验，对 17 家银行 2013～2021 年间一共 136 个观测样本进行平衡面板数据的固定效应回归。将全要素生产率增长率作为被解释变量；数字普惠金融发展指数、不良贷款余额，正常贷款余额和净资产负债率作为解释变量，本书设置回归方程（5.4）进行基本回归分析。为了探究上述解释变量对全要素生产率增长率分解项的影响，本书设置回归方程（5.1）～（5.6）进行回归分析。模型的具体设置如下：

本书构建模型（5.4）为探究全要素生产率增长率驱动因素的计量经济模型。其中 $TFPCH_{RATE_{it}}$ 为城商行 i 在 t 时期的全要素生产率增长率，γ_i 为不随时间变化的个体异质性，$Year_i$ 为年份虚拟变量，$area_i$ 为地区虚拟变量，ε_t 为随机扰动项。其中 t 为时间；i 为城商行样本标识，β 为待估计参数。

$$TFPCH_{RATE_{it}} = \beta_0 + \beta_1 x_{3_{it}} + \beta_2 x_{4_{it}} + \beta_3 x_{5_{it}} + \beta_4 x_{6_{it}} + \beta_5 GDP_{it} + \beta_6 MS_{it}$$
$$+ \beta_7 DD_{it} + \gamma_i + Year_i + area_i + \varepsilon_t \quad (5.4)$$

本书构建模型（5.5）为探究技术效率增长率驱动因素的计量经济模型。其中 $EFFCH_{RATE_{it}}$ 为城商行 i 在 t 时期的技术效率增长率，γ_i 为不随时间变化的个体异质性，$Year_i$ 为年份虚拟变量，$area_i$ 为地区虚拟变量，ε_t 为随机扰动项。其中 t 为时间；i 为城商行样本标识，β 为待估计参数。

$$EFFCH_{RATE_{it}} = \beta_0 + \beta_1 x_{3_{it}} + \beta_2 x_{4_{it}} + \beta_3 x_{5_{it}} + \beta_4 x_{6_{it}} + \beta_5 GDP_{it} + \beta_6 MS_{it}$$
$$+ \beta_7 DD_{it} + \gamma_i + Year_i + area_i + \varepsilon_t \tag{5.5}$$

本书构建模型（5.6）为探究技术进步效率增长率驱动因素的计量经济模型。其中 $TECHCH_{RATE_{it}}$ 为城商行 i 在 t 时期的技术进步效率增长率，γ_i 为不随时间变化的个体异质性，$Year_i$ 为年份虚拟变量，$area_i$ 为地区虚拟变量，ε_t 为随机扰动项。其中 t 为时间；i 为城商行样本标识，β 为待估计参数。

$$TECHCH_{RATE_{it}} = \beta_0 + \beta_1 x_{3_{it}} + \beta_2 x_{4_{it}} + \beta_3 x_{5_{it}} + \beta_4 x_{6_{it}} + \beta_5 GDP_{it} + \beta_6 MS_{it}$$
$$+ \beta_7 DD_{it} + \gamma_i + Year_i + area_i + \varepsilon_t \tag{5.6}$$

二、指标说明

基于上述计量经济模型，本书认为驱动全要素生产率及其增长率的主要因素包括非利息收入的营收占比、资本充足率、数字普惠金融发展指数、不良贷款余额、正常贷款余额和净资产负债率。

（1）非利息收入的营收占比。近些年来，国内银行开始加大对非利息收入业务的投入，这块业务相对稳定、安全，且利润率通常更高。通过前文分析，长三角地区城商行非利息收入中贡献最大增量的为投资净收益。因此，本书首先选取非利息收入的营收占比作为解释变量，来分析城市商业银行的非利息收入的营收占比对全要素生产率的影响，并认为非利息收入的营收占比与长三角地区城商行全要素生产率呈现正相关关系。

（2）资本充足率。一般来说，银行的资本充足率越高，银行抵御风险的能力就越高。通过抑制风险资产的过度膨胀，保护存款人和其他债权人的利益、保证银行等金融机构正常运营和发展，其与全要素生产率水平呈现正相关关系。

（3）数字普惠金融发展指数。该指数从广度、深度和数字化程度这三个维度进行加权计算得出。其中广度方面，综合考虑了金融账户的覆盖率；深度方面，综合考虑了支付、货基、保险、征信、投资和信贷领域的使用深度；数字化程度方面综合考虑了该地区数字化金融科技的便利性和使用成本。因此数字普惠金融的发展一定程度上会促进全要素生产率提升，本书认为数字普惠金融发展指数对全要素生产率及其增长率均会呈现正相关关系。

（4）不良贷款余额。不良贷款余额是城市商业银行信贷资产安全状况的重要指标，不良贷款余额越高则表明银行所面临的不良贷款冲击越大，从而会降低企业的盈利能力。因此，通过加强自身的风控能力以不断降低不良贷款数量是城市商业银行保持稳定发展的基础。不良贷款余额的增加会导致城市商业银行坏账丛生，会阻碍全要素生产率及其增长率的改善。本书认为不良贷款余额对全要素生产率及其增长率均会呈现负相关关系。

（5）正常贷款余额。目前信贷业务依然是各银行的主要业务，而贷款作为银行利息收入的来源，贷款直接关系到银行的盈利能力。尤其正常贷款的增长能够显著改善城市商业银行的全要素生产率及其增长率。本书认为正常贷款余额对全要素生产率及其增长率均会呈现正相关关系。

（6）净资产负债率。即债务股权比率，反映银行的资本结构以及债权人提供的资本与股东提供的资本的相对关系，能充分反映商业银行基本财务结构是否稳定，风险管理是否合理。净资产负债率代表了风险和回报的高低，净资产负债率高，表现出一种高风险、高回报的财务结构；净资产负债率低，则是一种低风险、低回报的财务结构的体现。本书将净资产负债率作为解释变量在全要素生产率的增长率模型中进行回归，认为其与全要素生产率的增长率呈正相关关系。

除以上主要解释变量外，本书基于前文理论分析进一步选择机构数量、地区国内生产总值、市场竞争程度和数字化程度作为控制变量，以控制长三角地区城商行之间的差异，以增强本书的解释变量对全要素生产率及其增长率的解释力度，力求更贴近现实的探求长三角地区城商行全要素生产率及其增长率的驱动因素。表5-1是对全要素生产率及增长率驱动因素的表示和定义。具体包括：非利息收入的营收占比、资本充足率、数字普惠金融发展指数，不良贷款余额、正常贷款余额、净资产负债率、机构数量、地区生产总值、市场竞争程度和数字化程度。

表 5 – 1 变量定义

分类	变量	符号	含义	预计方向
被解释变量	全要素生产率	TFPCH	详见第四章第三节	—
	全要素生产率增长率	TFPCH_RATE	详见第四章第三节	—
解释变量	非利息收入营收占比	x1	非利息收入/营业收入	负向
	资本充足率	x2	资本充足率	正向
	数字普惠金融指数	x3	市级北大数字普惠金融指数	正向
	不良贷款	x4	不良贷款余额	负向
	正常贷款	x5	正常贷款余额	正向
	净资产负债率	x6	总负债/总权益	正向
控制变量	机构数量	Number	至2021年银行存续期限	正向
	地区生产总值	GDP	所在省份生产总值	正向
	市场竞争程度	MS	市场竞争程度	正向
	数字化程度	DD	北大数字化指数	正向

表 5 - 2 是对商业银行全要素生产率主要驱动因素的描述性统计分析，包括各变量的均值、最大值和最小值及标准差。具体来看，长三角地区城商行的非利息收入的营收占比、资本充足率处于较高水平；数字普惠金融发展水平较高，指数均值达到 1.306；不良贷款余额处于合理范围，正常贷款余额处于较高水平；长三角地区城商行净资产负债率均值为 14.012，处于合理区间，风险管理控制得当；长三角地区城商行所处地区经济发达，城商行机构数量众多，市场竞争程度及数字化程度较高；各变量标准差均处于合理区间。

表 5 - 2 变量描述性统计

变量	观测值	平均值	标准差	最小值	最大值
非利息收入的营收占比	153	3.398	0.898	0.316	5.119
资本充足率	153	3.215	0.143	2.815	3.655
数字普惠金融指数	153	249.140	55.250	145.030	359.683
不良贷款	153	26.804	34.312	0.543	158.288

续表

变量	观测值	平均值	标准差	最小值	最大值
正常贷款	153	2150.547	2667.691	6.212	13848.623
净资产负债率	136	14.012	1.966	10.803	18.798
机构数量	153	182.569	132.250	7.000	525.000
地区生产总值	153	58129.077	21311.701	19229.337	116364.200
市场竞争程度	136	8.328	0.916	6.360	10.000
数字化程度	136	344.366	78.974	222.120	462.230

第三节　实证结果与分析

一、全要素生产率及维度检验

本书的第五章第一节中，对长三角地区城市商业银行全要素生产率驱动因素进行了理论分析。根据该分析，城市商业银行的驱动因素的选择应考虑资源配置、科技投入和外部发展环境三个方面。同时，结合第二章第二节中关于城市商业银行全要素生产率驱动因素的文献分析，本书通过对国内外相关文献的系统归纳，发现银行规模、金融科技和组织结构是影响城市商业银行全要素生产率的主要因素。这些因素的选择依然基于上述驱动因素的理论分析。

具体而言，本书在分析长三角地区城市商业银行全要素生产率时，选择了以下具体指标进行衡量：在银行规模方面，本书选择正常贷款作为衡量指标；在金融科技方面，本书选择了北京大学的数字普惠金融指数和控制变量中的数字化程度作为衡量指标。在分析中，本书还考虑了驱动因素理论分析中的外部环境，并在控制变量中考虑了银行机构数量、地区生产总值和市场竞争程度，以确保估计效果。此外，本书认为风险因素对城市商业银行全要素生产率同样具有显著影响。本书参考了其他学者的观点，选择了非利息收入的营收占比、资本充足率、不良贷款和净资产负债率作为衡量指标。

本书在选定上述指标后，通过建立具体计量模型，并使用 Stata17.0 软件对影响全要素生产率水平因素进行实证分析。所有模型均对银行样本个体、时间和地区进行固定，均考虑控制变量。且因上市企业比非上市企业具备更多的技术和资金优势，本书依据样本银行是否上市分类探讨其对技术进步效率影响的差异，回归结果如下：

第一，根据表5-3中模型（5.1）~（5.3）的回归结果，我们可以看到，城市商业银行的非利息收入的营收占比与全要素生产率指数呈现显著负相关关系。这与部分研究者的观点相一致（Demsetz and Strahanpe，1997；魏世杰等，2010；Li and Zhang，2013）。

第二，资本充足率与全要素生产率指数之间存在显著的正相关关系。这与张蓉和潘癸邑（2019）、吴峥（2021）的研究结论相一致。本书实证结果表明长三角城市商业银行的资本充足率需要控制在一个合理的区间内才能够有效控制风险并提高全要素生产率。

第三，地区数字普惠金融指数与该地区城市商业银行的全要素生产率之间也存在显著的正相关关系。这与部分研究者们的观点相一致（王晓绚，2021；于雷，2022）。本书实证结果表明，通过发展数字化技术和进行数字普惠金融科技创新，可以提高银行的金融科技发展水平和数字普惠金融业务水平，促进地区数字普惠金融水平不断提高，并进一步带动全要素生产率的提高。

第四，城市商业银行的不良贷款余额与全要素生产率之间存在显著的负相关关系。这是因为不良贷款率的增加会导致银行坏账增多，恶化风险管理效率，从而降低城市商业银行的全要素生产率。这与伯格等（Berger et al.，1997）、李荣枫（2020）的研究结论相一致。本书实证结果显示长三角地区城市商业银行应加强对不良贷款的控制，并建立完善的信用风控体系，以促进全要素生产率的提高。

第五，城市商业银行的正常贷款余额与全要素生产率之间存在显著的正相关关系。这表明商业银行的贷款数量和质量能够显著影响其全要素生产率的提升。这与李双建和刘凯丰（2016）的研究结果相一致。本书实证结果表明正常贷款数量的增加能够提升贷款整体信用水平，有利于净利润增加，并有效提升全要素生产率水平。

表 5 – 3　　　　长三角地区城市商业银行全要素生产率及其分解的基准回归

变量	（1）全要素生产率	（2）技术效率	（3）技术进步效率	
			（上市）	（非上市）
非利息收入的营收占比	– 0.086 * （– 1.980）	– 0.075 * （– 2.010）	– 0.164 ** （– 2.059）	– 0.035 * （– 1.940）
资本充足率	0.072 *** （3.077）	0.060 *** （3.554）	0.032 （0.964）	– 0.021 （– 1.178）
数字普惠金融指数	0.414 ** （2.079）	0.517 *** （3.303）	– 0.471 ** （– 2.543）	0.325 * （1.830）
不良贷款	– 0.176 *** （– 4.455）	– 0.173 *** （– 5.220）	– 0.054 （– 1.073）	0.092 （0.360）
正常贷款	0.176 *** （3.962）	0.112 *** （2.968）	0.040 （0.894）	0.755 * （2.101）
机构数量	– 0.330 *** （– 3.428）	– 0.306 *** （– 4.182）	– 0.137 （– 1.226）	– 0.131 （– 1.112）
地区生产总值	– 0.305 ** （– 2.099）	– 0.299 *** （– 2.831）	0.019 （0.138）	– 0.239 ** （– 2.285）
常数项	1.041 *** （6.517）	0.973 *** （7.951）	1.482 *** （9.566）	0.865 *** （5.239）
省份效应	控制	控制	控制	控制
年份效应	控制	控制	控制	控制
样本量	153	153	63	90
拟合优度	0.482	0.344	0.671	0.721

注：***、**、* 分别代表1%、5%、10%的显著性水平；括号内为省份聚类稳健标准误对应的双侧检验 t 值。以下各表同。

　　如表 5 – 3 中（2）所示，我们研究了各因素对城市商业银行技术效率的影响。与（1）相似，经过分析，我们发现以下几点关于城市商业银行的技术效率与相关因素的关系：一是非利息收入占比与技术效率呈负相关。随着城市商业银行投资规模的增加，非利息收入在营业收入中占比的提高可能会导致投入产生冗余，进而降低技术效率。这暗示着非利息收入的增加并不一定能够有效提高银行的技术效率。不良贷款余额与技术效率呈负相关：城市商业银行若管理能力不佳、管理效率低下，导致不良贷款余额攀升，这将对技术效率产生负面影响。因此，改善管理能力和有效控制不良贷款是提高技术效率的关键；二是较高的资本充足率、适当的正常贷款数量以及良好的数字普惠金融指数与技术效率呈显著正相关。这意味着提高资本充足率和增加正常贷款数量能够改善贷款结构和质量，从而促进银行的技术效率提升；三是数字普惠金融的发展环境对于城市商业银行的技术效率也有显著的促进作用。通过创新数字化技术水平和拓展数字普惠金融业务，可以显著提高银行的技术效率。

如表5-3中（3）所示，我们发现对于上市企业和非上市企业来说，非利息收入占比均与技术进步效率呈显著负相关关系。根据分析，我们发现以下几点关于非上市企业和上市企业的数字普惠金融指数、正常贷款与技术进步效率的关系：一是对于非上市企业，数字普惠金融指数和正常贷款与技术进步效率呈显著正相关。这意味着随着数字普惠金融发展程度的提升和正常贷款数量的增加，非上市企业的技术进步效率也会得到提升。这与全要素生产率和技术效率回归结果一致，说明数字普惠金融和正常贷款在促进非上市企业的技术进步方面起到了积极作用；二是对于上市企业，数字普惠金融指数与技术进步效率呈显著正相关，但与正常贷款的关系可能不太明确：这可能是因为上市企业在数字普惠金融方面的发展已经相对较高，进一步发展反而可能会降低技术进步效率。

此外，我们进一步依据各城市商业银行在每年度的全要素生产率、技术效率和技术进步效率高低进行分组，分别检验上述影响因素对处于不同效率水平的城市商业银行的作用效果。在模型（5.1）~（5.3）的基础上进行回归分析。

表5-4报告了基于全要素生产率、技术效率、技术进步效率的纵向分布检验结果。如表5-4中（1）所示，被解释变量为全要素生产率，结果与基础回归相一致。我们可以得到几点结论：一是资本充足率与全要素生产率呈显著正相关，但影响主要集中在较低全要素生产率的商业银行。资本充足率的提高对较低全要素生产率的银行具有显著促进作用。具体来说，每增

加一单位的资本充足率，较低全要素生产率的商业银行的全要素生产率增加
0.047 个单位。这表明资本充足率的提升对于改善较低全要素生产率的银行
具有积极影响。然而，对于较高全要素生产率的银行，资本充足率的提高并
不能进一步提升其全要素生产率水平；二是不良贷款余额的增加与全要素生
产率的降低呈显著负相关关系。具体而言，每增加一单位的不良贷款余额，
全要素生产率降低 0.243 个单位。这说明改善贷款质量、降低不良贷款的数
量对于提高全要素生产率至关重要；三是正常贷款余额的增加与全要素生产
率的提高呈显著正相关关系。具体而言，每增加一个单位的正常贷款余额，
全要素生产率增加 0.144 个单位。这表明提高正常贷款的数量和提升整体贷
款的信用水平能够有效提升全要素生产率水平，尤其是在较高全要素生产率
的银行中。

　　如表 5 – 4 中（2）所示，被解释变量为技术效率。各因素对高技术效
率组的影响与基础回归基本一致，但对低技术效率的商业银行来说并无显著
影响。这说明基础回归结果中，各变量对技术效率的影响主要体现在高技术
效率的商业银行。其中，对于高技术效率的商业银行来说，非利息收入占比
和不良贷款余额均与技术效率呈显著负相关关系。即非利息收入占比和不良
贷款余额增加会降低技术效率。资本充足率、数字普惠金融指数及正常贷款
余额均与技术效率呈显著正相关关系。具体而言，资本充足率、数字普惠金
融指数及正常贷款余额每提升一单位，技术效率分别增加 0.046、0.347 和
0.268 个单位。

表 5 – 4　　　　　长三角地区城市商业银行效率值的纵向内部分布检验

变量	（1）		（2）		（3）	
	高全要素 生产率	低全要素 生产率	高技术效率	低技术效率	高技术进步 效率	低技术进步 效率
非利息收入的 营收占比	− 0.072 （− 1.575）	− 0.049 （− 1.412）	− 0.105 *** （− 3.485）	− 0.010 （− 0.255）	− 0.041 * （− 1.928）	− 0.026 （− 0.647）
资本充足率	− 0.001 （− 0.039）	0.047 ** （2.602）	0.046 *** （2.875）	0.027 （1.240）	− 0.004 （− 0.165）	0.026 （1.256）

续表

变量	(1)		(2)		(3)	
	高全要素 生产率	低全要素 生产率	高技术效率	低技术效率	高技术进步 效率	低技术进步 效率
数字普惠 金融指数	0.340 (1.241)	0.258 (1.446)	0.347 * (1.780)	0.114 (0.802)	0.107 (0.654)	-0.498 * (-2.067)
不良贷款	-0.243 *** (-4.600)	-0.113 (-1.672)	-0.347 *** (-3.816)	-0.019 (-0.602)	-0.030 (-0.702)	-0.076 (-1.577)
正常贷款	0.144 *** (4.122)	0.129 (1.689)	0.268 *** (5.869)	-0.003 (-0.096)	0.045 (0.854)	0.098 (1.645)
机构数量	-0.089 (-1.208)	-0.193 ** (-2.621)	-0.220 *** (-4.591)	0.148 * (1.897)	0.028 (0.490)	-0.070 (-0.965)
地区生产总值	-0.404 *** (-4.650)	-0.071 (-0.579)	-0.184 (-1.368)	0.231 (1.499)	-0.050 (-0.563)	0.133 (1.055)
常数项	1.125 *** (6.547)	0.923 *** (7.493)	1.051 *** (8.585)	0.728 *** (5.466)	1.019 *** (8.868)	1.248 *** (8.064)
省份效应	控制	控制	控制	控制	控制	控制
年份效应	控制	控制	控制	控制	控制	控制
样本量	76	77	76	77	76	77
拟合优度	0.420	0.464	0.316	0.115	0.365	0.521

如表 5-4 中 (3) 所示, 被解释变量为技术进步效率。各因素对于技术进步效率低的城市商业银行和技术进步效率高的城市商业银行的影响有差异根据进一步分析, 我们得出以下关于不同技术进步效率水平的城市商业银行和非利息收入占比、数字普惠金融指数对技术进步效率的影响的差异性。首先, 对于高技术进步效率的商业银行来说, 非利息收入占比与技术进步效率呈显著负相关关系, 即非利息收入占比的增加会降低技术进步效率。具体来说, 每增加一个单位的非利息收入占比, 高技术进步效率的商业银行的技术进步效率降低 0.041 个单位。这与前文回归结果一致, 表明在技术进步效率较高的银行中, 非利息收入占比的增加可能会导致投入冗余, 降低技术进

步效率；对低技术进步效率的商业银行来说，其在数字普惠金融方面与技术进步效率之间呈显著负相关关系。具体来说，每增加一个单位的数字普惠金融指数，低技术进步效率的银行的技术进步效率会降低 0.498 个单位。这与前文的结论不同，说明低技术进步效率的商业银行数字普惠金融发展程度相对较低，未达到利用数字普惠金融发展来提高技术进步效率的水平。

非利息收入占比与技术进步效率呈显著负相关关系。这与前文回归结果一致。具体而言，对于高技术进步效率的商业银行，非利息收入占比与技术进步效率呈负相关关系，这表明非利息收入占比的增加可能会对技术进步效率产生负面影响。而对于低技术进步效率的银行来说，非利息收入占比与技术进步效率之间并无显著影响。

另外，与前文结论不一致的是，低技术进步效率的银行中，数字普惠金融程度与技术进步效率呈显著负相关关系。具体来说，每增加一个单位的数字普惠金融指数，低技术进步效率的银行的技术进步效率降低 0.498 个单位。相比之下，高技术进步效率的商业银行中，数字普惠金融指数对技术进步效率的影响并不显著。这说明低技术进步效率的银行数字普惠金融发展水平相对较低，未能有效利用数字普惠金融的发展来提高技术进步效率。

二、全要素生产率增长率及维度检验

本书基于全要素生产率、技术效率和技术进步效率增长率进行了深入分析。结果如表 5 – 5 中模型（5.4）~模型（5.6）所示，各影响因素对技术进步效率高低不同的城市商业银行影响较为分化。本书选择重点考察技术进步效率增长率的影响。

由于 2017 年中国政府工作报告首次将人工智能、数字经济等新兴产业技术列入国家战略，对各行业技术进步产生了较大积极影响，我们选择 2017 年作为时间节点分阶段研究。

表 5 – 5 报告了模型（5.4）~模型（5.6）的回归结果，其中对模型（5.6）进行了分阶段回归。

如表 5 – 5 中（1）所示，被解释变量为全要素生产率的增长率。首先，我们发现数字普惠金融指数和正常贷款与全要素生产率的增长率呈显著正相关。这意味着数字普惠金融指数和正常贷款增加会提高银行的全要素生产率增长率。不良贷款与全要素生产率的增长率呈现显著负相关关系。这意味着不良贷款数量的增加会降低银行的全要素生产率的增长率。这里的平均效应结果与基础回归相一致，说明对于长三角地区城市商业银行而言，发展数字普惠金融、增加正常贷款数量及控制不良贷款数量能提高银行的全要素生产率。上述结果也验证了基础回归的稳健性。净资产负债率与全要素生产率的增长率呈现显著负相关。这意味着城市商业银行的净资产负债率越高，其财务风险就越高。这说明当前长三角城市商业银行并未很好遵循风险管理体制规范，显著降低了城市商业银行的全要素生产率的增长率。

如表5-5中（2）所示，被解释变量为技术效率增长率。这里的平均效应结果与前文结果影响一致。城市商业银行数字普惠金融指数和正常贷款余额与城市商业银行技术效率增长率呈显著正相关，说明发展数字普惠金融业务和增加正常贷款数量能促进城市商业银行技术效率增长率的增长。不良贷款余额与技术效率增长率呈现显著负相关，说明不良贷款余额的增加会降低城市商业银行的技术效率增长率。

表5-5 长三角地区城市商业银行效率值增长率回归结果

变量	（1）全要素生产率增长率	（2）技术效率增长率	（3）技术进步效率增长率（y<2017）	（3）技术进步效率增长率（y≥2017）
数字普惠金融指数	1.225 *** (2.873)	0.895 ** (2.446)	0.783 * (1.900)	0.253 (0.832)
不良贷款	-0.249 ** (-2.363)	-0.140 ** (-2.064)	-1.147 ** (-3.099)	-0.210 (-1.091)
正常贷款	0.160 * (1.899)	0.143 * (1.847)	1.638 ** (2.754)	0.052 (0.574)
净资产负债率	-0.099 *** (-3.059)	-0.029 (-1.173)	-0.087 (-1.069)	-0.014 (-0.269)

变量	（1）全要素生产率增长率	（2）技术效率增长率	（3）技术进步效率增长率（y<2017）	技术进步效率增长率（y≥2017）
常数项	0.046 (0.081)	−0.617 (−1.624)	0.747* (2.035)	1.117* (1.940)
控制变量	控制	控制	控制	控制
省份效应	控制	控制	控制	控制
年份效应	控制	控制	控制	控制
样本量	136	136	51	85
拟合优度	0.360	0.096	0.483	0.627

如表 5－5 中（3）所示，被解释变量为技术进步效率增长率。2017 年前后，各因素对于技术进步效率增长率的作用效果存在差异。2017 年以前，城市商业银行数字普惠金融指数和正常贷款余额与城市商业银行技术效率增长率呈显著正相关。具体来说，数字普惠金融指数和正常贷款余额每增加一单位，技术进步效率增长率分别增加 0.783 和 1.638 个单位。正常贷款对技术进步效率增长率增长的边际贡献更大。不良贷款余额与技术进步效率增长率呈现显著负相关。具体而言，不良贷款余额每增加一单位，技术进步效率增长率降低 1.147 个单位，但这一作用效果在 2017 年后并不明显。

2017 年后，随着产业技术发展得到国家层面的重视，人工智能、云计算等数字化技术在各产业得到发展，各因素对于技术进步效率的促进将更加显著。本书将 2017 年作为时间分割点，进行检验，如表 5－6 所示。

表 5－6　　长三角地区城市商业银行效率值增长率内部纵向比较检验

变量	（1）高全要素生产率增长率	低全要素生产率增长率	（2）高技术效率增长率	低技术效率增长率	（3）高技术进步效率增长率	低技术进步效率增长率
数字普惠金融指数	−0.105 (−0.336)	0.485 (1.473)	1.005** (2.217)	0.183 (1.197)	0.288 (1.542)	−0.374 (−0.917)

变量	（1）		（2）		（3）	
	高全要素生产率增长率	低全要素生产率增长率	高技术效率增长率	低技术效率增长率	高技术进步效率增长率	低技术进步效率增长率
不良贷款	-0.200** (-2.645)	-0.140 (-1.164)	-0.022 (-0.075)	-0.053 (-1.090)	-0.033 (-0.518)	-0.096 (-0.646)
正常贷款	0.137* (1.918)	0.122 (1.237)	-0.004 (-0.017)	-0.098** (-2.371)	0.035 (0.768)	-0.078 (-0.475)
净资产负债率	-0.080* (-2.054)	-0.022 (-0.706)	-0.077 (-1.501)	-0.002 (-0.072)	0.013 (0.471)	-0.036 (-1.340)
常数项	0.937* (1.837)	-0.561* (-1.755)	-2.128** (-2.412)	-0.299*** (-3.218)	0.589** (2.138)	-0.290 (-1.042)
控制变量	控制	控制	控制	控制	控制	控制
省份效应	控制	控制	控制	控制	控制	控制
年份效应	控制	控制	控制	控制	控制	控制
样本量	68	68	68	68	68	68
拟合优度	0.660	0.082	-0.007	0.414	0.740	0.472

表5-6报告了基于全要素生产率的增长率、技术效率增长率、技术进步效率增长率的纵向分布检验结果。结果显示，不同影响因素对于增长率高低不同的城市商业银行作用效果是不同的，但均与表5-5的回归结果相一致。以不良贷款余额为例，如表5-6中（1）所示，不良贷款余额与高全要素生产率的增长率呈现显著的负相关，即不良贷款余额的增加会显著抑制银行全要素生产率的增长。

第四节　内生性分析与稳健性检验

由于模型设定、反向因果和测量误差等因素可能导致估计系数出现偏误，因此，本书选择多种方法对基准回归进行内生性分析和稳健性检验。首先，我们采用删除特殊样本值的方法对全要素生产率及其增长率再次进行回归分析。由于本书选择的城市商业银行为长三角地区17家城市商业银行，部分银行位于省会城市。这些城市在经济发展、人力资本、交通、信息等基础设施方面都比低等级城市具有更大优势，能够更好地吸引资本、劳动、技术等生产要素，在促进全要素生产率提升方面具有天然优势。此外，省会城市或直辖市在技术发展水平和全要素生产率方面都具有良好的发展条件。这可能导致高等级城市技术发展对全要素生产率的影响与一般地级城市不同。如果包含这些城市，可能会影响结果的准确性。因此，本书删除了样本中位于省会城市和直辖市的城市商业银行共5个，并根据模型（5.1）~模型（5.6）依次对其他12个地级市的城市商业银行再次进行回归分析。结果依旧稳健，系数的显著性和符号与前文回归结果保持一致。

其次，为了避免极端值对回归结果产生影响并保证结果的适用性，本书进一步在原数据5%上下进行缩尾。得出的结论与基础回归中主要解释变量的符号及显著性基本一致。

最后，本书还采用了动态面板估计，在模型中加入了全要素生产率的一阶滞后项作为遗漏变量的代理变量，并采取两步系统GMM估计方法进行动态面板回归。本书以解释变量的一阶滞后项作为工具变量。检验结果显示，残差项不存在序列相关，并且工具变量选择在整体水平上是有效的。动态面板模型回归结果同样支持基础回归结论。

综上所述，通过删除样本值、改变缩尾百分位及使用动态面板方法，得出的结论与基础回归基本一致，验证了本书结论的稳健性和有效性。

第六章

长三角地区城市商业银行全要素
生产率的异质性分析

第一节 模型构建与指标说明

为进一步探究影响长三角地区城市商业银行全要素生产率的异质性因素，本章从个体异质性、区域异质性和环境异质性三个角度对样本数据进行分组回归和影响机制分析。

分组回归的模型将基于基准模型（5.1）~模型（5.3）再次进行回归，模型的被解释变量为全要素生产率及其分解项。为比较各组回归结果的差异，我们进行了 chow 检验。表 6-1、表 6-3、表 6-5、表 6-7、表 6-9、表 6-11、表 6-13 和表 6-15 报告了基于回归模型（5.1）~模型（5.3）进行的分组回归结果。经检验，除数字普惠金融发展水平异质性中技术进步效率外，其余模型的累计概率 P 值反映出各组回归结果均存在显著差异。

此外，为进一步探究上述异质性因素是否会影响非利息收入的营收占比、资本充足率、数字普惠金融指数、不良贷款和正常贷款解释变量对长三角城市商业银行全要素生产率产生的作用大小。本书引入上述异质性因素的虚拟变量与解释变量进行交互以分析异质性因素影响长三角地区城商行全要素生产率的机制，若交互项的系数显著为正，则说明异质性因素改变或提升能显著增强相应解释变量对全要素生产率的促进作用。同时，因 2017 年中国政府工作报告首次将人工智能、数字经济等新兴产业技术列入国家战略，选择 2017 年后进行研究，进一步为长三角城市商业银行提升全要素生产率探索可行途径。

机制分析回归的模型设置 $clsy_n$（$n=1$，2，3，4，5，6，7，8）为虚拟变量，分别代表上市与否、银行规模、风险管理水平、数字普惠金融发展水平、金融科技发展程度、营商环境、浙江地区以及居民素养程度，一共 8 大类、16 小组。通过设置 x_n 与 $clsy_n$ 的交互项 $clsy_n \times x_n$，其中 x_n（$n=1$，2，3，4，5）分别代表非利息收入的营收占比、资本充足率、数字普惠金融指数、不良贷款和正常贷款。模型中，交互项系数 β_1 即为本书所关心的系数，分析异质性因素对解释变量影响全要素生产率产生作用的大小。$Controls$ 为一组控制变量。表 6-2、表 6-4、表 6-6、表 6-8、表 6-10、表 6-12、表 6-14 和表 6-16 报告了回归模型（6.1）～模型（6.8）的机制分析回归结果。

$$TFPCH_{it} = \beta_0 + \beta_1 clsy_{1_{it}} \times x_{n_{it}} + \beta_2 clsy_{1_{it}} + \beta_3 x_{n_{it}}$$
$$+ \gamma_m Controls_{it} + \alpha_i + Year_i + area_i + \varepsilon_t \qquad (6.1)$$

模型（6.1）为 $clsy_1$ 分别与 x_n（$n=1$，2，3，4，5）的机制分析回归方程，以分析上市与否对于变量 x_n 影响全要素生产率的大小。李兴华等（2014）指出，短期内上市对商业银行的全要素生产率带来了显著的负向影响，本书参考其对商业银行上市与否虚拟变量设置方法，将截至 2021 年底上市的城市商业银行赋值为 1，反之为 0。其中 $TFPCH_{it}$ 为城商行 i 在 t 时期的全要素生产率，α_i 为不随时间变化的个体异质性，$Year_i$ 为年份虚拟变量，$area_i$ 为地区虚拟变量，ε_t 为随机扰动项。其中 t 为时间；i 为城商行样本标识，β、γ 为待估计参数。

$$TFPCH_{it} = \beta_0 + \beta_1 clsy_{2_{it}} \times x_{n_{it}} + \beta_2 clsy_{2_{it}} + \beta_3 x_{n_{it}}$$
$$+ \gamma_m Controls_{it} + \alpha_i + Year_i + area_i + \varepsilon_t \qquad (6.2)$$

模型（6.2）为 $clsy_2$ 分别与 x_n（$n=1$，2，3，4，5）的机制分析回归方程，以分析规模大小对于变量 x_n 影响全要素生产率的大小。袁晓玲和张宝山（2009）指出商业银行的资产市场份额与其全要素生产率之间呈现显著的正向关系，本书为进一步探究商业银行规模差异影响其全要素生产率的程度大小，根据《金融业企业划型标准规定》将 17 家商业银行进行分类，大型规模城商行赋值为 1，中等规模城商行赋值为 0。其中 $TFPCH_{it}$ 为城商行 i 在 t 时期的全要素生产率，α_i 为不随时间变化的个体异质性，$Year_i$ 为年份虚拟变量，$area_i$ 为地区虚拟变量，ε_t 为随机扰动项。其中 t 为时间；i 为城商行样本标识，β、γ 为待估计参数。

$$TFPCH_{it} = \beta_0 + \beta_1 clsy_{3_{it}} \times x_{n_{it}} + \beta_2 clsy_{3_{it}} + \beta_3 x_{n_{it}}$$
$$+ \gamma_m Controls_{it} + \alpha_i + Year_i + area_i + \varepsilon_t \qquad (6.3)$$

模型（6.3）为 $clsy_3$ 分别与 $x_n (n = 1，2，3，5)$ 的机制分析回归方程，以分析风险管理水平高低对于变量 x_n 影响全要素生产率的大小。本书参考柯孔林和冯宗宪（2008）关于风险管理水平的衡量方法，依据每年度时间截面内各银行风险管理水平的不良贷款余额均值进行分类，低于或等于均值，表明风险管理水平较高，赋值为 1，反之赋值为 0。其中 $clsy_3$ 与 x_4 分别表示不良贷款余额的高低与不良贷款余额，为避免重复不再交乘。$TFPCH_{it}$ 为城商行 i 在 t 时期的全要素生产率，α_i 为不随时间变化的个体异质性，$Year_i$ 为年份虚拟变量，$area_i$ 为地区虚拟变量，ε_t 为随机扰动项。其中 t 为时间；i 为城商行样本标识，β、γ 为待估计参数。

$$TFPCH_{it} = \beta_0 + \beta_1 clsy_{4_{it}} \times x_{n_{it}} + \beta_2 clsy_{4_{it}} + \beta_3 x_{n_{it}}$$
$$+ \gamma_m Controls_{it} + \alpha_i + Year_i + area_i + \varepsilon_t \qquad (6.4)$$

模型（6.4）为 $clsy_4$ 分别与 $x_n (n = 1，2，4，5)$ 的机制分析回归方程，以分析地区数字普惠金融发展高低对于变量 x_n 影响全要素生产率的大小。本书参考郭峰等（2020）编制的北京大学数字普惠金融指数数据，对依据每年度时间截面内各银行所在城市的数字普惠金融发展水平的均值进行分类，高于或等于均值赋值为 1，反之赋值为 0。其中 $clsy_4$ 与 x_3 分别表示数字普惠金融指数的高低与数字普惠金融指数，为避免重复不再交乘。$TFPCH_{it}$ 为城商行 i 在 t 时期的全要素生产率，α_i 为不随时间变化的个体异质性，$Year_i$ 为年份虚拟变量，$area_i$ 为地区虚拟变量，ε_t 为随机扰动项。其中 t 为时间；i 为城商行样本标识，β、γ 为待估计参数。

$$TFPCH_{it} = \beta_0 + \beta_1 clsy_{5_{it}} \times x_{n_{it}} + \beta_2 clsy_{5_{it}} + \beta_3 x_{n_{it}}$$
$$+ \gamma_m Controls_{it} + \alpha_i + Year_i + area_i + \varepsilon_t \qquad (6.5)$$

　　模型（6.5）为 $clsy_5$ 分别与 x_n（$n=1$，2，3，4，5）的机制分析回归方程，以分析金融科技发展水平高低对于变量 x_n 影响全要素生产率的大小。本书参考郭品和沈悦（2015）以及刘忠璐等（2016）根据金融功能观构建的历年互联网金融指数来衡量各样本地区金融科技发展水平，并依据每年度时间截面内各银行所在城市的金融科技发展水平的均值进行分类，高于或等于均值赋值为1，反之赋值为0。同理，$TFPCH_{it}$ 为城商行 i 在 t 时期的全要素生产率，α_i 为不随时间变化的个体异质性，$Year_i$ 为年份虚拟变量，$area_i$ 为地区虚拟变量，ε_t 为随机扰动项。其中 t 为时间；i 为城商行样本标识，β、γ 为待估计参数。

$$TFPCH_{it} = \beta_0 + \beta_1 clsy_{6_{it}} \times x_{n_{it}} + \beta_2 clsy_{6_{it}} + \beta_3 x_{n_{it}}$$
$$+ \gamma_m Controls_{it} + \alpha_i + Year_i + area_i + \varepsilon_t \qquad (6.6)$$

　　模型（6.6）为 $clsy_6$ 分别与 x_n（$n=1$，2，3，4，5）的机制分析回归方程，以分析营商环境好坏对于变量 x_n 影响全要素生产率的大小。本书利用樊纲等（2003）构建的市场化指数中的政府与市场关系得分来衡量营商环境，所需但未披露年份的指数值参考马连福等（2015）的方法计算获得。然后，本书依据每年度时间截面内各银行所在省份的营商环境数据的均值进行分类，高于或等于均值赋值为1，反之赋值为0。此外，$TFPCH_{it}$ 为城商行 i 在 t 时期的全要素生产率，α_i 为不随时间变化的个体异质性，$Year_i$ 为年份虚拟变量，$area_i$ 为地区虚拟变量，ε_t 为随机扰动项。其中 t 为时间；i 为城商行样本标识，β、γ 为待估计参数。

$$TFPCH_{it} = \beta_0 + \beta_1 clsy_{7_{it}} \times x_{n_{it}} + \beta_2 clsy_{7_{it}} + \beta_3 x_{n_{it}}$$
$$+ \gamma_m Controls_{it} + \alpha_i + Year_i + area_i + \varepsilon_t \qquad (6.7)$$

　　模型（6.7）为 $clsy_7$ 分别与 x_n（$n=1$，2，3，4，5）的机制分析回归方程，以分析地区差异对于变量 x_n 影响全要素生产率的大小。王兵和朱宁（2011）指出东部地区无论全要素生产率还是全要素生产率增长率均高于中西部地区，全要素生产率在我国呈现显著的地区差异。本书参考上述观点，将17家样本银行所在城市依据浙江省内和浙江省外进行分类，浙江省内的城商行赋值为1，反之赋值为0。与此同时，$TFPCH_{it}$ 为城商行 i 在 t 时期的全要素生产率，α_i 为不随时间变化的个体异质性，$Year_i$ 为年份虚拟变量，$area_i$ 为地区虚拟变量，ε_t 为随机扰动项。其中 t 为时间；i 为城商行样本标识，β、γ 为待估计参数。

$$TFPCH_{it} = \beta_0 + \beta_1 clsy_{8_{it}} \times x_{n_{it}} + \beta_2 clsy_{8_{it}} + \beta_3 x_{n_{it}}$$
$$+ \gamma_m Controls_{it} + \alpha_i + Year_i + area_i + \varepsilon_t \qquad (6.8)$$

模型（6.8）为 $clsy_8$ 分别与 $x_n(n=1, 2, 3, 4, 5)$ 的机制分析回归方程，以分析居民素养水平高低对于变量 x_n 影响全要素生产率的大小。本书参考于斌斌（2015）平均受教育年限的计算方法，整理得到相应的数据，并以此来衡量居民素养水平，依据每年度时间截面内各银行所在城市的居民素养水平的均值进行分类，高于或等于均值赋值为 1，反之赋值为 0。其中 $TFPCH_{it}$ 为城商行 i 在 t 时期的全要素生产率，α_i 为不随时间变化的个体异质性，$Year_i$ 为年份虚拟变量，$area_i$ 为地区虚拟变量，ε_t 为随机扰动项。其中 t 为时间；i 为城商行样本标识，β、γ 为待估计参数。

第二节 个体异质性检验

一、上市与否

本书的实证结果表明，相比非上市城市商业银行，整体上上市城市商业银行在全要素生产率方面要更具有优势，这与王秀意（2022）的结论相一致。根据表 6-1 中模型（1）的实证分析，我们发现上市城市商业银行在资产充足率和正常贷款余额方面具有显著优势。具体来说，资产充足率和正常贷款余额对上市城市商业银行全要素生产率具有显著促进作用，而对非上市城市商业银行无显著作用效果。

然而，在非利息收入的营收占比和数字普惠金融指数对全要素生产率的促进作用方面，上市城市商业银行不如非上市城市商业银行。具体来说，非利息收入的营收占比每增加一单位，上市城市商业银行全要素生产率将显著降低，而对非上市城市商业银行全要素生产率并无显著抑制作用。此外，数字普惠金融指数每增加一单位，非上市城市商业银行全要素生产率将显著增加，而对上市城市商业银行全要素生产率并无显著促进作用。

在技术效率方面，表 6-1 中模型（2）的实证分析发现，上市城市商业银行在资产充足率和正常贷款余额方面具有显著优势。然而，在数字普惠金融指数对技术效率的促进作用方面，仅对非上市城市商业银行全要素生产率具有促进作用。

表 6 – 1　全要素生产率及其分解项基于上市与否的分组回归检验

被解释变量	(1) TFPCH		(2) EFFCH		(3) TECHCH	
	上市	非上市	上市	非上市	上市	非上市
非利息收入的营收占比	− 0.289 ** (− 2.636)	− 0.070 (− 1.383)	− 0.110 (− 1.459)	− 0.037 (− 0.786)	− 0.164 ** (− 2.059)	− 0.035 * (− 1.940)
资本充足率	0.184 *** (3.520)	− 0.006 (− 0.209)	0.148 *** (3.285)	0.019 (0.877)	0.032 (0.964)	− 0.021 (− 1.178)
数字普惠金融指数	− 0.040 (− 0.098)	0.962 *** (4.054)	0.390 (0.951)	0.675 ** (2.224)	− 0.471 ** (− 2.543)	0.325 * (1.830)
不良贷款	− 0.123 (− 1.613)	− 0.209 (− 0.971)	− 0.064 (− 0.924)	− 0.352 (− 1.251)	− 0.054 (− 1.073)	0.092 (0.360)
正常贷款	0.096 * (1.876)	0.412 (0.565)	0.062 * (1.700)	− 0.095 (− 0.174)	0.040 (0.894)	0.755 * (2.101)
常数项	1.295 *** (3.741)	0.875 *** (5.673)	0.852 *** (2.911)	0.972 *** (4.488)	1.482 *** (9.566)	0.865 *** (5.239)
控制变量	控制	控制	控制	控制	控制	控制
省份效应	控制	控制	控制	控制	控制	控制
年份效应	控制	控制	控制	控制	控制	控制
样本量	63	90	63	90	63	90
拟合优度	0.403	0.600	0.291	0.501	0.671	0.721
累积概率 P 值	P – Value = 0.0001		P – Value = 0.0001		P – Value = 0.0055	

在技术进步效率方面，表 6 – 1 中模型（3）的实证分析发现，非利息收入的营收占比对于上市和非上市城商行技术进步效率均具有显著抑制作用。此外，在数字普惠金融指数和正常贷款方面，仅对非上市城市商业银行全要素生产率具有促进作用。

综上所述，我们可以看出提升技术效率是提高上市城商行全要素生产率的关键，且主要通过资本充足率和正常贷款的增长带来技术效率的提升。

模型（6.1）回归结果如表 6 - 2 所示。首先，交互项 $clsy_1 \times x_1$ 的系数显著为正，表明上市企业对于非利息收入的营业收入占比每 1 单位影响全要素生产率的作用影响相较于非上市的银行要高出 0.087 个单位。其次，交互项 $clsy_1 \times x_4$ 的系数显著为正，表明上市企业对于不良贷款余额每 1 单位影响全要素生产率的作用影响相较于非上市的银行要高出 0.124 个单位。上述分析表明，非利息收入与营业收入占比和不良贷款余额是影响上市和非上市企业全要素生产率的主要因素。

表 6 - 2   上市与否影响长三角地区城商行全要素生产率的机制分析

变量	（1） $clsy_1 \times x_1$	（2） $clsy_1 \times x_2$	（3） $clsy_1 \times x_3$	（4） $clsy_1 \times x_4$	（5） $clsy_1 \times x_5$
交互项	0.087 ** (2.447)	0.122 (1.235)	- 0.026 (- 0.392)	0.124 ** (2.016)	- 0.046 (- 0.963)
控制变量	控制	控制	控制	控制	控制
省份效应	控制	控制	控制	控制	控制
年份效应	控制	控制	控制	控制	控制
样本量	85	85	85	85	85
拟合优度	0.163	0.189	0.314	0.155	0.164

二、银 行 规 模

本书的实证结果表明，相比中等规模城市商业银行，整体上大型规模城市商业银行在全要素生产率方面要更具有优势，这与多数学者的研究相一致（Berger、Mester，1997；Jackson、Fethi，2000；张健华，2003；王旭等，2021）。

根据表 6 - 3 中模型（1）的实证分析，我们发现公司规模的异质性与上述上市和非上市类别划分的结果基本一致，这也验证了上述结论的稳健性。具体来说，大型城市商业银行在资产充足率和正常贷款余额方面具有显著优势。资产充足率和正常贷款余额对于大型城市商业银行全要素生产率具有显著促进作用，而对中型城市商业银行无显著作用效果。

　　然而，在非利息收入的营收占比和数字普惠金融指数对全要素生产率的促进作用方面，大型城市商业银行不如中型城市商业银行。具体来说，非利息收入的营收占比仅对大型城市商业银行全要素生产率具有显著的抑制作用。此外，数字普惠金融指数仅对中型城市商业银行全要素生产率具有显著的促进作用。

　　在技术效率方面，表6－3中模型（2）的实证分析发现，大型规模商业银行在资产充足率和正常贷款余额方面相比中等规模城市商业银行更具有显著优势。此外，数字普惠金融指数对于大型规模以及中等规模城市商业银行均具有显著促进作用。

表6－3　　全要素生产率及其分解项基于银行规模的分组回归检验

被解释变量	(1) TFPCH		(2) EFFCH		(3) TECHCH	
	大型规模	中等规模	大型规模	中等规模	大型规模	中等规模
非利息收入的 营收占比	－ 0. 277 ** （－ 2. 237）	－ 0. 068 （－ 1. 378）	－ 0. 101 （－ 1. 270）	－ 0. 048 （－ 1. 023）	－ 0. 169 ** （－ 2. 244）	－ 0. 022 （－ 1. 027）
资本充足率	0. 148 ** （2. 650）	0. 016 （0. 544）	0. 093 * （2. 016）	0. 035 （1. 183）	0. 057 （1. 450）	－ 0. 017 （－ 1. 052）
数字普惠 金融指数	0. 073 （0. 169）	0. 861 *** （3. 581）	0. 602 * （1. 696）	0. 623 ** （2. 119）	－ 0. 609 ** （－ 2. 569）	0. 272 （1. 717）
不良贷款	－ 0. 160 （－ 1. 604）	－ 0. 117 （－ 0. 554）	－ 0. 129 （－ 1. 557）	－ 0. 258 （－ 0. 849）	－ 0. 013 （－ 0. 199）	0. 083 （0. 347）
正常贷款	0. 102 ** （2. 057）	0. 391 （0. 628）	0. 069 * （1. 958）	－ 0. 142 （－ 0. 258）	0. 042 （0. 889）	0. 718 ** （2. 464）
常数项	1. 263 *** （3. 665）	0. 970 *** （5. 646）	0. 785 *** （2. 937）	1. 056 *** （5. 004）	1. 536 *** （9. 066）	0. 898 *** （7. 348）
控制变量	控制	控制	控制	控制	控制	控制
省份效应	控制	控制	控制	控制	控制	控制
年份效应	控制	控制	控制	控制	控制	控制
样本量	54	99	54	99	54	99
拟合优度	0. 408	0. 546	0. 285	0. 482	0. 641	0. 711
累积概率 P 值	P － Value = 0. 0023		P － Value = 0. 0000		P － Value = 0. 0000	

在技术进步效率方面，表6－3中模型（3）的实证分析发现，中等规模商业银行在非利息收入的营收占比、数字普惠金融指数和正常贷款余额方面相比大型规模城市商业银行更具有显著优势。

综上所述，我们可以看出技术效率是提高大型规模城商行全要素生产率的关键。技术效率对大型规模城商行全要素生产率提升作用更加显著，且其主要通过资本充足率、数字普惠金融指数和正常贷款的增长带来技术效率的提升。

模型（6.3）回归结果如表6－4所示。不同的影响因素对于大型规模城商行与中等规模城商行的全要素生产率的影响存在差异。首先，交互项 $clsy_2 \times x_1$ 的系数显著为正，表明大型规模城商行对于非利息收入与营业收入占比每1单位的影响全要素生产率的作用影响相较于中等规模的城商行要高出0.066个单位。其次，交互项 $clsy_2 \times x_4$ 的系数显著为正，表明相较于中型城商行，大型规模城商行对于不良贷款余额每1单位影响全要素生产率的作用影响相较于中等规模的城商行要高出0.121个单位。上述分析表明，非利息收入与营业收入占比和不良贷款余额是影响不同规模企业全要素生产率的主要因素。

表6－4　　　　银行规模影响长三角地区城商行全要素生产率的机制分析

变量	(1) $clsy_2 \times x_1$	(2) $clsy_2 \times x_2$	(3) $clsy_2 \times x_3$	(4) $clsy_2 \times x_4$	(5) $clsy_2 \times x_5$
交互项	0.066* (1.733)	0.124 (1.350)	-0.022 (-0.311)	0.121* (1.906)	0.001 (0.026)
控制变量	控制	控制	控制	控制	控制
省份效应	控制	控制	控制	控制	控制
年份效应	控制	控制	控制	控制	控制
样本量	85	85	85	85	85
拟合优度	0.160	0.189	0.305	0.157	0.157

三、风险管理水平

本书的实证结果表明，相比风险管理水平较低的城市商业银行，整体上风险管理水平更高的城市商业银行，即不良贷款规模更小的城商行在全要素生产率方面要更具有优势，这与部分学者的研究相一致（Berger et al.，1997；李荣枫，2020）。根据表6-5中模型（1）的实证分析，我们发现平均效应与前文基本一致。具体来说，风险管理水平高的城市商业银行和风险管理水平低的城市商业银行在非利息收入的营收占比均与全要素生产率呈现显著负相关。此外，风险管理水平高的城市商业银行在资本充足率方面要优于风险管理水平低的城市商业银行。然而，在数字普惠金融指数、不良贷款和正常贷款方面，风险管理水平高的城市商业银行在资本充足率方面要差于风险管理水平低的城市商业银行。

在技术效率方面，表6-5中模型（2）的实证分析发现，风险管理水平高的商业银行在非利息收入的营收占比、资产充足率、数字普惠金融指数和不良贷款余额方面相比风险管理水平低的城市商业银行更具有显著优势。具体来说，资产充足率、数字普惠金融指数仅对风险管理水平高的商业银行在技术效率方面具有显著的促进作用；非利息收入的营收占比、不良贷款余额对风险管理水平低的商业银行在技术效率具有显著抑制作用。

在技术进步效率方面，表6-5中模型（3）的实证分析发现，仅资本充足率与对风险管理水平低的商业银行在技术进步效率具有显著促进作用，其余变量对于风险管理水平区分的技术进步效率均无显著相关关系。

综上所述，我们可以看出提升技术效率是提高全要素生产率的关键，且主要体现在风险管理水平高的城商行，通过非利息收入的营收占比、资产充足率、数字普惠金融指数和不良贷款余额的增长促进技术效率的提升。

表6-5　　全要素生产率及其分解项基于风险管理水平的分组回归检验

被解释变量	(7) TFPCH		(8) EFFCH		(9) TECHCH	
	风险管理水平低	风险管理水平高	风险管理水平低	风险管理水平高	风险管理水平低	风险管理水平高
非利息收入的营收占比	-0.109 * (-1.762)	-0.141 ** (-2.127)	-0.088 (-1.669)	-0.116 *** (-2.955)	-0.027 (-0.791)	-0.020 (-0.296)

续表

被解释变量	(7) TFPCH		(8) EFFCH		(9) TECHCH	
	风险管理水平低	风险管理水平高	风险管理水平低	风险管理水平高	风险管理水平低	风险管理水平高
资本充足率	0.030 (0.822)	0.072** (2.380)	0.062** (2.732)	0.020 (0.972)	-0.031 (-1.506)	0.058* (1.828)
数字普惠金融指数	0.627** (2.354)	0.312 (1.294)	0.896*** (4.280)	0.304** (2.152)	-0.288 (-1.328)	-0.017 (-0.064)
不良贷款	0.018 (0.160)	-0.167*** (-2.994)	0.074 (0.725)	-0.209*** (-5.606)	-0.041 (-0.605)	0.031 (0.470)
正常贷款	0.234** (2.398)	0.153*** (5.954)	0.130 (1.549)	0.093*** (3.255)	0.081 (1.085)	0.059 (1.521)
常数项	1.522*** (5.128)	1.008*** (6.335)	1.377*** (4.880)	1.075*** (8.166)	1.154*** (7.859)	0.963*** (5.221)
控制变量	控制	控制	控制	控制	控制	控制
省份效应	控制	控制	控制	控制	控制	控制
年份效应	控制	控制	控制	控制	控制	控制
样本量	81	72	81	72	81	72
拟合优度	0.461	0.657	0.514	0.330	0.664	0.483
累积概率P值	P-Value=0.0032		P-Value=0.0000		P-Value=0.0000	

模型（6.3）回归结果如表6-6所示。首先，交互项 $clsy_3 \times x_1$ 和 $clsy_3 \times x_2$ 系数均显著为负，即相较于风险管理水平低的城商行，风险管理水平高的城商行对于非利息收入与营业收入占比和资本充足率每1单位影响全要素生产率的作用影响分别要低0.08个和0.115个单位。其次，交互项 $clsy_3 \times x_3$ 显著为正，表明数字普惠金融发展程度对于风险管理水平高的城商行的全要素生产率每1单位的影响更加显著，较风险管理水平低的银行高出0.149个单位。上述分析表明，非利息收入与营业收入占比和数字普惠金融

发展程度是影响不同风险管理水平下企业全要素生产率的主要因素。

表 6 - 6　　　　　风险管理水平影响长三角地区城商行全要素生产率的机制分析

变量	(1) $clsy_3 \times x_1$	(2) $clsy_3 \times x_2$	(3) $clsy_3 \times x_3$	(4) $clsy_3 \times x_5$
交互项	-0.080* (-1.942)	-0.115** (-2.192)	0.149** (2.431)	0.041 (1.098)
控制变量	控制	控制	控制	控制
省份效应	控制	控制	控制	控制
年份效应	控制	控制	控制	控制
样本量	85	85	85	85
拟合优度	0.170	0.216	0.295	0.148

第三节　区域异质性检验

一、地区差异

本书的实证结果表明，相比长三角地区内浙江省外的城市商业银行，整体上浙江省内的城市商业银行要更具有优势，杨望等（2020）认为地区之间的差异是影响商业银行全要素生产率的重要因素。

根据表 6 - 7 中模型（1）的实证分析，我们发现各因素对于所在地区不同的两组城商行全要素生产率的影响也不相同，存在显著差异。具体来说，正常贷款余额因素是共同推动长三角地区城商行全要素生产率提升的共同因素。此外，资本充足率对长三角内浙江省外城商行全要素生产率具有显著正向推动作用，而对浙江省内城商行全要素生产率并无显著影响。数字普惠金融指数对浙江省内城商行全要素生产率具有显著正向推动作用，而对长三角内浙江省外城商行全要素生产率并无显著影响。

表6-7　　　　全要素生产率及其分解项基于地区差异的分组回归检验

被解释变量	（1）TFPCH		（2）EFFCH		（3）TECHCH	
	浙江省内	浙江省外	浙江省内	浙江省外	浙江省内	浙江省外
非利息收入的营收占比	-0.083 (-1.580)	-0.191* (-1.902)	-0.056 (-1.299)	-0.163** (-2.525)	-0.032 (-1.463)	-0.023 (-0.183)
资本充足率	0.028 (0.786)	0.129** (2.336)	0.042* (2.020)	0.073* (1.843)	-0.012 (-0.659)	0.052 (1.039)
数字普惠金融指数	0.667** (2.461)	0.477 (1.068)	0.699** (3.200)	0.524** (2.090)	-0.040 (-0.437)	-0.029 (-0.076)
不良贷款	-0.055 (-0.262)	-0.068 (-0.825)	-0.182 (-0.927)	-0.049 (-0.866)	0.119 (0.512)	-0.026 (-0.389)
正常贷款	0.225* (2.252)	0.099* (1.816)	0.117** (2.723)	0.091** (2.158)	0.093 (1.549)	0.018 (0.536)
常数项	0.741*** (4.069)	0.807** (2.394)	0.718*** (4.751)	0.806*** (4.382)	1.033*** (12.905)	1.043*** (3.901)
控制变量	控制	控制	控制	控制	控制	控制
省份效应	控制	控制	控制	控制	控制	控制
年份效应	控制	控制	控制	控制	控制	控制
样本量	99	54	99	54	99	54
拟合优度	0.540	0.375	0.408	0.161	0.606	0.463
累积概率P值	P-Value=0.0000		P-Value=0.0018		P-Value=0.0000	

在技术效率方面，表6-7中模型（2）的实证分析发现，浙江省内的商业银行在非利息收入的营收占比、资本充足率、数字普惠金融指数和正常贷款余额方面相比浙江省外的城市商业银行更具有显著优势。具体来说，资本充足率、数字普惠金融指数和正常贷款余额与浙江省内外的商业银行在技术效率方面均呈现显著正相关关系；非利息收入的营收占比与浙江省外的商业银行在技术效率方面呈现显著负相关关系。

在技术进步效率方面，表6-7中模型（3）的实证分析发现，所选变量对浙江省内外区分的技术进步效率均无显著相关关系。

综上所述，我们可以看出提升技术效率是提高全要素生产率的关键。技术效率的提升主要体现在浙江省内的城商行，并且主要通过非利息收入的营收占比、资本充足率、数字普惠金融指数和正常贷款余额的增长促进技术效率的提升。

模型（6.7）回归结果如表 6 – 8 所示。交互项 $clsy_7 \times x_1$ 的系数显著为负，表明浙江省内的城商行对于非利息收入与营业收入占比每 1 单位的影响全要素生产率的作用影响相较于长三角内浙江省外的城商行要低 0.135 个单位。其原因主要是相较于上海、江苏省，浙江省内的经济发展、数字化水平等仍存在一定的进步空间，浙江省内对非利息收入与营业收入占比的利用水平值得进一步提升，从而达到改善全要素生产率，进一步促进经济发展的目的。其他变量对于浙江省内外对全要素生产率的影响并不显著。上述分析表明，非利息收入与营业收入占比在浙江省内外对全要生产率提升具有重要作用。

表 6 – 8　　地区差异影响长三角地区城商行全要素生产率的机制分析

变量	（1） $clsy_7 \times x_1$	（2） $clsy_7 \times x_2$	（3） $clsy_7 \times x_3$	（4） $clsy_7 \times x_4$	（5） $clsy_7 \times x_5$
交互项	– 0.135 ** （– 2.216）	– 0.122 （– 1.187）	0.045 （0.568）	0.011 （0.442）	0.027 （0.898）
控制变量	控制	控制	控制	控制	控制
省份效应	控制	控制	控制	控制	控制
年份效应	控制	控制	控制	控制	控制
样本量	85	85	85	85	85
拟合优度	0.275	0.213	0.275	0.174	0.260

二、营商环境

本书的实证结果表明，相比营商环境较差的城市商业银行，整体上营商环境更好的城市商业银行要更具有优势，这与部分研究者们的观点相一致（张军和施少华，2003；袁丽静和杜秀平，2018；李兴华等，2014）。

根据表6-9中模型（1）的实证分析，我们发现各因素对于所在地区营商环境不同的两组城商行全要素生产率的影响也不相同，存在显著差异。具体来说，营商环境较好的地区城市商业银行在非利息收入的营收占比和应对不良贷款余额方面具有显著优势。此外，营商环境较差的地区城市商业银行在正常贷款余额方面更具有显著优势。

在技术效率方面，表6-9中模型（2）的实证分析发现，营商环境较好的商业银行在非利息收入的营收占比和不良贷款余额方面相比营商环境较差的城市商业银行更具有显著优势，上述因素对营商环境较差的商业银行在技术效率方面呈现显著的抑制作用。

表6-9　　全要素生产率及其分解项基于营商环境的分组回归检验

被解释变量	（1）TFPCH		（2）EFFCH		（3）TECHCH	
	营商环境较差	营商环境较好	营商环境较差	营商环境较好	营商环境较差	营商环境较好
非利息收入的营收占比	-0.154* (-1.892)	-0.009 (-0.093)	-0.109* (-1.890)	-0.097 (-1.148)	-0.057 (-1.387)	0.092 (0.950)
资本充足率	0.046 (0.751)	0.053 (0.890)	0.011 (0.345)	0.070 (1.166)	0.047 (1.021)	-0.018 (-0.323)
数字普惠金融指数	0.380 (0.844)	0.343 (0.792)	0.636* (1.992)	0.158 (0.597)	-0.322 (-1.459)	0.175 (0.371)
不良贷款	-0.281** (-2.476)	-0.071 (-0.406)	-0.260*** (-3.108)	0.005 (0.019)	-0.053 (-0.406)	-0.080 (-0.452)
正常贷款	0.356** (2.701)	0.173 (0.762)	0.128 (1.426)	0.088 (0.229)	0.209 (1.664)	0.086 (0.357)
常数项	1.663*** (3.418)	0.969*** (4.007)	1.186*** (4.202)	0.967*** (7.229)	1.657*** (6.569)	1.020*** (3.873)
控制变量	控制	控制	控制	控制	控制	控制
省份效应	控制	控制	控制	控制	控制	控制
年份效应	控制	控制	控制	控制	控制	控制

续表

被解释变量	（1） TFPCH		（2） EFFCH		（3） TECHCH	
	营商环境 较差	营商环境 较好	营商环境 较差	营商环境 较好	营商环境 较差	营商环境 较好
样本量	83	70	83	70	83	70
拟合优度	0.559	0.223	0.262	0.314	0.620	0.270
累积概率 P 值	P – Value = 0.0000		P – Value = 0.0000		P – Value = 0.0000	

在技术进步效率方面，根据表 6 – 9 中模型（3）的实证分析，我们发现，所选变量对营商环境区分的技术进步效率均无显著相关关系。

综上所述，我们可以看出提升技术效率是提高全要素生产率的关键。技术效率的提升主要体现在营商环境较好的城商行，并且主要通过非利息收入的营收占比和不良贷款余额的增长促进技术效率的提升。

模型（6.6）回归结果如表 6 – 10 所示。交互项 $clsy_6 \times x_3$ 的系数显著为负，表明营商环境较好的城商行对于数字普惠金融发展指数每 1 单位的影响全要素生产率的作用影响相较于营商环境较差的城商行要低 0.198 个单位。其原因主要是营商环境较好地区的城商行数字普惠金融发展指数已处于较高水平，其进一步的增加相较于营商环境较差的城商行并不能显著提升全要素生产率。其他变量对于营商环境对全要素生产率的影响并不显著。上述分析表明，数字普惠金融发展指数在营商环境对全要生产率的影响中扮演重要角色。

表 6 – 10　　营商环境影响长三角地区城商行全要素生产率的机制分析

变量	（1） $clsy_6 \times x_1$	（2） $clsy_6 \times x_2$	（3） $clsy_6 \times x_3$	（4） $clsy_6 \times x_4$	（5） $clsy_6 \times x_5$
交互项	0.076 (0.787)	0.062 (0.716)	– 0.198 *** (– 3.331)	0.022 (0.405)	– 0.012 (– 0.277)
控制变量	控制	控制	控制	控制	控制
省份效应	控制	控制	控制	控制	控制
年份效应	控制	控制	控制	控制	控制

续表

变量	（1） $clsy_6 \times x_1$	（2） $clsy_6 \times x_2$	（3） $clsy_6 \times x_3$	（4） $clsy_6 \times x_4$	（5） $clsy_6 \times x_5$
样本量	85	85	85	85	85
拟合优度	0.146	0.193	0.270	0.166	0.142

第四节　环境异质性检验

一、数字金融

本书的实证结果表明，相比数字金融发展水平较差的城市商业银行，整体上数字金融发展水平更好的城市商业银行要更具有优势，这与部分研究者们的观点相一致（刘澜飚等，2013；Liebana et al.，2014；Tanna et al.，2017）。

表6-11　全要素生产率及其分解项基于数字金融的分组回归检验

被解释变量	（1） TFPCH		（2） EFFCH		（3） TECHCH	
	数字金融 水平高	数字金融 水平低	数字金融 水平高	数字金融 水平低	数字金融 水平高	数字金融 水平低
非利息收入的 营收占比	-0.115 （-1.248）	-0.085 （-1.428）	-0.203 ** （-2.364）	-0.049 （-1.018）	0.112 （1.093）	-0.040 （-1.360）
资本充足率	0.214 *** （2.841）	0.038 （1.099）	0.253 *** （4.518）	0.012 （0.651）	-0.061 （-1.236）	0.033 （0.980）
数字普惠 金融指数	0.102 （0.235）	0.685 *** （2.814）	0.130 （0.433）	0.825 *** （4.406）	-0.108 （-0.325）	-0.151 （-0.759）
不良贷款	-0.086 （-1.301）	-0.183 （-0.988）	-0.102 * （-1.807）	-0.076 （-0.666）	0.041 （0.805）	-0.153 （-0.670）
正常贷款	0.036 （0.627）	0.166 （0.583）	0.003 （0.076）	-0.155 （-0.835）	0.030 （0.837）	0.361 （1.084）

被解释变量	（1）TFPCH		（2）EFFCH		（3）TECHCH	
	数字金融水平高	数字金融水平低	数字金融水平高	数字金融水平低	数字金融水平高	数字金融水平低
常数项	0.992 ** （2.651）	0.858 *** （3.292）	1.104 *** （4.358）	0.646 *** （3.225）	0.901 *** （3.749）	1.237 *** （5.435）
控制变量	控制	控制	控制	控制	控制	控制
省份效应	控制	控制	控制	控制	控制	控制
年份效应	控制	控制	控制	控制	控制	控制
样本量	54	99	54	99	54	99
拟合优度	0.324	0.589	0.443	0.441	0.517	0.587
累积概率 P 值	P – Value = 0.0000		P – Value = 0.0004		P – Value = 0.2005	

根据表 6 – 11 中模型（1）的实证分析，我们发现所在地区数字普惠金融发展水平相异导致全要素生产率的影响并不相同，存在显著差异。资本充足率对全要素生产率的促进作用仅体现在数字普惠金融发展水平高的城市商业银行。

在技术效率方面，表 6 – 11 中模型（2）的实证分析发现，数字普惠金融发展水平低的商业银行在非利息收入的营收占比、数字普惠金融指数和不良贷款余额方面相比数字普惠金融发展水平高的城市商业银行更具有显著优势。具体来说，非利息收入的营收占比和不良贷款余额与数字普惠金融发展水平高的城市商业银行在技术效率呈现显著负相关关系。

在技术进步效率方面，表 6 – 11 中模型（3）的实证分析发现，所选变量对数字普惠金融发展水平区分的技术进步效率均无显著相关关系。

综上所述，我们可以看出提升技术效率是提高全要素生产率的关键。技术效率的提升主要体现在数字普惠金融发展水平低的城商行，并且主要通过非利息收入的营收占比、数字普惠金融指数和不良贷款余额的增长促进技术效率的提升。

模型（6.4）回归结果如表 6 – 12 所示。所在地区数字普惠金融发展水平较高的城商行的全要素生产率的影响更加显著，交互项 $clsy_4 \times x_1$、$clsy_4 \times x_2$、$clsy_4 \times x_4$ 及 $clsy_4 \times x_5$ 系数均显著为正，即相较于数字普惠金融发展水平低的城商行，数字普惠金融发展水平高的城商行对于非利息收入与营业收入占比和资本充足率每一单位影响全要素生产率的作用影响分别要高出 0.108、0.067、0.113 和 0.109 个单位。上述分析表明，非利息收入与营业收入占比和资本充足率是影响不同数字普惠金融发展水平企业全要素生产率的主要因素。

表 6 - 12　　　　数字金融影响长三角地区城商行全要素生产率的机制分析

变量	(1) $clsy_4 \times x_1$	(2) $clsy_4 \times x_2$	(3) $clsy_4 \times x_4$	(4) $clsy_4 \times x_5$
交互项	0.108 ** (2.058)	0.067 * (1.928)	0.113 *** (3.864)	0.109 *** (3.824)
控制变量	控制	控制	控制	控制
省份效应	控制	控制	控制	控制
年份效应	控制	控制	控制	控制
样本量	85	85	85	85
拟合优度	0.180	0.184	0.166	0.160

二、金融科技

表 6 - 13 的实证结果表明，相比金融科技发展水平较差的城市商业银行，整体上金融科技发展水平更好的城市商业银行要更具有优势，这与部分研究者们的观点相一致（巴曙松、白海峰，2016；冯永琦、张浩琳，2021；熊健等，2021）。其中，模型（1）的实证分析发现，各因素对于所在地区金融科技发展水平不同的两组城商行全要素生产率的影响也不相同，存在显著差异。具体来说，资本充足率仅对金融科技发展水平高的地区城市商业银行具有促进作用，而不良贷款余额和正常贷款余额则仅对金融科技发展水平低的地区城市商业银行具有显著的促进作用。

表 6 – 13　　　　　全要素生产率及其分解项基于金融科技的分组回归检验

被解释变量	（1）TFPCH		（2）EFFCH		（3）TECHCH	
	金融科技水平低	金融科技水平高	金融科技水平低	金融科技水平高	金融科技水平低	金融科技水平高
非利息收入的营收占比	− 0.057 （− 0.572）	− 0.084 （− 1.442）	− 0.072 （− 0.887）	− 0.059 （− 1.143）	0.014 （0.253）	− 0.017 （− 0.364）
资本充足率	0.088* （1.830）	0.061 （1.347）	0.134*** （3.069）	0.037* （1.965）	− 0.052 （− 1.437）	0.035 （0.760）
数字普惠金融指数	0.240 （0.591）	0.250 （0.631）	0.240 （0.691）	0.275 （0.748）	− 0.056 （− 0.282）	− 0.098 （− 0.262）
不良贷款	− 0.113* （− 1.808）	− 0.208 （− 1.403）	− 0.133** （− 2.578）	− 0.191 （− 1.568）	0.036 （0.893）	− 0.081 （− 0.460）
正常贷款	0.108 （1.610）	0.214** （2.220）	0.069 （1.379）	0.035 （0.470）	0.030 （0.750）	0.191 （1.481）
常数项	0.940*** （3.111）	1.261** （2.834）	1.054*** （3.928）	1.301** （2.762）	0.931*** （5.968）	1.107** （2.824）
控制变量	控制	控制	控制	控制	控制	控制
省份效应	控制	控制	控制	控制	控制	控制
年份效应	控制	控制	控制	控制	控制	控制
样本量	72	81	72	81	72	81
拟合优度	0.093	0.659	0.229	0.475	0.506	0.597
累积概率 P 值	P – Value = 0.0001		P – Value = 0.0000		P – Value = 0.0000	

在技术效率方面，表 6 – 13 中模型（2）的实证分析发现，金融科技指数高的商业银行仅在资本充足率方面相比金融科技指数低的城市商业银行更具有显著优势。具体来说，资本充足率与金融科技指数高和金融科技指数低的商业银行在技术效率方面均呈现显著正相关关系；不良贷款余额仅对金融科技指数高的商业银行就有显著的抑制作用。

在技术进步效率方面，表 6 – 13 中模型（3）的实证分析发现，所选变量对金融科技指数区分的技术进步效率均无显著相关关系。

综上所述，我们可以看出提升技术效率是提高全要素生产率的关键。技术效率的提升更多体现在金融科技指数高的城商行，并且主要通过资本充足率的增长促进技术效率的提升。

模型（6.5）回归结果如表 6-14 所示。首先，交互项 $clsy_5 \times x_1$ 的系数显著为正，表明金融科技发展水平较高的城商行对于非利息收入与营业收入占比每 1 单位的影响全要素生产率的作用影响相较于金融科技发展水平较低的城商行要高出 0.082 个单位。其次，交互项 $clsy_5 \times x_3$ 的系数显著为负，表明相较于金融科技发展水平较低的城商行，金融科技发展水平较高的城商行对于数字普惠金融发展水平每 1 单位影响全要素生产率的作用影响反而要低 0.178 个单位。上述分析表明，非利息收入与营业收入占比和数字普惠金融发展水平是影响不同金融科技发展水平企业全要素生产率的主要因素。

表 6-14　　金融科技影响长三角地区城商行全要素生产率的机制分析

变量	（1） $clsy_5 \times x_1$	（2） $clsy_5 \times x_2$	（3） $clsy_5 \times x_3$	（4） $clsy_5 \times x_4$	（5） $clsy_5 \times x_5$
交互项	0.082 *** （4.399）	−0.048 （−1.253）	−0.178 *** （−4.631）	0.032 （0.486）	−0.039 （−1.322）
控制变量	控制	控制	控制	控制	控制
省份效应	控制	控制	控制	控制	控制
年份效应	控制	控制	控制	控制	控制
样本量	85	85	—	85	85
拟合优度	0.183	0.201	0.318	0.166	0.169

三、居民素养

本书参考于斌斌（2015）计算平均受教育年限的方法，并基于年度均值水平进行居民素养的分类以考察居民素养对商业银行全要素生产率的影响。居民素养属于营商环境的一部分，依据前文分析，本书认为在其他因素一定的情况下，居民素养较高的地区营商环境水平也会更高，相应地区的城市商业银行全要素生产率指数也会更具有优势。

根据表 6-15 中模型（1）的实证分析，我们发现各因素对于所在地区居民素养水平不同的两组城商行全要素生产率的影响也不相同，存在显著差异。具体来说，居民素养水平高的地区城市商业银行在非利息收入的营收占比具有显著优势。此外，居民素养水平低的地区城市商业银行在资本充足率、不良贷款余额和正常贷款余额方面更具有显著优势。

在技术效率方面，根据表6-15中模型（2）的实证分析，我们发现，居民素养水平低的商业银行在资本充足率、不良贷款余额和正常贷款余额方面相比居民素养水平高的城市商业银行更具有显著优势。具体来说，资本充足率和正常贷款余额与居民素养水平低的商业银行在技术效率方面呈现显著促进关系；非利息收入的营收占比和不良贷款余额与居民素养水平低的商业银行在技术效率方面呈现显著抑制关系。

在技术进步效率方面，表6-15中模型（3）的实证分析发现，所选变量对居民素养区分的技术进步效率均无显著相关关系。

表6-15　　全要素生产率及其分解项基于居民素养的分组回归检验

被解释变量	(1) TFPCH		(2) EFFCH		(3) TECHCH	
	居民素养低	居民素养高	居民素养低	居民素养高	居民素养低	居民素养高
非利息收入的营收占比	-0.162*** (-3.411)	-0.045 (-0.833)	-0.133*** (-3.821)	-0.011 (-0.336)	-0.033 (-0.798)	-0.037 (-0.900)
资本充足率	0.104*** (3.331)	0.074 (0.994)	0.066*** (3.401)	0.097 (1.689)	0.039 (1.271)	-0.013 (-0.282)
数字普惠金融指数	0.279 (1.063)	0.334 (0.824)	0.368 (1.697)	0.405 (1.478)	-0.119 (-0.450)	-0.064 (-0.281)
不良贷款	-0.152 (-1.278)	-0.157** (-2.635)	-0.157** (-2.537)	-0.174*** (-3.515)	-0.031 (-0.255)	0.011 (0.336)
正常贷款	0.442** (2.830)	0.098 (1.373)	0.256* (1.867)	0.086** (2.570)	0.173 (1.124)	0.011 (0.238)
常数项	1.521*** (7.587)	0.866*** (3.728)	1.318*** (7.012)	0.934*** (5.676)	1.187*** (6.175)	0.951*** (8.833)
控制变量	控制	控制	控制	控制	控制	控制
省份效应	控制	控制	控制	控制	控制	控制
年份效应	控制	控制	控制	控制	控制	控制

续表

被解释变量	(1) TFPCH		(2) EFFCH		(3) TECHCH	
	居民素养低	居民素养高	居民素养低	居民素养高	居民素养低	居民素养高
样本量	94	59	94	59	94	59
拟合优度	0.442	0.516	0.392	0.225	0.369	0.722
累积概率 P 值	P – Value = 0.0000		P – Value = 0.0000		P – Value = 0.0000	

综上所述，我们可以看出提升技术效率是提高全要素生产率的关键。技术效率的提升更多表现在居民素养低的城商行，并且主要通过资本充足率、不良贷款余额和正常贷款余额的增长促进技术效率的提升。

模型（6.8）回归结果如表6－16所示。首先，交互项 $clsy_8 \times x_3$ 的系数显著为正，表明居民素养水平较高地区的城商行对于数字普惠金融发展水平每1单位的影响全要素生产率的作用影响相较于居民素养水平较低的城商行要高出0.176个单位。其次，交互项 $clsy_8 \times x_5$ 的系数显著为负，表明相较于居民素养水平较低地区的城商行，居民素养水平较高地区的城商行对于正常贷款余额每1单位影响全要素生产率的作用影响反而要低0.114个单位。上述分析表明，正常贷款余额和数字普惠金融发展水平是影响不同居民素养水平所在地区城商行全要素生产率的主要因素。

表6－16　　　　居民素养影响长三角地区城商行全要素生产率的机制分析

变量	(1) $clsy_8 \times x_1$	(2) $clsy_8 \times x_2$	(3) $clsy_8 \times x_3$	(4) $clsy_8 \times x_4$	(5) $clsy_8 \times x_5$
交互项	0.151 (1.597)	0.034 (0.732)	0.176* (1.842)	−0.036 (−0.437)	−0.114* (−1.724)
控制变量	控制	控制	控制	控制	控制
省份效应	控制	控制	控制	控制	控制
年份效应	控制	控制	控制	控制	控制
样本量	85	85	85	85	85
拟合优度	0.355	0.331	0.374	0.319	0.333

第七章

长三角地区城市商业银行全要素生产率
提升的经济增长效应分析

第一节　长三角地区经济增长的理论分析

改革开放以来，中国经济取得了巨大的成就。在过去的四十多年里，中国经济保持了稳定的高速增长，年均名义增长率（未扣除通胀因素）达到9%以上，部分年份甚至达到20%[①]。这一增长速度远高于同期其他主要经济体，被誉为中国经济奇迹。然而，近年来受国外需求下滑、贸易保护主义、国内消费不足等因素影响，我国经济增长速度有所放缓。

长三角地区是中国经济发展最活跃、开放程度最高、创新能力最强的区域之一，具有一定的代表性。本书通过图7－1展现了2014～2021年间长三角地区 GDP 及其增长率的情况，并对其进行了详细分析。

图7－1 显示了2014～2021年长三角地区实际 GDP 及其增长率，以2013年为基期进行计算。根据这一计算方法，2014年长三角地区的实际 GDP 为37998.03亿元，而到2021年，该地区的实际 GDP 增长至60766.28

---

① 数据来源：国家统计局历年数据整理所得。

亿元。在这 8 年间，长三角地区的实际 GDP 增长了近六成，年均增长率达到 7.15%，远高于同期的其他地区。

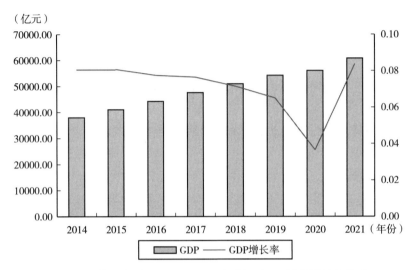

图7-1 长三角地区 2014～2021 年实际 GDP 及其增长率关系

2014～2019 年间，长三角地区的实际 GDP 增长率呈现缓慢下降趋势。2019～2020 年间，该地区的实际 GDP 增长率出现断崖式下滑，降至3.65%，处于样本期的最低点。这主要是由于新冠肺炎疫情的影响，国内消费不足，其他经济体也受到严重冲击，导致对外出口下降。

然而，在 2020～2021 年间，随着疫情得到控制，长三角地区经济迅速反弹。其实际 GDP 增长率不仅恢复到疫情前水平，而且达到 8.38%。这主要是由于之前受疫情影响的消费在这一时期得到释放，刺激了经济增长。

但长期来看中国的经济成就大多依靠渐进式的改革，长期坚持高储蓄率和出口导向，人民币持续走低以保证出口产品的竞争力，使得成熟的市场经济体制、产权及相关制度等仍未渗透到整个国家经济发展中。"粗放型"这一术语过去常被用来描述在冷战时期苏联的增长。它的主要特征是增长主要由投入的扩张而产生，仅有少量是通过生产率的提高（Ofer，1987）。从 20 世纪70 年代晚期到 90 年代早期，我国经济发展主要依赖于生产率的提升，但近期全要生产率增长的速度明显减弱。20 世纪 90 年代以后中国仍然主要通过政策刺激生产率的增长以带动经济增长，但政策刺激生产率的增长是暂时性的。

近年来中国经济宏观层面由于长期以投资驱动经济发展，进而引发了一系列不均衡现象，诸多宏观调控措施被采用，以抑制经济由快速发展变成过热。在微观层面上，许多公司的财务业绩很差，效率低，缺乏技术革新。越来越多的文献致力于解释这种发展模式，讨论粗放型的增长是否可以持续，以及中国未来的发展策略应该是什么。

全要素生产率与经济发展之间呈现重要的关系，越来越多的研究表明：即使物质资本和人力资本积累被考虑进来，全要素生产率仍然构成了人均GDP 水平与增长率的跨国差异的主要部分（Easterly and Levine，2001）；物质资本和无形资本不能解释今日各国间巨大的收入差异。储蓄率也仅有有限的重要性，全要素生产率才是最重要的，要想理解国家间巨大的收入差异，必须有一个关于全要素生产率的增长的模型（Prescott，1998）。金融是经济活动的助推剂，本章通过对长三角地区 2014～2021 年经济发展状况的分析，结合前文数据进一步探究了长三角城市商业银行全要素生产率提升对长三角地区经济增长的影响。

第二节　模型构建与指标说明

一、系统 GMM 动态面板模型构建

动态面板数据模型是指通过在静态面板数据模型中引入被解释变量的滞后项来反映动态滞后效应的模型。因为可以同时考察经济变量的动态性质以及相关因素的影响，在经济研究的各个领域被广泛应用。例如，在微观经济研究中的居民消费行为、企业生产和成本函数问题、宏观研究中的经济增长、经济收敛问题等。即使在所研究的问题中，研究者感兴趣的并不是滞后被解释变量的系数，但考虑其动态行为，对于其他系数估计的一致性和有效性可能是至关重要的。以消费函数为例，如果只是认为消费是收入的函数，而没有考虑到消费者的消费习惯即没有将被解释变量的滞后项引入方程形成动态模型其收入变量系数的估计结果的可信性就值得怀疑。

首先得到动态面板数据模型系数一致性估计量的方法是由安德森和萧（Anderson and Hsiao，1982）提出的，该方法可以认为是对一阶差分后的动态面板模型运用工具变量估计。然而该方法由于没有利用更多有效的工具变量，以及由于对原模型进行了差分，即使原模型的随机误差项 ν_{it} 本身不存在序列相关性，差分后的模型中的 $\Delta\nu_{it}$ 也具有了自相关性，而在估计中没有考虑随机误差项的结构，其估计量不具有有效性。

随着汉森（Hansen，1982）提出的 GMM 方法在经济计量分析中得到广泛的应用，阿伦拉诺和邦德（Arrenlano and Bond，1991）将一阶差分估计法引入到动带面板数据的估计中，估计量的有偏性问题得到了很大的改善。另外，由于引入了更多的工具变量，且使用 GMM 估计方法，考虑了误差项的结构，较安德森和萧（Anderson and Hsiao，1982）的方法也更有效。

然而，当存在弱工具变量问题时，估计量的偏误程度显著增加，在考虑到该问题的基础上，通过增加假设条件，提出了系统 GMM 估计，该方法在一个线性 GMM 估计系统中，同时包括以滞后水平变量为工具变量的差分方程和以滞后差分变量为工具变量的水平方程，从而利用了更多的信息，较一阶差分估计有更好的有限样本性质，并极大地减小了估计量的偏误。鉴于在估计方法的应用中经常遇到弱工具变量问题及其对估计量的偏误影响的严重性，一般需要对回归结果进行 Sargen 检验和自相关检验。系统 GMM 动态面板模型的基本形式如下：

$$y_{it} = \beta_0 + \beta_1 y_{it-1} + \beta_2 X_{it} + \mu_i + \nu_{it} \tag{7.1}$$

其中 $i=1$，……，N 表示横截面单元，$t=1$，……，T 表示时间维度，y_{it} 为第 i 个截面自变量在 t 时刻的被解释变量观察值，X_{it} 第 i 个截面自变量在 t 时刻的解释变量及控制变量观察值。$|\beta_1| < 1$ 为滞后内生变量的待估参数，β 为解释变量向量，X_{it} 的待估参数 μ_i 为不可观察的具有时间不变性的个体效应，ν_{it} 为异质性冲击。

本书依据全要生产率模型测算出长三角地区城商行的全要素生产率指标，结合系统 GMM 动态面板逐步回归法，并进行固定效应估计，以探究长三角地区城市商业银行全要素生产率提升的经济增长效应。

以往动态实证模型构建中通常存在内生性问题，引入滞后因变量作为右侧变量，利用动态规格的固定效应估计，该变量通过构造与误差项相关，因此是内生的。系统 GMM 动态面板逐步回归法有助于控制内生性问题对结果造成的偏误，在有单位根的情况下，分析结果也一样有效。为进一步探究全要素生产率对经济增长率的非线性，本书同时在模型中引入全要素生产率的平方项，模型设定如下：

$$y_{it} = \beta_0 + \beta_1 y_{it-1} + \beta_2 TFPCH_{it} + \beta_3 TFPCH_{it}^2$$
$$+ \beta_4 Controls_{it} + \mu_i + \nu_{it} \tag{7.2}$$

其中 $i = 1, \cdots\cdots, N$ 表示横截面单元，$t = 1, \cdots\cdots, T$ 表示时间维度，y_{it} 为第 i 个截面自变量在 t 时刻的被解释变量观察值。$|\beta_1| < 1$ 为滞后内生变量的待估参数；$TFPCH_{it}$ 为核心解释变量全要素生产率，β_2 为其待估参数；$TFPCH_{it}^2$ 为核心解释变量全要素生产率的平方项，β_3 为其待估参数；$Controls$ 为一系列控制变量，β_4 为其待估参数；μ_i 为不可观察的具有时间不变性的个体效应，ν_{it} 为异质性冲击。

二、数据来源与指标说明

本书通过构建系统 GMM 动态面板模型，利用长三角地区 17 家城市商业银行 2014～2021 年的面板数据，对长三角地区城市商业银行全要素生产率提升对经济增长的影响进行了实证分析。所采用的数据来自国家统计局官网、Wind 数据、各省（市）统计年鉴以及前文计算所得。为避免极端值的影响，对所有数据进行了上下缩尾 1% 的处理。

被解释变量：GDP 增长率。本书采用 GDP 增长率作为衡量经济增长的指标，并考虑到通胀的影响，采用以 2013 年为基期进行平减计算的方法，获得了 2014～2021 年长三角地区实际 GDP 数据。然后利用实际 GDP 的一阶差分值除以其一阶滞后值，得到了本书所采用的 GDP 增长率数据。

核心解释变量：全要素生产率及其平方项。全要素生产率构成了经济增长率中区域差异的主要部分，本书重点关注长三角地区城市商业银行全要素生产率提升带来的经济增长效应。一般认为全要素生产率与经济增长呈正相关关系。为进一步分析全要素生产率与经济增长之间是否存在倒 "U" 型关系，本书设置了全要素生产率平方项，以探讨全要素生产率与经济增长之间的非线性关系（见表 7－1）。

表 7 – 1　　　　　　　　　　　　　　　　变量定义

类别	变量	符号	变量含义
被解释变量	GDP 增长率	GDP 增长率	地区经济发展水平
解释变量	全要素生产率	$TFPCH$	具体见前文第四章
	全要素生产率的平方项	$TFPCH^2$	具体见前文第四章
控制变量	人均受教育年限	EY	地区人力资本水平
	市场竞争程度	MS	地区市场竞争水平
	城镇人口比重	PE	地区城镇化水平
	产业结构合理化	IR	地区产业结构合理化水平
	产业结构高级化	IU	地区产业结构高级化水平

控制变量：人均受教育年限，参考于斌斌（2015）的计算方法，并利用 Wind 数据计算出长三角地区人均受教育年限以考虑到人力资本在经济发展中的作用；市场竞争程度，参考马连福等（2015）的省级数据"樊纲市场化指数"，并以历年市场化指数的平均增长幅度作为预测 2020～2021 年度市场化指数的依据进行了推算；城镇人口比重，城镇化是现代化水平的重要标志，是随着工业化发展，非农产业不断向城镇集聚，从而农村人口不断向非农产业和城镇转移、农村地域向城镇地域转化、城镇数量增加和规模不断扩大、城镇生产生活方式和城镇文明不断向农村传播扩散的历史过程，本书利用城镇人口比重反映城镇化程度；此外，本书参考干春晖等（2011）和付凌晖（2010）分别计算出产业结构合理化指数和高级化指数以控制产业结构对估计量造成的影响。

三、描述性统计分析

表 7 – 2 对商业银行全要素生产率的主要影响因素进行了描述性统计分析，包括各变量的均值、最大值、最小值和标准差。从表中可以看出，经过平减计算得到的实际 GDP 增长率均值为 7%，仍处于高速发展阶段。长三角地区城市商业银行的全要素生产率均值为 1.001，整体呈现改善趋势。人均受教育年限处于较高水平，均值为 9.342。市场化程度处于中国领先水平。

各变量的标准差波动较为平稳。

表 7 – 2　　　　　　　　　　　　变量描述性统计

变量	观测值	平均值	标准差	最小值	最大值
GDP 增长率	119	0.070	0.015	0.036	0.088
全要素生产率	119	1.001	0.057	0.862	1.146
全要素生产率平方	119	1.006	0.115	0.744	1.314
人均受教育年限	119	9.342	0.526	8.524	11.406
市场竞争程度	119	8.151	0.811	6.490	10.000
城镇人口比重	119	70.467	6.246	50.970	89.300
产业结构合理化	119	0.036	0.034	0.008	0.158
产业结构高级化	119	7.003	0.148	6.536	7.495

第三节　实证结果与分析

一、基准模型估计

本书通过建立相关模型，并使用 Stata17.0 软件对影响全要素生产率水平的因素进行实证分析。结果显示，模型的逐步回归分析均通过了自相关和 Sargen 检验。为充分说明全要素生产率与经济增长率之间存在的倒"U"型关系，本书在模型中引入全要素生产率平方项，并对回归结果进行倒"U"型检验（见表 7 – 3）。

表 7 – 3　　　　　　　　　　系统 GMM 动态面板模型逐步回归结果

变量	(1) GDP 增长率	(2) GDP 增长率	(3) GDP 增长率	(4) GDP 增长率	(5) GDP 增长率	(6) GDP 增长率
L. GDP 增长率	0.196 *** (10.340)	0.184 *** (7.699)	− 0.906 *** (−41.078)	− 0.792 *** (−14.565)	− 0.803 *** (−9.644)	− 0.845 *** (−6.874)
TFPCH	1.172 *** (5.745)	1.123 *** (5.789)	1.903 *** (6.494)	1.739 *** (3.950)	1.705 *** (3.913)	1.874 *** (3.576)

续表

变量	(1) GDP 增长率	(2) GDP 增长率	(3) GDP 增长率	(4) GDP 增长率	(5) GDP 增长率	(6) GDP 增长率
TFPCH 平方	-0.491 *** (-5.012)	-0.468 *** (-5.006)	-0.896 *** (-6.224)	-0.810 *** (-3.631)	-0.795 *** (-3.591)	-0.879 *** (-3.268)
MS		0.003 *** (7.530)	-0.006 *** (-13.126)	-0.006 *** (-10.238)	-0.006 *** (-9.942)	-0.005 *** (-9.008)
people			-0.009 *** (-40.721)	-0.009 *** (-23.146)	-0.009 *** (-22.810)	-0.010 *** (-17.959)
EY				0.007 *** (2.927)	0.007 *** (2.863)	0.008 *** (3.367)
IR					0.006 (0.060)	0.069 (0.552)
IU						0.067 *** (5.230)
常数项	-0.623 *** (-5.921)	-0.619 *** (-6.222)	-0.209 (-1.349)	-0.203 (-0.942)	-0.183 (-0.853)	-0.635 *** (-2.642)
样本数	119	119	119	119	119	119
Ar (1)	0.003	0.004	0.000	0.001	0.001	0.000
Ar (2)	0.786	0.493	0.804	0.543	0.559	0.719
Sargen 检验	0.4357	0.468	0.456	0.517	0.522	0.505

表 7-3 为模型（7.2）的逐步回归结果，如表 7-3 中（1）~（2）所示，在不加控制变量和加入市场竞争程度变量的基础上，GDP 增长率的一阶滞后项与 GDP 增长率呈现显著的正相关关系。这与黄智淋和董志勇（2013）、王陆雅（2016）等学者的研究相一致。根据本书的实证研究，我们发现随着进一步加入控制变量市场化进程得分、城镇化人口比重和人均受教育年限之后，其与 GDP 增长率则呈现显著的负相关关系。

模型（7.2）回归结果显示，全要素生产率与 GDP 增长率之间呈现显著的正相关关系，这也验证了前文的假设分析，符合理论预期。这与部分研究者们的观点相一致（蔡昉，2013；于斌斌，2015；易纲等，2003）。本书的研究结论，具体从表 7 - 3 中（5）来看，全要素生产率每增加一个单位，GDP 增长率增加 1.657 个单位，表明通过提高技术、资金管理水平等提升的全要素生产率可以同时提升经济发展的质量和数量，且其系数变化基本保持稳定，表明控制变量选取的较为合适。

表 7 - 3 中（1）~（5）的回归结果显示，全要素生产率的平方项与 GDP 增长率之间呈现显著的负相关关系。更进一步地，本书参考林德和梅勒姆（Lind and Mehlum，2010）的方法对两者之间的关系再次进行检验。通过假设检验，本部分得到了与表 7 - 3 回归结果一致的结论，且城商行全要素生产率的极值点为 1.079。这与部分研究者们的观点相一致（王陆雅，2016；吴强、彭方平，2007）。上述结果验证了前文的假设分析，符合理论预期。全要素生产率提升短期内会促进经济发展，但过高的生产率会形成负面影响，导致全要素生产率对经济增长的贡献率下降。主要有以下三种解释：一是提高全要素生产率的成本可能高于 GDP 的增长，经济增长达到一定值后其靠全要素生产率来实现持续增长的作用变小；二是由于目前长三角地区经济增长的动力正由产业结构调整转换为全要素生产率提升，同时产业结构从工业向服务业调整所释放的"结构红利"难以支撑长三角地区经济的高速增长，过度服务化趋势是导致长三角地区经济发展进入"结构性减速"的重要原因；三是生产要素尤其是资本驱动型的经济发展惯性和金融危机的影响，导致长三角地区投资向非生产性部门过度分流以及对廉价劳动力过度依赖，使得分割性的劳动力资源开发方式扭曲了人力资本的配置效率，并成为经济增长的主要障碍。

在控制变量方面，从表 7 - 3 中（5）来看，受教育年限和产业结构高级化与 GDP 增长率呈显著的正相关关系；而市场化程度和城镇人口比重与 GDP 增长率呈显著的负相关关系；产业结构合理化与 GDP 增长率的系数为正但并不显著。这表明长三角地区推进人力资本积累和产业结构高级化将有利于区域经济的可持续增长，而过度的竞争导致资源配置的效率低下可能影响经济发展速度。此外，长三角地区是我国经济发达地区，城镇化率已经处于较高水平，进一步提升城镇化率反而会损害经济发展。

二、面板分位数回归检验

（一）计量经济模型设定

分位数回归通过将被解释变量的条件分布与解释变量联系起来，能够揭示解释变量在数据的不同分位数水平上对因变量的影响程度，从而更全面地理解变量之间的关系。随着面板数据的广泛使用，面板分位数回归也应运而生。通过采用分位数回归方法对面板数据变量的参数进行估计，不仅能够更好地控制个体异质性，缓解遗漏变量导致的内生性问题，还能够分析在特定分位数处自变量对因变量的边际效应，从多个维度进行分析。面板分位数固定效应回归模型分为静态和动态两类。其中静态面板分位数固定效应模型为：

$$\phi_{y_{it}}^{(\tau)}(\tau \mid x_{it}) = \eta_i + \beta^{(\tau)} x_{it}^T \qquad (7.3)$$

其中 $i = 1, \cdots\cdots, N$ 表示横截面单元，$t = 1, \cdots\cdots, T$ 表示时间维度，y_{it} 为第 i 个截面自变量在 t 时刻的被解释变量观察值；x_{it} 第 i 个截面自变量在 t 时刻的解释变量及控制变量观察值；τ 表示第 τ 分位数下，其中 $|\tau| < 1$；η_i 为不可观察的具有时间不变性的个体效应。

动态面板分位数固定效应模型为：

$$\phi_{y_{it}}^{(\tau)}(\tau \mid x_{it}) = \eta_i + \lambda^{(\tau)} y_{it-1} + \beta^{(\tau)} x_{it}^T \qquad (7.4)$$

其中 $i = 1, \cdots\cdots, N$ 表示横截面单元，$t = 1, \cdots\cdots, T$ 表示时间维度，y_{it} 为第 i 个截面自变量在 t 时刻的被解释变量观察值；y_{it-1} 为第 i 个截面自变量在 $t-1$ 时刻的被解释变量观察值；x_{it} 第 i 个截面自变量在 t 时刻的解释变量及控制变量观察值；τ 表示第 τ 分位数下，其中 $|\tau| < 1$；η_i 为不可观察的具有时间不变性的个体效应。

（二）面板分位数模型的回归结果

本节所采用的数据与前文一致，通过建立上述相关模型，并进行双向固定，使用 Stata17.0 软件对长三角地区 17 家城市商业银行 2014 ~ 2021 年面板数据实证研究长三角地区城市商业银行全要素生产率提升的经济增长效应。表 7-4 为动态与静态面板分位数回归结果：

表 7 - 4 　　　　　　　　　　动态与静态面板分位数回归结果

变量	（1） d10	（2） j10	（3） d25	（4） j25	（5） d50
L. GDP 增长率	1. 503 *** （1811. 387）		0. 060 ** （2. 430）		- 0. 027 （ - 1. 290）
全要素生产率	- 0. 003 （ - 1. 480）	3. 028 *** （10. 098）	1. 870 *** （15. 036）	2. 378 *** （15. 362）	- 0. 118 * （ - 1. 810）
全要素生产 率的平方	0. 002 （1. 493）	- 1. 498 *** （ - 10. 113）	- 0. 902 *** （ - 15. 061）	- 1. 139 *** （ - 15. 282）	0. 060 * （1. 819）
控制变量	控制	控制	控制	控制	控制
个体固定效应	控制	控制	控制	控制	控制
年份固定效应	控制	控制	控制	控制	控制
样本数	119	136	119	136	119
变量	（6） j50	（7） d75	（8） j75	（9） d90	（10） j90
L. GDP 增长率		0. 110 *** （3. 22e + 15）		0. 386 * （1. 853）	
全要素生产率	- 0. 134 * （ - 1. 914）	- 0. 000 *** （ - 154. 408）	- 0. 402 *** （ - 107. 913）	- 1. 893 （ - 1. 390）	- 0. 001 ** （ - 2. 402）
全要素生产 率的平方项	0. 068 * （1. 919）	0. 000 *** （165. 709）	0. 207 *** （122. 354）	0. 926 （1. 402）	0. 001 ** （2. 404）
控制变量	控制	控制	控制	控制	控制
个体固定效应	控制	控制	控制	控制	控制
年份固定效应	控制	控制	控制	控制	控制
样本数	136	119	136	119	136

注：d 表示动态，j 表示静态。

通过动态面板分位数模型（1）、（3）、（5）、（7）、（9）的回归结果可以看出，GDP 增长率的一阶滞后项仅在 10、25 分位数中与 GDP 增长率呈现显著的正相关关系，而在 50、75、90 分位数中则与 GDP 增长率呈现显著的负相关关系。这与上一节结论基本一致，即 GDP 增长率的一阶滞后项对

GDP 增长率呈现促进作用的样本仅占少数。

通过面板分位数模型（1）~模型（10），可以看出，核心解释变量全要素生产率及其平方项除 90 分位数数据，在动态面板分位数和静态面板分位数回归中符号基本保持一致。具体来看，在 10、25、50 分位数上，核心解释变量全要素生产率及其平方项与上节符号保持一致，与 GDP 增长率呈现显著的倒 "U" 型关系。这进一步说明，全要素生产率的提升短期内可以促进经济发展，但达到一定阈值后，经济增长率反而会逐渐下降。这表明长三角地区城市商业银行全要素生产率的提升应控制在一个合理区间，才能更好发挥经济推进器的作用。为了提高全要素生产率而提高并非明智之举。在研究中，我们关注的是城市商业银行全要素生产率带来的经济效应，而不是盲目追求增加生产率的幅度。这样的理论分析可以帮助我们更好地分析和理解全要素生产率与经济增长之间的关系，以加强我们的实证研究，并为城市商业银行的发展提供有益的参考和指导。

第四节　稳健性检验

为了确保主回归结果的稳健性，本书首先采用删除特殊样本值的办法对 GDP 增长率再次进行回归分析。由于本书选择的城商行为长三角地区 17 家城市商业银行，部分银行位于省会城市，无论是在经济发展、人力资本，还是在交通、信息等基础设施方面都比低等级城市具有更大优势，从而能够更好地吸引资本、劳动、技术等生产要素，经济发展的速度具有天然优势，这将可能导致省会城市全要素生产率对经济发展速度的影响与一般地级城市不同，在回归中如果包含这些城市可能会影响结果的准确性。为此本书同样按照前文删除了样本中位于的省会城市和直辖市的城市商业银行共 5 个，根据动态面板模型（1）~（5）以及动态和静态面板分位数模型依次对其他的 12 个地级市的城商行再次进行回归分析，其结果依旧稳健，系数的显著性和符号与前文的回归结果保持一致。

其次，为了避免极端值对回归结果产生影响，且保证结果的适用性，本书在进行 1% 分位进行缩尾的基础上，通过进一步在原数据 5% 分位进行缩尾，得出的结论与基础回归中主要解释变量的符号及显著性基本一致。

最后，本书还通过改变实际 GDP 增长率的计算方法，利用公式（本期实际 GDP – 上期实际 GDP）÷ 上期实际 GDP × 100%，重新计算出实际 GDP 的增长率代入到上述模型中，进行回归，其结果依旧稳健，系数的显著性和符号与前文的回归结果保持一致。

第八章

数字金融时代长三角地区城市商业
银行全要素生产率的提升对策

第 一 节　宏 观 层 面

一、大力推进数字金融基础设施建设

地方数字金融科技基础设施的进一步完善对二十大后改革开放进一步推进深化金融体制改革，全面改善长三角地区城商行全要素生产率，增强其未来的核心竞争力，促进当地的经济发展都具有重大意义。根据前文第四章中对比第一阶段和第三阶段的全要素生产率均值，我们发现企业年龄、产业集中度、GDP 增长率和公司规模环境变量对长三角地区城市商业银行的全要素生产率影响显著。此外，在第六章异质性分析中，我们发现地区差异和营商环境差异会显著影响驱动因素对当地城市商业银行全要素生产率的提升作用。长三角地区的城市商业银行主要服务于当地经济的发展，反过来，当地经济发展带动数字金融基础设施进一步完善也会改善当地城市商业银行全要素生产率。因此，在快速推进省级地方征信平台建设基础上，本书认为当地政府亦可基于以下两个维度完善数字金融基础设施建设：

一是进一步优化数字金融发展配套制度，不断调节金融创新与监管的动

态平衡。数字金融基础设施需要统一规划和统筹设计，一方面要结合长三角地区城商行战略发展需要，积极完善数字金融配套制度建设。另一方面，针对长三角地区城商行发展遇到的数据安全和隐私保护风险，当地政府应分业监管，并加强监管方面的关键技术投入，为长三角地区城商行提供更好的数字金融发展环境。

二是推动政策实施方式由选择性向功能性逐渐转型。一方面，综合考虑地区差异、金融风险以及健全金融市场等多种因素，优化、细化正向激励措施，提升政策扶持的精准度。另一方面，增加数字金融普适性、功能性、公平性政策支持，降低资本要素成本，提高资源配置效率。

二、持续完善数字金融平台赋能和金融科技赋能机制

根据前文第七章的分析，我们发现市场竞争程度与 GDP 增长率之间存在显著的负相关关系，这表明长三角地区城市商业银行过度搭建各自的数字金融平台可能导致资源的浪费和低效率。此外，在第六章的异质性分析中，我们还发现全要素生产率的驱动因素对于金融科技发展水平更高的城市商业银行具有更显著的促进作用。基于以上观点，本书认为当地政府应该在这方面发挥桥梁和催化作用，组织长三角地区的城市商业银行以及其他城市商业银行建立跨主体数据共享平台。这一平台将赋能长三角地区城市商业银行，进一步加强其科技实力，从而促进其全要素生产率的改善。具体措施如下：

一是健全各类产权要素平台，制定多元化数据共享和权属判定标准，积极稳妥推进多方安全技术应用。政府不仅要健全各类产权要素平台，还要规范要素交易平台治理，健全要素交易信息披露制度，使当地银行愿意更积极主动地为促进技术转移转化提供更多金融产品服务。与此同时，政府需要打造商业银行数字化转型标杆，大力支持当地银行共同建立跨主体数据安全共享平台，依靠政府主导多方共建的产业与科技平台赋能银行，多渠道降低银行数字获取及技术开发成本，加速金融数据有序共享和综合应用。

二是在服务能力层面，当地政府应优化和完善当地城市商业银行共建平台，首先梳理当地城市商业银行数字化转型需求，研制场景化、标准化、可推广、小而美的解决方案，构建面向当地城市商业银行的多层次公共服务体

系。此外，由于复合型人才是推动长三角地区城商行技术效率改善的动力、全要素生产率提升的关键，地方政府推动建立城市金融科技人才评价体系，并在资金补贴、人才认定、职称评聘、岗位编制等方面支持长三角地区城商行培育懂业务又懂技术的复合型金融科技人才，助其从根本上夯实数字化转型的人才基础。

三、全方位支持供应链金融发展，促进金融产业升级

根据前文第三章的分析，我们观察到在 2019 年后，长三角地区城市商业银行的整体净利润增速出现了由正转负的趋势，同时不良贷款余额也有较大幅度的增加。这主要是由于商业周期的变动和新冠肺炎疫情对实体经济稳定运营的冲击所致，作为加速企业之间资金往来以及解决运营资金短缺的供应链金融也见效甚微，这些因素极大阻碍了商业银行全要素生产率的提升。从政府角度探讨解决供应链金融发展瓶颈，并提高银行经营效率可以关注以下方面。

一是政府降低商业银行直接参与其为企业设立的产业投资引导基金的门槛，高质量拓展供应链金融的商业模式。首先，商业银行可以作为参与发起方，通过设立子基金方式直接参与政府的产业引导基金设立。其次，由于政府产业引导基金属于私募股权基金，那么商业银行可以通过创新业务模式以理财资金认购或者财政承诺等方式开展募集投资业务。此外，在政府引导资金退出过程中，政府可基于产业特征适当降低商业银行对被并购企业开展投顾业务的标准。不仅如此，地方政府还需要引导金融机构落实尽职免责制度，推动银行、保险、信托、基金、地方金融组织等金融业内在供应链金融业务商业模式上的合作与创新。

二是地方政府则应充分发挥好实体业和金融业之间的桥梁和催化作用，大力推进企业和银行之间的数字信用机制的建立和完善。从企业与银行直接的关系着手，供应链金融的主要困境体现在信用机制的不健全。由政府倡导，建立参与方为政府部门、公用事业单位、公安、授信机构、产业中的核心企业、专业研究机构等多方联立的全产业链数字信用联防机制。银企之间可信交易、可信资产和可信行为机制的建立，将打破大数据时代产业内企业

信息孤岛，提高金融决策中所依赖信息的真实性，从根本上改变供应链金融中银行过去基于概率的业务评估和管控风险方式，增强了当地上下游供应链金融发展的稳定性。

与此同时，地方政府需要建立当地供应链金融的全面风险监管制度，以法律法规形式对企业贷款资金使用的真实性和用途进行约束，为供应链金融所要求的业务闭合且收入自偿提供制度支撑。

第二节　中观层面

一、加速推进数字化转型，提升服务水平和运营效能

根据前文第二章和第五章的理论和实证分析结果，我们得出结论：数字化转型对于城市商业银行的全要素生产率提升至关重要，尤其是对于中等规模的城市商业银行而言。因此，这些银行应当积极抓住数字化转型的时代机遇，并通过实现差异化发展来确保长期稳定的发展。因此，本书建议长三角地区城商行重视数字化转型的顶层设计，将数字化作为全行当前及未来的核心战略，以此来加速推进数字化转型，提升银行自身的服务水平和运营效能。银行的数字化是整个社会数字化的一部分，任何商业银行不可能完全依靠自身实现完整的数字化。银行数字化转型中包括信用体系建设、数据保护策略、硬件和软件类基础设施管理等的外部支持十分重要。由于建设高质量和高效率的信用体系、制定和维护符合实际需要的数据管理制度等是另外一个宏观课题，在此不做展开。

基于当前数字化基础设施建设和各类支持政策，本书认为长三角地区城商行在数字化转型过程中需要关注：第一，资源禀赋与价值相匹配。长三角地区城商行应制定适用自身的数字化能力及价值评估体系，识别全行发展战略对数字化能力的需求及现状差距，结合自身资源禀赋，明确数字化能力提升潜在机会及其投资收益，并持续运用该评估体系形成数字化能力增长闭环。第二，系统性规划与及时回顾。长三角地区城商行应通过规划在战略层面明确数字化定位和目标，统一全行认识，制订科学、可行的实施计划，并

在资源上提供持续的保障。此外，长三角地区城商行也需定期对转型的成果进行回顾并及时调整规划，以更好地平衡长期目标和短期收益。第三，方案试点与小步快跑。长三角地区城商行可选定与自身资源优势相契合的某一业务场景或业务领域作为试点，采取开放合作模式引入可快速落地、可复制、成熟的外部平台或解决方案。通过打造短期速赢标杆不仅能够帮助长三角地区城商行积累转型经验和人才，同时即刻成效能够帮助全员坚定转型信心。具体而言，长三角地区城商行内部以经营效率为目标的数字化转型可以采取这样的路径：战略转型→架构转型→技术转型→业务转型（见图8−1）。

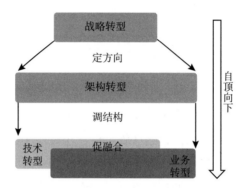

图 8−1   银行数字化转型的总体路径

长三角地区城商行数字化转型的起点是战略转型，通过战略设定新的发展方向，通过统一整体认知进而形成统一的行为。在战略设定后，需要调整自己的内部体系。为了使长三角地区城商行数字化转型战略得以高质量的实现，势必要调整旧的内部体系，这就会涉及配合战略转型的架构调整，以重塑企业的价值链。所以，战略转型的紧后工序就是架构转型。在重塑价值链后，必须具备与战略、企业架构相适应的技术支持能力。最后，战略落地、架构转换、技术支持都是为了实现一个目标，即更好地服务客户，从而实现长三角地区城商行主营业务的增长。业务转型是企业转型最终的对外呈现，是客户和员工最终看到的转型结果。

（一）战略转型

数字化战略设计通常可以包含总体设计及其中若干重要部分的子战略

设计。

第一，总体战略（见图8-2）。长三角地区城商行数字化转型总体战略应是一个长期性的前瞻战略。数字化转型成功的前提是管理层对数字化转型目标、蓝图和路径达成共识和决心。迈入数字时代，必须将数据的管理与应用提升到战略层面。尤其对于长三角地区城商行而言，管理层与业务人员都需要深刻认识到所有的服务和行为都可以量化，只有通过对这些量化的经营数据进行分析，才能对长三角地区城商行的业务发展形成全方位视角，进而提升决策质量和业绩表现，从而具备提升长三角地区城商行全要素生产率的基础设置。由于金融行业是服务行业，是为客户服务的。所以，长三角地区城商行数字化转型总策略的立足点是研究如何持续为个人（客户以及员工）赋能并持续为能力获得增强的客户以及员工服务。长三角地区城商行可以充分赋能其员工，使员工拥有更便利和更高效的工作形式，提高个人生产率；通过数字化技术也能够充分赋能客户，为客户提供最佳体验，使金融服务真正达到无处不在、无时不在，让客户具备自我管理金融的能力。这种情况就是银行在给客户赋能，而赋能的结果正是整体金融风险的分散。以赋能客户和赋能员工为基础，银行可以实现数字化业务模式转型，从而具备真正改变银行业态的可能。综上所述，长三角地区城商行数字化转型总体战略可以参考：通过数字化技术，赋能客户和员工，持续追求极致客户和员工体验，通过分散、控制风险，努力获取服务性收益，以使金融充分服务实体经济。

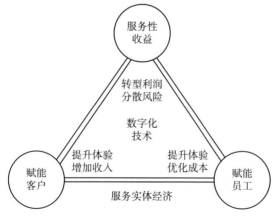

图8-2　银行数字化总体战略示意图

第二，客户子战略。长三角地区城商行应从做强本地特色场景连接，做实客户社交生态连接，做深银行内部经营要素连接三个方面入手，来打造以客户为中心的新连接，实现对客户的需求全面覆盖和高频互动。客户细分是了解客户的关键步骤，通过客户细分技术的发展会逐渐将细分到具体的个人实现一户一策。因为只有到这个细致度，客户才能更加认同银行是在真心为他服务。随着客户细分程度趋向极致，客户域会越来越小，反映出不同视角的利益诉求，这正是长三角地区城商行组织产品设计的直接指导。与此同时，由于客户价值主张的多样性，跨产品的客户体验整合就是客户子战略中最重要的能力。随着技术的发展，银行数字化转型要求的将不仅是银行自身的能力，更强调的是长三角地区城商行应具备开放式架构设计能力。

第三，产品子战略。产品是银行为客户提供服务的载体，所以并不是强调"以客户为中心"就要降低对产品的重视程度，相反，只有产品做好了，服务客户的能力才会上升。所以，长三角地区城商行的数字化战略中，产品子战略不可忽视。数字化战略下银行的产品子战略不应再是只考虑线上化问题了，还要考虑对客户子战略的支持。"大道至简"，随着社会信息化、数字化程度的上升，信用环境的不断改善，数字化银行的产品子战略应当是基于技术手段、以可信信息为基础实现金融产品的简化，以提高金融服务的便利性，并从风险的源头，即客户端做起风险防控。金融业务中始终不变的是金融风险的防范问题，只不过在数字化背景下，风险防范的重心可能会转向帮助客户防范风险。简化也意味着更好的嵌入能力，使金融产品与数字化场景更容易结合。

第四，组织子战略。在组织子战略方面，有两点因素将使银行组织结构逐渐以产品和客户为中心进行团队化，从而实现灵活化。一是网点变化的因素。数字化技术能够提供与网点相近甚至更好的服务体验，具备从功能上彻底取代网点的能力。此外，随着出生于信息化、数字化时代的人口越来越多，他们更习惯于通过电子设备完成各类行为，对物理网点的"留恋"也将逐渐消失。除了服务外，网点以前也兼具信息收集功能，但是目前这一功能的作用已经减弱，而今后，信息的收集会越来越依赖技术手段，包括不断延伸到客户生活中的物联网设备，以及更为开放的跨行业数据共享。所以，从信息化到数字化，从金融功能角度看，人们对网点的需求将下降到非常低的水平。二是对规模追求的变化。根据上述对客户子战略、产品子战略的分析可知，随着银行和社会数字化程度的上升，金融业务模式可能发生较大改变，而这种改变的结果是人们对银行的评价更多的是基于其金融配置效率和质量，即金融服务能力，而规模对银行的意义将逐渐降低，尤其是传统的存贷款规模，因为存贷款规模并不能完全左右数字化背景下的金融资源配置效率。数字化背景下，匹配的不仅是资金，更是风险偏好，是基于风险偏好去配置金融资源。对网点需求的降低会改变根据地理区域设置组织结构的习惯，对规模追求的降低会进一步改变对资源的地区化统筹方式。上述两点变化对长三角地区城商行而言，足以推动其全面建立面向细分客户、细分产品的灵活可快速调整的组织结构。所以，长三角地区城商行的数字化银行组织子战略应当是建立面向客户和产品而非地区的灵活组织体系。

第五，人力资源子战略。公司转型是靠其员工完成的，这意味着人力资源子战略在人力资源结构、人员能力要求方面要与数字化转型战略的方向匹配。首先，核心技术人员。在通向信息化高级阶段的过程中，长三角地区城商行首先应当逐步增加技术人员占比，通过增加技术人员数量，提高业务和技术融合的频度，使业务人员与技术人员之间互相影响，互相改变。由于技术细分领域较多，长三角地区城商行应当通过客户子战略、产品子战略逐步明晰其核心业务方向，根据核心业务方向选择需要补充的技术人员，进而培育自身对核心技术的掌控能力。其次，人机协同。随着信息化程度的提高，长三角地区城商行需要逐步改变现有人员的能力结构。除金融业务能力培养外，由于 RPA、人工智能技术不断扩展应用范围，在银行员工基本业务素养中，人机协同能力变得日益重要。最后，弹性工作。在数字化阶段，银行的人力资源战略除了尽可能吸引优秀员工外，最重要的是提供足够弹性的工作机制，提升人力资源的动态组合能力。所以，在长三角地区城商行的数字化转型战略中，人力资源子战略的进化路径可以是：先根据银行业务特点增加匹配业务发展需要的技术人员数量，提升业务与技术的融合能力；再逐步提升全体员工的人机协同能力；最终与灵活易重构的组织子战略配套形成数字化银行的高弹性动态管理人力资源体制。

第六，技术子战略。技术将成为银行的核心竞争力，因为技术将决定银行的客户分析能力、产品实现能力、服务送达能力。长三角地区城商行数字化战略中的技术子战略可以是根据客户子战略、产品子战略选择必须掌控的核心技术，并使其达到并保持某细分业务中的领先水平。但是在落实上，其关键是要求银行首先提升技术管理能力和管理效率。除了核心技术，比较重要的还有对连接技术的管理，即让银行业务能够嵌入产业生态的技术能力，因为金融需求的次生性是不会改变的。这也决定了银行如果想获得对场景的驾驭能力，就必须提升其技术管理能力，尤其是基于企业架构、开放架构的技术管理能力。

（二）架构转型

在数字化的未来，长三角地区城商行既要通过新平台驱动的业务模式来重塑客户体验，又要降低运营成本，同时还必须保持敏捷，以便能够快速响应不断变化的市场和客户。这种对灵活性的需求意味着对现有系统架构进行转型，以支持产品持续迭代和业务模式调整。因此，长三角地区城商行开展系统架构变革亦势在必行。此外，客户日益增长的个性化需求对长三角地区城商行把握市场需求、抢占先机、并开展高效分工与运营等方面提出了更高的要求。然而，银行传统的固态组织结构与集权管理模式逐渐无法适应外部环境的飞速变化。因此，组织架构的变革成为了推动长三角地区城商行数字化转型的关键，并能够源源不断地为长三角地区城商行带来新的活力。长三角地区城商行可以通过建设共享能力平台、引入分布式技术、部署云计算等方式搭建多层次驱动的数字化技术架构体系，从而构建连接前中后台的"变速器"，获取对前台业务和市场需求的快速响应能力。以平台为基，长三角地区城商行开展组织架构变革时应当着重以下三个方面，分别是企业数字化文化建设、数字化人才培养，以及敏捷型组织构建。

（三）技术转型

本书认为金融产品的发展方向应当是逐渐简化，金融的目标是提供服务而不是变得复杂。实现金融产品简化需要有两个支撑：一是提升信息可信性的技术；二是进行标准化和跨领域整合的架构设计能力。后者就来自基于企业级业务架构的技术管理。具备联通业务和技术的企业架构管理能力是驾驭技术的基础，所以，面对数字化转型，长三角地区城商行应当尽快培养和引进相关专才着手打造基于企业架构的技术管理能力，发挥企业级业务架构设计对企业能力长期演进的指导作用。这种指导作用有助于长三角地区城商行在实现数字化转型的过程中，避免对于技术过度的、片面的关注，时刻与长三角地区城商行的业务增长和价值实现紧密联系，直接提高长三角地区城商行的纯技术效率。

（四）业务转型

中小型银行在潜心探索数字化的过程中，可以利用"本土智慧"在特色化、专业化、差异化领域的选择上多下功夫。针对长三角地区产业结构特点，本书认为当前长三角地区城商行可通过加速数字化转型在对公业务方面抢占产业生态的高点，深挖存量客户价值，并打造潜力巨大的全要素生产率和经营绩效的增长空间。

长三角地区城商行可聚焦具备良好发展前景、收入增长潜力和完善产业链条以形成行业洞察，重点关注中小型企业及其上下游中的优质细分客群。针对不同类型的对公客户，制定差异化的纲领性目标匹配业务转型战略定位：对于大型客户，需要认识到其自身贡献的利润不是银行唯一或最重要的目标，而是在于沿着大型客户的产业链，供应链去获取上下游中型、小型客户的数据、掌握结算，并进而拓展更多更高收益的业务；对于中型客户，即供应链金融最重要的使用者和业绩贡献者，获取一半以上支付结算份额是首要目标，现金管理是突破并掌握这类客户的关键，那么对应的产品研发需要与之匹配；对于小型客户，这类客群往往是低成本负债的重要来源，考虑到较低的单客价值和相对较高的风险，那么兼顾收益与风险的高效业务转型应以结算类业务为主，同时审慎辅之以小额资产业务。交易结算是对公业务的核心，更是未来对公业务竞争的主战场，通过业务转型提供真正的"一站式"服务，牢固绑定核心客户，沿行业运营逻辑，发掘其中的业务和客户拓展机会，将最终打赢产业数字生态下的客户经营之战。

知易行难，数字化转型是一项战略性系统工程，同时也是长三角地区城商行在新竞争格局和新发展阶段寻找新动能的重要契机。长三角地区城商行如能抓住机遇借势而为，探索适合自身定位和未来发展的转型道路，并稳步高效地推进数字化转型，加快建立特色化、差异化的服务竞争优势和业务运营效能高质量增长的核心能力，将有助于其全要素生产率的全面提升，加速迈进经营发展的更高阶段。

二、结合内外环境进行全流程管理，构建全面风险管理控制体系

根据前文第五章的分析结果显示不良贷款余额的增加意味着银行面临更高的风险和损失。这可能会导致银行在资产质量方面出现问题，从而影响其全要素生产率及其分解项的提升。长三角地区城商行内部的风险管理控制体系参照行业标准和巴塞尔协议等已经比较完善，本书结合当前经济环境和长三角地区城商行内部经营状况，认为长三角地区城商行现有的风险管理控制体系可以进一步优化，应逐步建立全面风险管理控制体系。一方面长三角地区城商行风险的管控有助于长三角地区城商行信贷质量提升，不良贷款率降低，促进长三角地区城商行全要素生产率的改善。另一方面长三角地区城商行可以在资产规模、资产结构及资产收益等方面均衡发展，并扩大信贷风险、信息科技风险以及市场风险的管理范围与深度，提升风险管理的系统性和全面性，以保障全行战略目标的实现并有效推动战略落地。

一是确保分解目标的风险与收益相匹配。落实风险管理工作第一步就是要明确长三角地区城商行总体的发展目标，并要对目标进行具体、有效分解，保障银行每一步的目标与市场可得性、资源的配套性和自身的风险承受能力相匹配。如若不然，银行的分解指标应重新制定，否则会出现风险与收益不匹配的现象，如过高的财务目标可能会使得一名行事谨慎的行长或者业务骨干表现出强烈的风险趋向性。

二是风险的全面识别与评估。首先，长三角地区城商行应在已有的风险管理控制体系基础上，进行风险细项的进一步分类，完善自身的风险分类框架；其次，金融业务具有同质化特点，故而具有相近业务的商业银行，其风险管理控制体系具有较高相互借鉴的价值，且外部的风险损失事件库也可作为长三角地区城商行风险数据不足的有力补充。此外，金融业的风险与收益是共生的，风险是不可能完全消除的，长三角地区城商行需要对风险至少从风险发生可能性、风险影响程度两个维度进行评价。与此同时，可以依据改进难度、改进迫切程度、相关领域管理能力成熟度等多个维度，综合评估出

长三角地区城商行面对的、会对其战略目标实现产生重大影响的风险。

三是根据风险种类制定不同的措施。长三角地区城商行应针对不同种类的风险，采取不同的应对措施。首先，对于长三角地区城商行能够承担，并且对目前银行经营状况并无显著负面影响的风险，应理性地主动承担风险，即积极利用银行内部的资源，如风险准备金、自有资本来弥补损失；其次，对于经营状态产生较大负面影响的重大风险，长三角地区城商行。第一，可以通过风险控制措施来降低风险的损失频率或影响程度，抑或通过计划的变更来消除风险或风险发生的条件，保护相应银行目标等免受风险的影响。第二，可将长三角地区城商行面临的风险转嫁给交易对手而保证自身的利益，主要手段如保险、外包等。第三，增加长三角地区城商行内部风险管理者的有效沟通，对重大风险进行全流程的动态持续跟踪。

抓好长三角地区城商行全面风险管理，对其实现全流程管理，既是长三角地区城商行自身经营的需要，更是全要素生产率改善的需要。长三角地区城商行应上下同心，构建全面风险管理控制体系。

三、促进业务与技术双向融合，聚焦本地金融优化业务结构

综合第二章和第六章的分析结果，我们得出结论：技术创新是城市商业银行全要素生产率提升的主要影响因素。特别是对于金融科技水平更高的城市商业银行，技术创新对其全要素生产率提升的促进作用更加显著。长三角地区城商行数字化转型过程中显著的痛点是业务和技术的目标与优先级不一致、对客户的需求定位不清晰以及懂业务和技术的复合型人才数量不足。通过促进业务与技术双向融合，可以改善其技术效率衰退拖累全要素生产率提升的困境，打造长三角地区城商行全要素生产率提升的新动能，并以此来促进本地金融产业的发展，优化银行的业务结构。本书认为长三角地区城商行可以通过以下三大举措，使得业务和技术部门能够以新的方式合作，充分释放业务和技术部门潜力，实现业务和技术有效融合，从而优化银行业务结构，提升其全要素生产率。

一是疏通阻碍业务与技术有效沟通的渠道。首先，长三角地区城商行在科技部门与业务部门之间实行轮岗制度，让技术人员深入了解业务人员的需

求，促进客户产品需求的有效对接。其次，让业务部门的经理担任技术部门的产品经理，由其主导技术团队的整体规划、研发和交付，或者直接将相关技术人员合并到业务部门团队中，实现业务与技术的零距离，及时响应业务部门的需求。同时还要保留一部分的技术人员进行业务团队合作的经验和技术沉淀，形成培训模板，逐步打造团队支撑。

此外，产品是面向客户的，业务人员与技术人员要深入分析客户的需求。长三角地区城商行可以组建由业务人员和科技人员构成的小型团队，提高银行的整体感知度。首先，每个团队可以针对不同的客户群体研发相应产品，满足客户多层次的需求。其次，通过召开相关成果交流会，检视小团队的成果，不断调整和优化团队资源分配。此外，通过绩效考核和免责机制，长三角地区城商行可以让小团队在目标明确的情况下充分发挥自身潜力，让技术和业务团队更好融合，从而产生竞争力。

二是要完善复合型人才管理制度。首先，长三角地区城商行要重视有经验、懂业务的高级技术人员即高级复合型人才，加大物质激励与非物质认可的投入力度，同时鼓励其积极参加银行内部文化交流活动，增强其银行文化认同感和归属感。其次，要扩大中层复合型人员的比重。充实的中坚力量作为链接高级人才和初级人员的平台，不仅将高级人才从事务性工作中解放出来、充分发挥其价值，而且还可以让其作为教练向初级和中层复合型人才提供培训辅导，建立专业人才发展通道和晋升通道。通过为员工提供多种职业发展路径选择，最大限度地激励和保留优秀人才。

此外，要实现业务和技术有效融合，长三角地区城商行需要对复合型人才建立一套高度一致的度量体系，提高管理透明度。首先，通过建立起统一的效能衡量体系，不断提高融合度，从而提升交付质量、速度和工程效率。其次，针对技术团队分布、预算成本执行情况、项目进展状态等，业务部门和技术部门保持信息同步，共同推动资源合理调配、事项推进和问题解决。再次，进行交付能力和效率度量跟踪，业务部门和技术部门一起，从需求分析、系统研发、系统部署、系统运维全链条度量和跟踪交付能力，不断提升速度和质量，并做到周期复盘迭代。最后，协同进行技术风险管控，基于共同技术风险事前预判和事后处置指标度量，以及对于技术风险事件原因的定位和追溯，业务部门和技术部门形成技术风险管控合力，不断提升技术风险管控能力。

四、建设一体化的动态数据库，推动家庭普惠金融业务发展

通过分析前文结果，本书发现长三角地区城市商业银行的数据管理效率存在以下问题：首先，各部门的数据收集标准不一致，导致客户标签与业务的营销体系不匹配。同时，数据库的更新效率较低，更新周期较长，限制了数据的及时性和准确性。其次，长三角地区城市商业银行存在较高比例的过期和无效数据记录，导致数据库维护成本较高。这些无效数据的存在增加了管理的无效工作量，对长三角地区城市商业银行的全要素生产率改善产生了负面影响。针对这些问题，一种解决方案是采用一体化的动态数据库。这种数据库具有存储数据量大、易于修改、能实现动态数据更新、客户标签一致等多种优点，不仅能节约大量的时间和资金，同时也能够更加精准地聚焦营销定位，从而有助于改善业务人员营销效果，推动银行业务发展，促进长三角地区城商行全要素生产率的改善。

长三角地区城商行应建设全方位、全流程的一体化动态数据库，采集、存储、更新、分析和预测有关目标客户及潜在客户的数据，以便有目标的建立企业与客户之间的情感纽带，并以更精准的互动传输方式，提供真正个性化的产品和服务。一体化动态数据库建设的基本步骤如下：

一是数据采集。长三角地区城商行采集的数据应包含两方面内容，一方面是内部数据，包括目标客户的静态数据和动态数据，静态数据有客户的年龄、性别、家庭成员组成等，动态数据有账户变动、收入变动等；另一方面是外部数据，主要是影响长三角地区城商行业务营销环境的数据，如业务营销区域的人口数量、人口的年龄构成、职业构成、平均收入水平等。

二是数据存储。首先，业务人员采集与存储数据，要按照长三角地区城商行内部规定的标准和程序严格进行，实现数据的有效传递，即使收集数据的相关人员离职，也不会影响相应数据的使用。其次，从以上程序中采集到的客户名单、地址和其他信息应该被存储到建立的一体化动态数据库中，并进行详细分类。此外，如果得知客户最新的交易行为，也应该存入数据库，实现数据库的动态更新，及时传递有效信息。

三是数据更新。数据库的有效性关键是对数据的校对、修改、完善和迭代，及时清除不良数据或无效数据对数据库的影响。此外，数据库的价值高低，取决于建立数据库的目的以及其内容的好坏及功能的高低。为了拥有一个高效的一体化动态数据库，长三角地区城商行必须获得更多关于客户和准客户的信息。例如，对数据库中一个专门搜集消费者资料的数据集进行分类，它搜集的与客户有关的背景资料、相关资料越多，它提供的信息的价值也就越高。此外，也要根据长三角地区城商行自身金融产品的特性，再收集相关信息，如：客户对品牌的忠诚度。长三角地区城商行可以通过各种调查和询问来完善数据库。

四是数据分析与预测。一体化动态数据库之所以是一种高效率的营销工具，就在于它有强大的统计分析功能和预测功能。首先，一体化动态数据库的存在为长三角地区城商行业务营销者研究一个可以控制的样本提供了可能。与此同时，营销者和客户之间的现成关系又促成市场预测的准确度提升，长三角地区城商行就能根据目标客户的需求结构变化，设计和开发能够满足这些需求的新产品，并对新产品的推广效果进行跟踪评估，以有效占领新的市场。

对长三角地区城商行来说，想在短时间内将所有业务追平、甚至赶超大型商业银行几乎不可能。根据第五章分析，我们发现数字金融的衡量指标：数字普惠金融指数与全要素生产率及其增长率均呈现显著的正相关关系，表明城市商业银行发展数字金融，实现数字化转型，不仅会提升自身全要素生产率，还会加速这一过程。

长三角地区城商行必须聚焦于普惠金融业务，以地方老年客户群体和中小微企业为服务对象，依靠产品的差异化、服务的差异化和渠道的差异化等，打造有别于大型国有商业银行的更加本土化的普惠金融品牌。由于这类客户群体的特殊性，其产品需求往往难以把握。长三角地区城商行建设一体化动态数据库，能够利用数据分析和预测，精准把握普惠金融业务的客户需求，以此创新自己的产品定位、服务特点、销售渠道、管理模式等获得普惠金融业务的新动能，有助于推动长三角地区城商行普惠金融业务全面发展。因此，长三角地区城商行建设一体化动态数据库，应注重与普惠金融业务的融合。具体建议如下：

一是利用一体化动态数据库把握老年和中小微企业客户需求。一体化动态数据库可以提供相应的数据分析和预测，助力长三角地区城商行普惠金融产品差异化战略实现。首先，通过了解不同年龄、性别、家庭背景、身体状况等方面的老年群体与不同规模、性质、财务状况、经营状况的中小微企业真正需要什么样的服务，进而改进和完善普惠金融服务的内容，提高服务的水平，提升服务质量。其次，利用一体化动态数据库数据分析与预测，可以让长三角地区城商行真正站在老年群体和中小微企业的角度去考虑问题。当老年客户和中小微企业办理业务的时候，要有专门的配套服务措施，比如简化不必要的手续、开设相应的绿色通道、安排随行人员指导、必要时候提供休息区以及定期电话回访客户或者上面拜访等各项措施，并进行相关回访、记录的数据分析，不断改进长三角地区城商行客户服务水平。

二是有效防控新业务新模式的伴生风险。普惠金融业务的风险控制是中小城商行普惠金融事业的底线，长三角地区城商行普惠金融服务对象定位老年群体和中小微企业，由于客户群体的特殊性可能导致业务风险更难把控。首先，在普惠机构方面，对于业务量少，业务范围有限，交易金额小，目前无法盈利的分支机构，长三角地区城商行出于社会责任考虑又仍然需要维持其经营的网点，应采取基于市场的、更为灵活的政策措施来考虑不同发展策略的商业模式创新，来提高其存在的质量和可持续性。其次，新业务和新模式往往会产生新风险。为了有效防控伴生风险，在团队安排、交易限额、布设地点和运营管理等均需予以制度明确和分类施策，以保证长三角地区城商行普惠金融业务进一步健康发展。此外，可以借助一体化动态数据库，以及风险模型，不断加强对服务客户的分析，实现对客户的评级、风控的指标控制和阈值预警机制。

五、以人才培养和绩效改革为抓手，由内而外激发人力资本效率

科学合理的人才培养和绩效改革对于充分发挥长三角地区城市商业银行员工的潜力，自下而上提升人力资本开发效率，并减少管理无效率，从而提升全要素生产率具有重要意义。但长三角地区城商行对人才的培养和绩效考核中还存在以下问题，集中反映在末位淘汰机制不够完善、同业交流不足、

绩效激励动力不足、金融科技人才市场竞争中不具有核心优势、相关技能培训以及现行绩效考核机制不够完善等方面。根据前文第二章中其他路径分析，我们发现城市商业银行全要素生产率的提升要重视人才培养和绩效改革。

长三角地区城商行应积极以人才培养和绩效改革为基，激活每个长三角地区城商行人的生产率，即以提升全行人均产能和效能为目标建立更加完善的绩效管理体系，切实为提升长三角地区城商行全要素生产率发挥有力的推动作用。

首先，长三角地区城商行应依据发展战略目标和发展规划，做好中层管理执行管理，以避免长三角地区城商行管理层和员工队伍结构、数量、质量无法与全行快速发展相适应。以此为基，建立与长三角地区城商行文化相匹配、与业务发展相适应、与战略规划相协调的，满足长期可持续发展的激励机制，以提高员工职业生涯发展空间，激发员工工作潜能，提高员工满意度和忠诚度的同时提升银行整体经营效率。

其次，在人才培养方面，长三角地区城商行应根据战略增长目标合理优化全行员工队伍构成，完善管理序列队伍、专业序列队伍、业务及行政人员队伍建设。不断加强管理序列队伍的选拔和培养，提高金融科技技能专业人才的引进力度，在从业人员聘用管理方面，提出必要的职业素养、资质、履职经验、专业素质及其他个人素质标准要求，建立并规范内部人才市场，搭建后备人才库、交流中心、待岗中心、聘用中心等内部平台，逐步形成内部人才在供给、需求、交流、配置等方面的完备体系；同时实施员工竞聘上岗，形成"上岗有竞争、任职有评价、晋升靠业绩、调整有依据"的人力资源配置模式，建立起"公开、公平、公正、公认"的选拔机制，以保持队伍数量优质充足、梯队合理稳定，确保队伍不断档；并且充分将绩效考核结果与人员劣汰、人事提拔、人员调配和薪资调整等结合起来，增强全行上下对绩效考核的重视程度，用绩效考核提升员工动能，不让奋斗者吃亏，健全自我激励、自我约束和促进优秀人才脱颖而出的机制。与此同时，长三角地区城商行需要以业务战略为牵引，以干部标准为依据构建和完善全行培训机制，将人力条线、业务和管理条线、各分支行等各自组织的培训活动予以分类、分层并交叉有机结合，搭建起较为完善的员工培训教育体系。通过各类培训提升现有从业人员金融科技技能和应用能力，并且积极参与银保监会、人民银行、其他金融机构组织的外部培训，提高长三角地区城商行人的业务素质和市场融合度，逐步实现基层骨干全部自主培养。基于干部能力的内部培养主要一般通过"7－2－1"方式形成，即70%的能力通过（跨部门）工作或轮岗实践获取、20%的能力通过高水平专业培训或辅导反馈获取、10%的能力通过在校课堂和自我培训获取。那么长三角地区城商行可以加大行内干部的流动以积累全流程经验、建立长三角地区城商行干部能力和经验的内部词典助力经验与能力的转化、通过干部管理工具对干部能力提升和干部任用开展规范化管理，以避免管理干部的准备度风险、过渡风险和任用风险。

　　再次，积极推进员工绩效改革，从单纯地对公司文化认同、绩效、工时进行人事考核，逐步转到以绩效为中心，将考核作为目标导向。通过应用关键业绩指标、关键任务指标、关键行为指标，做到员工绩效考核全覆盖，考核流程不断优化，绩效应用机制持续健全，推动员工在目标指引下进行自我管理，形成自我激励和约束机制的员工绩效管理，切实为提升全行人均产能、效能发挥有力的推动作用。其中，考核内容应至少包括岗位履职能力评估和周边绩效评估，通过客观评价员工的工作业绩、岗位履职能力，以及员工工作态度、工作能力、知识与成长、工作饱和度等通用绩效项目，考察员工的工作目标完成情况和职业素养。与此同时，分类评价员工的工作表现及成效，比如针对存量大客户主要考核员工的服务质量和工作效果，针对增量客户主要考核员工的业绩数量和工作饱和度等。在此基础上，基于成本效益分析法和比较法建立和完善核心业务的事前绩效评估管理方案，直接激励员工基于价值贡献和努力程度提高个人创收水平，起到从根本上强化员工效益意识的作用。而在整个绩效考评周期中，需要按照设定"目标和任务—观察绩效—讨论绩效—提供接受指导—绩效反馈—绩效改进"的持续性过程来进行绩效管理。总之，绩效管理不应是单一的绩效考核，而是通过绩效管理的过程达到促进员工成长和银行目标达成的双赢，更好地激发每个长三角地区城商行人的生产率。

　　最后，落实"四定三化"，实现团队赋能和管理提质。"四定"（定责、定岗、定编、定员）是商业银行人力资源管理的基础性工作，更是提高公司管理效率的重要制性工程，其对于长三角地区城商行减少管理无效率的制度损失，优化数字化转型下的各部门人员配置及人工费用意义非凡。

依据现代人力资源管理理念并结合金融行业特点，当前长三角地区城商行的组织架构已经设立比较完善，在充分调研的基础上可随时完善"四定"工程及其配套机制，可以考虑从以下三方面着手：一是城商行总部部门与分支机构的核编、增设、增效。一方面从宏观角度统筹，依据中层干部的访谈数据，以及各部门的战略规划，对长三角地区城商行存量业务和增量或空白业务的人员编制情况给出诊断、预测和建议；另一方面，从微观层面出发，在充分调研的基础上，基于工作饱和度视角和外部行业对比视角，明晰主要岗位、不同类型人员的定事、定责、定岗情况。二是优化两个机制，即以部门价值评估为基，将现实性与前瞻性相结合构建竞争机制和淘汰机制。三是优化两个体系，即依据工作相关度和工作强度优化核心部门的考核、激励体系。结合长三角地区城商行部门负责人访谈集中反映的主要问题，本书特提出工作思路如下：（1）分析长三角地区城商行过去三年人工成本÷销售收入、人工成本÷经济增加值、人工成本÷总成本、人均薪酬的水平（以下简称"三低一高"），确定公司未来3~5年的人工成本总额（扣减人工成本中不可分摊部分）。（2）分析总行各部室、分支机构过去三年"三低一高"和人均产出水平，在可分摊的人工成本总额的控制下，确定各自未来3~5年的人工成本总额。（3）长三角地区城商行总行可按照下列工作思路组织实施"四定"工程的相关工作：收集整理各部门近两年人工成本总额→根据现在的部门价值定位评估各部门2022年人均人工成本的合理性→综合考虑内部公平、公司战略、外部公平和人才供求形势等因素的基础上调整确定各个部门未来的人均人工成本→促使各部门主动参与到定岗定编工作中，推动定岗定编定薪工作的顺利实施→外部专家团队通过岗位工作分析调研科学调整岗位设置和编制→最终确定各部门人工成本总额→以"减人不减资"原则调整确定各部门岗位薪酬水平。（4）分支机构在可分摊的人工成本总额的控制下，按照上述管理系统工作思路组织实施"四定"工程的相关工作。

"四定"是"三化"的基础和前提，"四定"的实现将有利于"三化"工作的开展。在长三角地区城商行完成"四定"工程后即可进行"三化"改革。具体来说，"三化"分为两个阶段，分别是设计阶段和塑形阶段。在设计阶段，长三角地区城商行应积极开展对行内关键岗位员工的访谈，通过员工讲述对自身岗位的认知，明晰角色定位。然后，进一步细分员工访谈的内容，同时结合银行内外同岗位优秀员工的访谈内容进行整理和汇总，形成岗位优秀模板。此外，还要积极推动谈话内容落地变革，持续更新与迭代模板。经过"三化"第一阶段，可以让银行内每一位员工明晰自身角色定位，清晰划分岗位职责边界，标准化流程环节；同时沉淀员工自身优秀经验，积极引导各部门间传导业务思路，提升全行员工履职能力；让日常的工作从无规律到有规律，成为长三角地区城商行提质赋能的有效工具。在"三化"的第二步塑形阶段，首先，长三角地区城商行要监督行内关键岗位员工优秀模板的执行情况，持续推进岗位程序优化工作。其次，积极组织员工进行岗位反馈，建立关键岗位的反馈交流机制。重视员工提出的改进建议，积极帮助员工解决工作中遇到的困难，积极关注员工问题解决的进度。最后，行内要多次组织关键岗位工作模板演练活动，对"塑形"阶段的经验和教训进行认真总结，不断改进演练效果。经过"三化"的第二阶段"塑形"，可以赋能业务营销，业务程序更加规范和清晰，业务人员营销措施更加丰富；规范队伍建设，结合优秀岗位模板开发相应内部新员工培训课程，助力新员工快速掌握规范的业务流程；推动管理提质，自下而上决策程序调整让员工多思考，让领导多倾听等。

六、优化深入产业的业务经营模式，缓解资本约束压力

根据前文第三章结果，本书发现在 2019 年新冠肺炎疫情暴发后，长三角地区城市商业银行的业务经营情况受到了较大冲击。具体表现为净利润增速由正转负，不良贷款余额出现较大增加，并且资本约束压力也在一定程度上升。资本约束与长三角地区城商行的安全性、流动性、盈利性绩效存在着显著负面影响，而以深入产业的业务经营模式为代表的供应链金融和其他资本补充方式如参与资产证券化市场体系与完善银行内部治理机制等优化，一定程度上能够缓解长三角地区城商行资本约束压力，提升长三角地区城商行的全要素生产率。此外，根据前文第二章分析结论，本书同样发现银行信贷等业务经营模式的优化能够发挥银行流动性创造等功能缓解企业融资约束压

力。综上所述，本书针对长三角地区城商行优化业务经营模式，缓解资本约束压力，提出下列两点建议：

一是长三角地区城商行需深耕供应链金融的主要商业模式。在产业中的核心企业主导的供应链金融商业模式中，长三角地区城商行需要与不同行业供应链中的核心企业建立良好的信息共享和合作关系，选择、发散并深耕至各个前景行业。在物流主导的供应链金融商业模式中，物流企业不仅掌握供应链企业交易节点，还有深入产业等优势，长三角地区城商行应依托第三方平台数据拓展供应链金融业务边界。在电商主导的供应链金融商业模式中，电商企业具有沉淀真实交易信息等优势，长三角地区城商行应加强与头部互联网企业的联系。在技术主导的供应链金融商业模式中，底层技术服务企业可以利用其技术优势对大量数据进行沉淀以及处理，为长三角地区城商行提供数据服务，从而减少供应链金融信用风险。特别是金融科技企业拥有服务平台的身份优势，有利于辨别企业优劣性，从而为长三角地区城商行提供优质资源，实现产业资源和资金的有效配置。

二是积极探索缓解资本约束压力的其他方式。由于长三角地区城商行在不同时期资产规模不同、受资本约束不同，因此在不同时期应采用不同的资本补充方式。长三角地区城商行可以积极通过发展供应链金融，增强创新能力，提升运营效率，促进盈利能力的提升，提高自身的"造血"能力。与此同时，还要积极探索其他补充资本的方法，一方面积极参与资产证券化市场体系，长三角地区城商行应积极开展合理且非过度的资产证券化，不仅能够增加长三角地区城商行的融资渠道，提升长三角地区城商行对流动性的触及性，从而通过资产证券化缓解资本约束对其经营绩效的影响。而且通过积极参与资产证券化市场，可以引导、促进长三角地区城商行资产的合理流通，帮助长三角地区城商行通过开展资产证券化获得资本补充以外的"分母渠道"，从而缓解资本约束的影响；另一方面完善长三角地区城商行内部治理机制的建设。内部治理机制一直以来是城市商业银行经营体系的短板，也是近年来城市商业银行由资本压力引起风险频发的根本原因。长三角地区城商行应根据内部治理体制建立评分机制等措施，加快完善内部治理机制，缓解资本补充压力对长三角地区城商行经营绩效的负面影响。

第三节　微观层面

一、实体企业家聚焦主业发展，助力金融产业升级

实体企业家聚焦主业发展道路，不仅符合二十大报告中把发展经济的着力点放在实体经济上的要求，避免地方实体企业的过度金融化，而且还有助于带动地方供应链金融效率提升，对保证产业上下游价值链的安全，提升长三角地区城商行自身核心竞争力，改善全要素生产率都具有重要意义。本书基于长三角地区城商行自身发展战略和地方企业发展，提出下列建议：

一是利用金融资本引导地方产业资本发展。长三角地区城商行应积极利用自身金融资本引导地方企业发展，一方面引导地方企业聚焦于自身主业发展，能使长三角地区城商行与地方企业之间的关系更加紧密、降低信息的不对称程度，缓解银企间的脆弱性；另一方面也有利于长三角地区城商行发现更好的投资机会，提升收益空间，还能有效推动自身金融资本与当地产业资本的结合，促进供应链金融健康发展。

二是完善当地企业供应链金融融资渠道。供应链金融效率提升的关键是完善当地产业资本与长三角地区城商行金融资本之间良好的对接渠道，实现二者的有效融通。首先，长三角地区城商行应根据地方企业的经营特点，主动打通产业链上下游企业的产品生产、交易和资金供需等各个环节，创新金融产品和服务模式，积极开展应收账款质押融资、系统内票据池等供应链金融服务，实现有效资金供给，为产业资本与金融资本的融合奠定重要的基础。其次，为确保长三角地区城商行金融资本能有效支持当地实体经济的发展、促进当地中小企业融资，长三角地区城商行应积极落实政策性风险补偿机制和担保机制，确保担保机制长期有效运行和信贷流向有真正需求的当地实体企业。此外，长三角地区城商行应完善综合资金管理机制，积极为地方实体企业提供内部融资渠道，以降低企业融资成本。

二、专家学者与城市商业银行密切合作，提升银行核心竞争力

根据前文第二章分析，本书认为专业化的人才培养和技术创新是提升城市商业银行全要素生产率的关键路径。高校专家学者是培养人才、研发创新、管理制度制定和改善银行效率等的重要力量，城市商业银行与其密切合作，能够提升银行核心竞争力。城市商业银行与专家学者密切合作一方面能够培养长三角地区城商行自身的复合型人才，提升技术进步效率，避免技术进步效率的衰退拖累银行全要素生产率的提升。另一方面助力长三角地区城商行在优化人力资源管理体系、制定人才考试内容、选拔标准以及改善技术效率和技术进步效率等方面问题的解决。长三角地区城商行要培养技术和业务融合的复合型人才，提升银行核心竞争力，就要加强与专家学者的合作。具体来说，可以从以下两点着手进行：

一是为人才招录和晋升提供考试技术。人才是企业提高核心竞争力的关键所在。从目前长三角地区城商行发布的公开招聘职位表可知，在规定职位任职资格时，普遍强调教育背景、知识水平、工作经历，工作特征、类别特征、年龄、性别、学历和职务层级，而这些条件缩小了选拔的范围，把一些可以胜任工作岗位的人才拒之门外。基于这种选拔导向设计的考试机制一般只能考察出候选人的知识、技能等外显特征，难以测量出候选人的内隐潜在特质，可能导致一些不能胜任岗位的人被招录进长三角地区城商行导致岗位错配，或者能胜任原来岗位的人被错误地提拔到超出他们能力范围的其他岗位上。招录和提拔导向的偏差将直接影响人才决策的正确性。高校专家的深度参与，不仅能更加注重对深层次、潜在特质的客观评价，还可以依据测评目标有预见性的甄选候选人，更加科学的量化评价人岗匹配度的测量标准等，助力企业提高选人、用人效度，充分发挥其人才竞争力。

二是加强与高校的交流互动，建立银校合作的长效机制。总的来说，银校双方的利益并不相同。在这样的情况下，加强双方的交流互动，找到双方合作的利益共同点来探索银校合作的长效机制，就显得尤为重要。长三角地区城商行和高校可以通过开展多种形式的项目合作，形成良性循环的合作机制。首先，长三角地区城商行可以成立由高校和银行负责人及有关专家组成

的专家委员会，由专家委员会就人才培养目标、人才培养模式和专业教学计划等方面共同实施人才培养方案，发挥银校优势，或者以合作的方式引入另一方的设备，人力等资源共同完成特定课题。其次，要建立完备的激励机制。建立激励机制的目的就在于调动银校双方合作的积极性，巩固和发展银校合作的成果。此外，还要建立科学合理的项目评估和反馈体系，通过定期化、制度化的信息沟通对每一个合作项目的进展与效果实施调查，来保证银校合作的质量。

银校合作不能一成不变地采用某种模式，而应该在摸索中前进，不断总结实践中的经验教训，与时俱进，探索总结出符合长三角地区城商行自身发展的银校合作模式。

三、居民提升金融素养，跨越数字鸿沟

根据前文第五章的分析，我们发现城市商业银行发展数字普惠金融能够改善自身全要素生产率，通过发展数字普惠金融，城市商业银行可以更好地满足客户的需求，提高客户的金融素养和参与度，从而推动其全要素生产率的提升。此外，在第六章异质性分析中，我们发现在居民素养较高的地区，人们更能够理解和有效利用金融服务，从而对城市商业银行全要素生产率的提升起到积极的推动作用。但目前数字普惠金融在地区发展时也存在一些突出的问题，如金融欺诈频发、信用体系不健全、农村金融教育供给不足、互联网使用成本高、针对数字普惠金融的教育与培训相对缺乏等，这严重制约了数字普惠金融在长三角地区的发展。长三角地区城商行可以通过开展金融宣讲会、金融知识培训等活动，对提高当地居民的金融素养，帮助其跨越数字鸿沟，以及增进长三角地区城商行与当地居民之间的情感关系，提升长三角地区城商行全要素生产率具有重要作用。基于上述分析，本书提出下列建议：

一是加强当地居民的金融知识培训。长三角地区城商行要加大对当地居民的金融常识的教育，如增加农村金融小型宣传展会的数量，利用开展展会来实现居民的金融教育，鼓励当地居民参与金融知识的培训，使得大众可以从中学习到更广泛和正规的金融教育，优化居民的金融决策。另外，也要保障居民在金融环境中享受到正规的金融服务，长三角地区城商行要对自身金

融服务从业人员的职业道德加强管控，制定相关的奖惩措施，避免本行金融从业人员的行为与居民的利益发生冲突。

二是因地制宜发展数字金融，助力居民跨越数字鸿沟。长三角地区城商行作为金融机构应该增加对客户金融素养的了解和研究，理解居民客户背后的信贷规律，根据家庭的独特性和普遍性因地制宜地制定相关的金融产品及服务，适当匹配产品与客户的偏好。另外，还需要着重考虑居民的互联网使用频率、深度以及信息智能移动终端的使用，长三角地区城商行应积极对当地居民进行更多的互联网培训，指导他们能够更好地熟练使用互联网来实现自己生活上，尤其是信贷方面的需求。良好的信息工具使用习惯能够帮助居民更好地进行信息挖掘和信息使用，使得他们能够优化自身需求与现实供给的匹配性，优化了当地居民的金融决策。

长三角地区城商行以物理网点为介质，通过居民金融素养提升工程体系和配套机制建设，不仅拉近客户或潜在客户之间的纽带，也可以充分体现长三角地区城商行为地方发展的社会责任，提升金融资源供给的均等性、公平性和可获得性，使金融服务红利更加普遍地惠及长三角地区居民。

第九章

促进城市商业银行全要素生产率
提升的监管路径

第一节　城市商业银行全要素生产率
提升的监管需求

一、金融监管与城市商业银行全要素生产率

金融稳定对于一个国家的长治久安至关重要。然而，随着金融市场的不断发展和创新也带来了一系列的风险和挑战，金融监管的重要性日益凸显。在 2023 年全国两会后，《党和国家机构改革方案》正式出台，我国的金融监管体系得到全面重塑。这一改革进一步理顺了我国金融监管的内部关系，顺应了数字金融时代的发展趋势，体现了金融监管的与时俱进。本书前文的实证研究结果表明，金融监管对城市商业银行全要素生产率有着显著的正向影响。具体来看，资本充足率提升、不良贷款数量降低及正常贷款数量增加均有助于城市商业银行全要素生产率的提升，本书的研究结论也与多位学者一致（Berger et al.，1997；李双建和刘凯丰，2016；张蓉和潘癸邑，2019；李荣枫，2020；吴峥，2021）。此次金融监管体系的改革将有助于进一步发挥金融监管对实体经济发展和商业银行全要素生产率持续提升的促进作用，

为提高我国金融监管效率，促进金融行业稳健发展奠定了坚实的基础。

金融监管包含两层含义，分别是金融监督和金融管理。其中，金融监督主要指一个国家或地方的金融主管当局对金融机构和金融市场进行检查和督促，以确保金融业稳健经营和安全健康发展；金融管理指的是金融管理当局按照有关法律对金融体系的构成及其行为活动进行管理、协调和控制，以维护金融体系的安全稳定，并对客户提供公平、有效的服务。金融监管是保护金融体系稳定和保护金融机构利益的重要手段。有效的金融监管可以降低金融风险，提高金融机构的经营效率和全要素生产率，一是金融监管可以促使银行更加注重风险管理和内部控制，减少风险暴露；二是金融监管可以规范金融市场，改善信息不对称问题，提高金融机构的市场竞争力和资源配置效率；三是金融监管可以强化金融机构的治理结构，提高决策的科学性和透明度，增强市场信心。

城市商业银行作为金融体系中的重要组成部分，对地方经济的发展和稳定起着关键作用。现有研究表明，长期内，金融监管对城市商业银行全要素生产率有着显著的正向影响，这表明规范的市场环境有助于形成一种无形的、持续的正向反馈，推动城市商业银行的全要素生产率持续提升。一方面，较为严格的监管规定可以迫使银行更加注重风险管理，从而降低不良资产的风险，提高资本充足率和利润能力（Buch and Delong，2008；王道平，2016），且严格的监管政策与市场约束相结合，才能更有效降低银行风险（Agoraki et al，2009）；另一方面，规范的金融市场可以提高金融机构的经营效率和资源配置效率（张建华和欧阳轶雯，2003；赫国胜和马妍妮，2020），从而提高全要素生产率。也有的研究表明金融监管对城市商业银行全要素生产率的影响呈现非线性效应，短期内资本充足率和杠杆率的提升能够降低商业银行的经营风险，提高银行效率。但当资本充足率和杠杆率超过一定临界值时，可能反而会降低银行的效率（魏琪等，2014；左晓慧等，2018）。因此，在当前金融监管背景下，需要更加注重金融监管政策的精细化和差异化，确保监管政策的科学性和针对性，避免过度监管对城市商业银行业务发展的不利影响。

二、城市商业银行监管的必要性和有效性分析

（一）城市商业银行监管的必要性

合规监管是城市商业银行全要素生产率提升的必要条件。城市商业银行是城市经济发展的重要支撑，承担着为当地企业和个人提供金融服务的关键角色。然而，在数字金融时代的金融市场运作过程中，由于信息不对称和非理性行为等因素的存在和不断变化，可能会导致金融风险的积聚和传导。2023 年 3 月，相当于国内 A 股上市城市商业银行规模的硅谷银行（Silicon Valley Bank）倒闭，此外，加密银行（Silvergate Capital）和签名银行（Signature Bank）等中小商业银行也在一周内宣告破产，引起全球金融市场一片哗然。究其根本原因是美国监管机构对中小银行的宽松监管。可见，城市商业银行监管应在确保一定底线思维和红线的前提下以监管促进发展（谢平等，2014）。数字金融时代金融创新和数字技术的发展使得城市商业银行除了需要具备风险防范、风险识别、风险评估和风险处理能力以应对和处理更多的风险和挑战外，更需要不断扫清制约城市商业银行全要素生产率提升的一切障碍以保障在商业银行间的竞争中能够可持续高质量发展，具体体现在：

一是相较于大型商业银行，城市商业银行的承压能力较弱，脆弱性更为明显。这使得城市商业银行在风险积累和市场恐慌中更容易酿成系统性风险。金融监管的重要性在于通过监管规定的制定和执行，迫使银行更加注重风险管理和内部控制，降低不良资产的风险，提高资本充足率和利润能力。此外，金融监管还能规范金融市场，改善信息不对称问题，提高金融机构的市场竞争力和资源配置效率。通过这些措施，金融监管能够降低城市商业银行的脆弱性，增强其抵御外部冲击的能力，从而提升全要素生产率。

二是数字金融的快速发展引起非银行金融业规模的迅速扩张，加剧了银行业的竞争。这种竞争对城市商业银行的全要素生产率提升造成了一定的压力。在这种情况下，金融监管的作用在于规范金融市场，维护竞争的公平性，防止不正当竞争行为的发生。同时，金融监管还可以加强对非银行金融机构的监管，确保其合规经营，减少不良竞争对城市商业银行的冲击。此

外，金融监管还可以通过监管政策的制定，鼓励城市商业银行积极创新，提高技术水平和运营效率，以应对竞争压力。

三是金融业的过度扩张也使得城市商业银行内部经营风险上升，不利于城市商业银行全要素生产率的提升。在数字金融时代，金融创新和金融工具的广泛应用带来了更复杂的金融产品和业务模式。这增加了城市商业银行的风险暴露和管理难度。金融监管的作用在于加强对城市商业银行的治理结构监管，提高决策的科学性和透明度，降低内部经营风险。同时，金融监管还应加强对城市商业银行的风险评估和风险监测，及时发现和应对潜在的风险隐患，保障金融体系的稳定运行。

综上所述，金融监管对城市商业银行全要素生产率的持续提升具有关键作用。加强金融监管，可以降低银行的脆弱性和市场风险，为城市商业银行的发展塑造公平、公正、稳健的市场发展环境，而良好的市场发展环境有助于持续提升城市商业银行的全要素生产率。因此政府和监管机构应积极采取措施，加强金融监管的力度，规范金融市场，强化银行的治理结构，并注重监管政策的差异化和精细化。只有通过合理的金融监管和政策措施，我们才能找到数字金融时代下提升城市商业银行全要素生产率的有效途径，推动金融体系的稳定发展。

（二）城市商业银行监管的有效性

城市商业银行作为我国金融体系重要的组成部分，其自诞生就与政府有着千丝万缕的联系，与股份制商业银行相比，城市商业银行方面的金融监管有其特殊性。地方政府在城市商业银行的监管中扮演双重角色，具有双重目标，而正是这种特殊的政治委托代理关系，一定程度上阻碍了城市商业银行监管的有效性和城市商业银行全要素生产率的提升。一方面，城市商业银行是地方政府重要的地方金融宏观调控手段，地方经济要加快发展就必须要借助城市商业银行来获得更多的金融资源，地方政府积极支持城市商业银行的发展，还积极推动其跨区发展，近年来由于监管趋严，城市商业银行这一进程被制止；另一方面，地方政府具有监管城市商业银行的职责，城市商业银行的过度发展暴露出不良贷款率过高、资本充足率不达标等问题。同时地方政府为避免城市信用社事件再次发生，对城市商业银行的董事（董事会）、行长等高管人员存在一定的不信任，往往会加强对城市商业银行产权的控制。具体表现在以下方面：

一是股东制衡作用薄弱。城市商业银行是在原来的城市信用社基础上由政府和中小企业发起和设立的。但出于安全的监管考虑，地方政府往往占据城市商业银行大部分股权，一股独大，这也导致现代企业制度的股权制衡失效，经理层不能得到有效的监督和约束，潜伏者关联交易和道德风险。而且也使得地方政府对城市商业银行产生过多的行政干预，不符合市场经济发展的原则。这些原因一定程度上会降低城市商业银行监管的有效性。

二是董事会和监事会职能作用发挥不够。我国《公司法》对董事会及监事会的职责进行了明确的规定，其职能的发挥在城市商业银行监管有效性中发挥着关键的作用。但多数城市商业银行的董事会和监事会职能发挥不足。董事会方面，一方面董事会成员基本是由股份大小为标准选出来的人员，其专业素质往往难以适应工作需要，对相应监管难以提出有效的建议；另一方面董事会、监事会由地方政府代表的大股东所掌控，董事会的意见多基于大股东利益出发，缺乏必要的独立性。监事会层面，缺乏相应的信息获取制度，监事会无法对城市商业银行的财务及风险情况全面了解，无法发挥其职能作用。

三是缺乏对董事和监事的履职评价和考核机制。从目前来看，多数城市商业银行都没有建立对董事、监事绩效评价的标准和程序，董事会和监事会也未对其成员履行职责的情况进行过评价，并依据评价结果对其进行奖惩，从而难以对董事和监事起到激励和约束作用。

综上所述，地方政府在城市商业银行监管中扮演双重角色，既是地方金融宏观调控手段，又具有监管职责。然而，政治上的委托代理关系对城市商业银行监管的有效性发挥存在一定程度的阻碍，城市商业银行的内部管理受到大股东行政干预过多，且对城市商业银行的高级管理人员缺乏相应的激励措施、履职评价和考核机制，难以有效激发全行人员提升全要素生产率的信心和活力，在一定程度上阻碍了其全要素生产率的提升。因此，城市商业银行需要加强内部监管和股权制衡，提升董事会和监事会的职能发挥，并建立相应的履职评价和考核机制才有助于提高监管的有效性以促进城市商业银行全要素生产率持续提升。

第二节 促进城市商业银行全要素生产率提升的监管框架

一、城市商业银行监管的主要目标

城市商业银行监管的主要目标是确保地方金融体系的安全与稳定（安全与稳定），保护城市商业银行存款人与投资人的利益（维护与促进），提高地方金融体系的效率和实现良性竞争（效率和公平）。这些目标是实现城市商业银行有效监管的前提，同时也是地方监管当局采取监管行为的依据。这些目标的达成对于促进城市商业银行全要素生产率的持续提升至关重要。

确保地方金融体系的安全与稳定是城市商业银行监管的首要目标。金融机构可能产生系统性风险，其问题可能引发连锁反应并导致金融危机。因此，城市商业银行监管的首要目标是防止金融机构出现风险，维护金融体系的稳定。监管当局需要制定并执行相应的监管政策和措施，以确保金融机构的资本充足、风险管理有效，并监测和预防潜在风险的出现。

保护城市商业银行存款人与投资人的利益是维护信用制度和城市商业银行监管生存的关键。存款人和投资人是金融体系的重要参与者，他们的利益受到保护，能够增强金融体系的信任和稳定。监管当局需要确保城市商业银行遵守法律法规，提供真实、准确的信息，并采取措施防止欺诈行为和操纵市场。此外，监管当局还应建立有效的投诉和争议解决机制，以保障投资人在城市商业银行各类交易中的利益受到保护。

提高地方金融体系的效率和实现金融业的良性竞争也是城市商业银行监管的主要目标。地方金融体系的效率和竞争力对经济发展至关重要。监管当局需要鼓励金融创新和良性竞争，以提高金融体系的服务效率和产品质量。同时，监管当局也需要约束金融违规和恶性竞争，以维持良好的金融市场秩序，并且可以通过规范金融市场参与者的行为、制定适当的市场准入和退出机制，以及建立健全的市场监管制度来实现这一目标。

综上所述，城市商业银行监管的目标包括确保地方金融体系的安全与稳定，保护存款人与投资人的利益，并提高地方金融体系的效率和实现良性竞争。这些目标的实现将为城市商业银行的全要素生产率提升提供坚实的基础，并为金融体系的稳定与发展做出积极的贡献。

二、城市商业银行监管的主要思路和基本要素

为了更好地实现上述金融监管目标并促进城市商业银行全要素生产率持续提升，本书厘清了城市商业银行监管的主要思路，并明晰了其中的基本要素，为进一步探讨促进城市商业银行全要素生产率提升的监管路径提供了坚实的理论基础。其中，城市商业银行监管的主要思路包括完善城市商业银行监管法规体系、建立高效的城市商业银行监管机构体系、加强城市商业银行监管队伍建设以及构建持续性全流程监管模式。具体如下所述：

一是不断完善城市商业银行的监管法规体系。自城市商业银行成立以来，我国一直在不断完善相关的监管法律法规。在 2004 年，我国正式发布了《城市商业银行监管与发展纲要》，这一时期城市商业银行的发展进入了快车道，推动了其联合重组、引入战略投资者和上市等计划的进程，进一步壮大了城市商业银行的发展实力。随后，在 2006 年，银监会颁布了《城市商业银行异地分支机构管理办法》，这一举措标志着满足一定要求的城市商业银行被允许跨区域经营，进一步增强了城市商业银行的发展能力。然而，随着数字金融的快速发展，监管也面临着一定的挑战。为了建立一个公平竞争的市场环境和有序的市场秩序，银保监会于 2022 年发布了《中国银保监会关于加强商业银行互联网贷款业务管理，提升金融服务质效的通知》。这一通知旨在加强对商业银行互联网贷款业务的管理，以提高金融服务的质量和效率。通过持续完善城市商业银行的监管法规体系，我们能够为其发展提供更加健康和有序的环境，促进金融市场的稳定和可持续发展以及城市商业银行全要素生产率的持续提升。

二是建立高效的城市商业银行监管机构体系。在 2023 年全国两会后，我国出台了《党和国家机构改革方案》，金融监管体系得到全面重塑，使金融监管格局由"一行两会地方政府"变为"一行一局一会地方政府"。这

次改革从根本上调整了机构监管和功能监管、宏观审慎和微观审慎、审慎监管和行为监管之间的关系。人民银行专注于货币政策的实施和宏观审慎监管，金融监管总局整合了机构监管和行为监管的全部职责，证监会则专注于资本市场监管。这一改革有助于优化金融监管资源的配置，提高监管的针对性和精准性，加强监管的前瞻性和风险防控能力，为城市商业银行的健康发展提供稳定的监管环境，同时也为推动其全要素生产率的提升提供了有力支持。

三是加强城市商业银行监管队伍建设。除了完善监管法规体系和建立高效的监管机构，有效管理监管队伍对于城市商业银行监管至关重要。特别是在 2023 年全国两会后，我国金融监管格局经历了重塑，因此金融监管队伍的建设需要与金融机构改革的步伐相一致。首先，需要落实金融改革的各项规定，加强对现有城市商业银行监管队伍的专业培训。这包括通过与地方高校、科研院所以及中央其他派出监管机构的合作，提升监管队伍的工作能力和专业水平。专业培训有助于监管队伍掌握最新的金融监管理论、方法和技能，以更好地履行监管职责；其次，需要实施优胜劣汰的竞争机制，激励城市商业银行监管队伍自我提升。通过建立激励机制，鼓励监管队伍不断提升自身的专业素养，发挥学习精神，一方面有助于监管队伍的专业素质和能力得到长期提升，为城市商业银行监管提供稳定可靠的人力资源支持；另一方面也有助于促进城市商业银行其全要素生产率持续提升。

四是构建持续性全流程监管模式。由于监管机构资源有限，城市商业银行风险问题的跟踪和评估不够有效。为提高监管效率，需构建持续性监管模式，包括事前分析识别、事中处置问责、事后跟踪评估。首先，动态梳理城市商业银行运营和风险情况，拓展监测领域，加强重点风险监测和报告；其次，监管部门应承担风险监管责任，加强责任意识，加大对违规行为的处罚力度；然后，增加监管资源投入，持续跟踪问题整改，并将整改情况纳入下一阶段监管计划；最后，建立风险通报制度，定期通报城市商业银行风险，总结提示多发性共性风险，上级监管部门可进行再监管和后评价，评估地方监管部门的尽职程度和风险处置效果，以实现有效金融监管，推动城市商业银行全要素生产率的持续提升。

数字金融时代，城市商业银行全要素生产率持续提升需要监管思路和监管要素相互协同，共同达到监管目标。监管思路依赖监管要素的提供和支持，监管要素的有效运用和调整也可以为监管思路的实施提供支撑和保障。此外，监管实施过程中的反馈信息和实际效果可以对监管思路进行修正和完善，并对监管要素进行调整和优化。两者的有机结合和良好协调，才能够有效地实现商业银行全要素生产率持续提升和高质量发展。根据城市商业银行监管的主要思路，本书进一步用三个基本要素对城市商业银行监管分别进行分析，具体包括监管精度、监管时滞和监管统一等。其中，监管精度衡量金融监管部门监管行为的准确性。它受到金融监管部门的目标追求的影响，包括经济利益、政治追求、社会影响力和偏好等。这些目标会直接影响监管部门对监管对象的识别和评估的准确性。因此，监管部门在制定监管政策和措施时，需要综合考虑各种因素，以确保监管精度的提高；监管时滞衡量金融监管部门监管行为的及时性。它受到监管手段和技术能力的影响。监管部门需要具备快速识别和响应监管信息的能力，以便及时发现和干预潜在风险。因此，监管部门需要不断提升监管手段和技术能力，以提高监管时滞的效果；监管统一衡量金融监管部门监管行为的合作程度。目前，金融监管部门往往各为政，形成信息孤岛，导致信息共享和沟通的困难。这给监管部门的监管行为实施带来了障碍。为了提高监管的速度和效率，监管部门需要加强信息共享和协作，建立起监管统一的框架。通过对这三个基本要素的分析，可以全面评估金融监管部门的监管行为，包括准确性、及时性和合作程度。同时，通过综合分析这些要素的相互影响，有助于找到提高城市商业银行监管效能和提升全要素生产率的路径和措施。

三、城市商业银行监管的分析框架

城市商业银行监管是确保银行体系稳定和保护金融消费者利益的重要组成部分，也是持续提升其全要素生产率的关键所在。在数字金融时代，构建促进城市商业银行全要素生产率持续提升的监管理论体系，重点是明确城市商业银行监管，厘清城市商业银行监管思路，明晰城市商业银行监管要素，基于理论和实践回答如何监管（监管路径）才能更好地促进城市商业银行全要素生产率持续提升问题。

促进城市商业银行全要素生产率持续提升的监管路径可以从以下四个方面进行思考和实施：一是差异监管。尽管我国的城市商业银行属于同一群体，但它们的资产规模和经营表现存在显著差异。因此，在监管城市商业银行时，应针对不同银行的规模、风险水平和经营特点等因素进行差异化监管，需要制定和实施具有针对性的监管措施和政策；二是智慧监管。在数字金融时代，金融创新不断发展，这增加了监管的难度。监管机构需要与时俱进，通过数据治理和构建智慧监管生态圈等方式实施智慧型监管；三是动态监管。传统的金融监管方式往往无法实现实时动态、全面的监测和调控。为了提升全要素生产率，监管机构需要能够及时跟踪监管对象的运营状况和市场情况，并能够识别并干预潜在风险。因此，监管机构需要改进监测和调控工具，以满足快速变化的金融市场的需求；四是合作监管。金融监管部门之间的信息孤岛和缺乏协作往往导致监管信息重复和效率低下。为了提高监管效能，监管机构需要加强信息共享和交流。建立起监管部门间的信息共享机制，以提高监管的准确性和效率。基于上述监管目标、监管思路和监管要素，本书构建了通过差异监管、智慧监管、动态监管和合作监管等路径促进城市商业银行全要素生产率提升的监管框架，见图9-1，图中实线表示直接的制约关系，图中虚线表示间接的反馈关系。

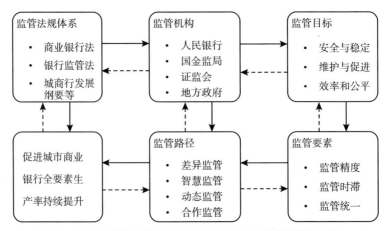

图9-1 促进城市商业银行全要素生产率提升的监管框架

第三节　城市商业银行特征适配的差异监管

一、差异监管的内涵和功能特点

2023 年 2 月我国正式发布《商业银行资本管理办法（征求意见稿）》（以下简称《管理办法》），明确实行差异化监管，是我国未来金融机构监管的方向。《管理办法》中首次明确提出宁波银行、上海银行和江苏银行等城市商业银行列入我国 19 家系统性重要银行。城市商业银行的差异化监管，是建立在城市商业银行追求差异化发展基础上的，是一种有针对性、灵活性和风险导向的监管方法，其目的是引导和规范城市商业银行的发展。差异监管是指根据不同金融机构的类型、规模、风险水平和经营特点等因素，有针对性地制定和实施不同的监管措施和政策，以确保金融市场的稳定和金融机构的合规运营。对于规模较小或风险较低的城市商业银行，监管可以更加灵活，以便减少过度监管的负担，创造更好的发展空间。对于规模较大或风险较高的城市商业银行，监管则可以更加严格，以确保其合规经营并防范系统性风险的产生。通过精确的差异化监管，监管当局可以更好地满足不同规模城市商业银行的监管需求，有助于提升其全要素生产率的活力和创造力。其功能特点如下：

一是差异化监管具有针对性。监管部门根据地方城市商业银行的特征和风险状况，充分考虑个体差异，制定个性化的监管要求和措施。通过有针对性地监管不同银行的不同风险，可以降低监管成本，提高监管效率。这种针对性监管可以更好地满足银行的特定需求，促进其稳定发展。

二是差异化监管具有灵活性。监管政策和措施具备可调整性和可适应性。监管部门可以根据市场情况和金融机构的变化，及时调整监管政策。这种灵活性使监管部门能够更好地应对金融市场的动态变化，保持监管政策的有效性和针对性。

三是差异化监管具有风险导向的功能。监管部门可以通过风险评估和监测，引导金融机构加强风险管理能力，预防潜在风险，维护金融体系的稳定运行。这有利于引导银行进行规范的差异化改革，促进金融行业的健康发展。

四是差异化监管可以引导和规范银行的发展。当前金融市场呈现同质化趋势，竞争激烈，造成了资源浪费。差异化是银行发展的必然趋势，但仅靠银行自主探索差异化道路进程缓慢，甚至可能导致行业发展方向出现偏误和潜在风险。因此，差异化监管可以通过限制过度竞争、鼓励错位竞争，引导和支持金融创新，促使银行根据自身优势资源，结合市场定位和发展战略，形成各具特色的多元化发展道路。

二、特征适配差异监管的方法与手段

城市商业银行特征适配差异监管的方法与手段需要监管机构根据城市商业银行的特点和业务模式，进一步拓展差异化监管的适用领域，并通过细化分类、优化资源配置以及完善退出机制等方式。通过以上方法与手段，监管机构能够更好地适配城市商业银行的特征，拓展差异化监管的适用领域，从而有效地监管城市商业银行，促使其持续提升自身全要素生产率。具体来看：

一是拓展差异化监管的适用领域。在已有的国际实践中，差异化监管已经应用到资本充足率、流动性监管指标、大额风险暴露等指标中，我国已经在流动性监管指标方面做了尝试，这些指标的差异性监管是针对中小银行而言的。下一步，长三角地区监管机构可在充分调研的基础上，从大额风险暴露指标入手，选取风险评级较好的城商行作为试点，如南京银行、杭州银行等，充分运用监管评级结果，加大对长三角地区城商行的差异化监管力度，进一步推进在更多领域落实差异化监管安排。

二是以差异化监管为契机，细化城市商业银行分类。差异化监管可以根据不同城市商业银行的特点和业务模式，进一步细化分类，将其划分为不同的监管类别和标准。通过细化分类，监管机构可以更准确地识别不同类型的城市商业银行所面临的风险和监管需求，并有针对性地制定相应的监管政策和措施。这有助于监管机构更好地了解银行的风险状况、合规情况和经营状况，及时发现和应对潜在的风险问题，确保金融体系的稳定和健康发展。细化城市商业银行的分类是差异化监管的重要步骤，它为监管机构提供了更具针对性和精细化的监管手段，为不同类型的银行提供了适合其特点的监管支持和指导，进一步推动城市商业银行的发展和全要素生产率的提升。

三是利用监管评级结果，实现监管资源差异化配置。监管机构对金融机构进行监管检查是践行差异化监管的一个重要环节。监管机构可以通过对金融机构进行监管检查和评级，获取对其风险状况和合规程度的评估。基于监管评级结果，监管机构可以对金融机构进行分类，将其划分为不同的监管类别，如高风险、中风险和低风险等。根据不同类别的金融机构所面临的风险和监管需求的差异，监管机构可以实现资源的差异化配置。对于高风险金融机构，监管机构可以加大监管力度，投入更多的人力、物力和财力资源，加强监管检查频率，加强对其风险管理、资本充足度、内部控制和合规性的监督；对于中风险金融机构，监管机构可以实施适度的监管措施，根据其风险状况和监管评级结果制定相应的监管要求，并定期进行监管检查和评估，以确保其风险管理和合规运营符合监管要求；对于低风险金融机构，监管机构可以减少监管负担，提供更灵活的监管政策和支持，鼓励其继续保持良好的风险管理和合规水平，同时进行定期的监管检查和评估，以确保其稳健运营。

四是进一步完善城市商业银行市场化退出机制，夯实差异化监管的风险保障。城市商业银行中包商银行被银监会监管，并提出破产申请，给所有的城市商业银行敲响了警钟，一定程度上也使得监管当局下定决心打破固有的监管惯性。长三角地区的城市商业银行上市银行数量较多，完全可以在控制不发生系统性金融风险的底线下，对经营不善的城市商业银行应用市场化的退出渠道，推出城市商业银行破产条例，从制度上保障城市商业银行差异化监管的践行，也有助于长三角地区的监管机构能在宏观审慎的监管格局下，统筹推进对地方城市商业银行的差异化监管安排、完善存款保险制度，防范金融风险蔓延。

综上所述，精确的差异化监管有助于满足不同规模城市商业银行的监管需求，并通过提供合适的监管环境，激发其全要素生产率的活力和创造力。这将推动城市商业银行持续改善和创新，提高效率和竞争力，最终实现自身全要素生产率的持续提升。

第四节 城市商业银行经营业务的智慧监管

一、智慧监管的内涵和功能特点

2022 年 8 月，我国发布了《关于加强数字政府建设的指导意见》，要求大力推行智慧监管，提升市场监管能力。智慧监管这一概念最早出现于 20 世纪 80 年代，旨在有效利用资源、促进多元监管，强调公共参与，而到了数字金融时代，进一步拓展了智慧监管这一概念的外沿，是指有效利用先进的信息技术和数据分析方法收集、整合、分析监管业务关键信息，让监管全链条各个功能协调运作，让监管资源的分配更加合理和充分，以实现高效精准的监管目标。智慧监管的基础是信息技术，关键点在于技术和监管的深度融合，形成新的业务场景，实现监管方式由传统向智慧转变，这有助于金融监管效率的改善，从而推动城市商业银行全要素生产率的提升。其功能特点是：

一是智慧监管是大数据的监管。智慧监管通过分析和挖掘海量数据中有价值的部分，使信息流相互激发，同频共振，释放出强大的监管力量。能够帮助监管部门更迅速更准确地识别风险、发现违规行为，并采取相应的监管措施，以此实现对金融市场和金融机构的全面监测和精准分析。

二是智慧监管是动态实时的监管。信息的快速更新，将改善监管滞后性的问题，监管部门通过先进的信息技术和监测手段，将第一时间获取并分析市场变化和金融机构的运营情况，发现异常情况并采取相应的监管措施，避免潜在风险的扩大。这将形成强大的监管威慑，实现有效的监管目标。

三是智慧监管是共治共享的监管。鼓励监管部门之间的协同合作和信息共享。要让各级监管部门建立信息共享平台和数据交换机制，实现互联互通、互惠互利，及时共享信息、协同应对风险，提高整体监管效能。

四是智慧监管是促进监管工作创新和发展的监管。智慧监管倡导应用人工智能、区块链等前沿先进的信息技术，推动监管工作的创新和发展。这能够提高监管的智能化水平，提供更便捷、高效的监管服务。

二、经营业务智慧监管的方法与手段

城市商业银行经营业务智慧监管的方法与手段需要监管机构根据城市商业银行的特点和业务模式，进一步拓展智慧监管的适用领域，并通过数据治理和构建智慧监管生态圈等方式，对城市商业银行提升全要素生产率具有重要意义。具体来看：

一是做好数据治理工作的同时，充分挖掘数据要素的内在价值。数据已经成为银行的重要生产要素。城市商业银行在日常经营中形成了种类繁多的海量数据，这些数据对金融监管产生了深刻影响。如前文所述，长三角地区城市商业银行之间规模、净利润等指标差异较大，地方监管机构在面对海量多源头不同机构的金融数据，需加强数据治理工作，通过进一步完善标准体系、开放数据资源和加强对数据要素深层次价值发现等方式充分发挥除数据要素的核心价值提高对城市商业银行多维数据的处理能力，增强数据识别建模能力，提升对大数据的挖掘效率，实现对数据要素的深层次价值发现。

二是以新技术平台为纽带，构建多方合作互利共赢智慧监管生态圈。地方监管机构要进一步完善与城市商业银行之间的监管科技平台，建立以监管机构为中心、各大城商行为节点、数据驱动星型拓扑的监管科技平台，实现事前、事中、事后的全流程监管，缓解监管之后问题，进一步加强监管的统一性和穿透性。与此同时，地方监管部门与城市商业银行之间应本着"共建共治共享"的原则，通过区块链等技术手段，逐步扩展和丰富行业数据共享，服务行业数据挖掘，促进提升风险防控能力，降低城商行的合规成本，使其感受到共建平台提供的良好数据价值，从而有动力提升其数据质量。

综上所述，智慧监管通过信息技术和监管的深度融合，形成新的业务场景，实现监管方式的转变，对于持续提升城市商业银行的全要素生产率具有重要意义。这将推动金融监管向智慧化转型，为城市商业银行提供更精准、高效的监管支持，促进其创新发展和持续提升全要素生产率。

第五节　城市商业银行信息披露的动态监管

一、动态监管的内涵和功能特点

动态监管是指对金融机构进行实时动态、全面的监测和调控，不断跟踪监管对象的运营状况和市场情况，及时识别并干预潜在风险，改进和调整监管政策和措施，确保其有效性和适应性。具体到商业银行，是指监管机构通过电子监控网络系统实时、动态、全面地收集商业银行在业务处理过程中资产、负债变动情况、大额资金流动、资金清算及经营效益等业务运行中的信息，对商业银行运行过程进行动态、实时、持续、全过程的监管，促使城市商业银行加强内部管理和风险控制。监管机构对城市商业银行的实时监管和评估，迫使银行加强内部风险管理、合规控制和内部控制体系的建设。这有助于提高城市商业银行的风险识别能力、风险管理水平和业务质量，进而推动全要素生产率的提升。

一是动态监管是信息化的监管。充足和实时的信息流是动态监管重要的依据，这也是预警和应对危机的基础。监管信息被视为重要的监管资源，动态监管需要以信息的处理、传播和开放为核心，并引入监管信息资源，取代传统的文件资源。通过信息的充分流动来保证监管的全面决策和专项决策，实现充分发挥监管信息资源的深度和广度。

二是动态监管是一种数字化、模型化的监管。监管者们建立起能有效衡量特定风险头寸、管理素质、获利能力等一系列的指标体系。这类数字化的指标体系构成了银行监控与限制标准。数字化同时为监管模型化奠定了基础。通过一系列综合性或专项性的电脑监管模型，使我们能对银行进行快速测试与评估。比如通过"检查评级估算系统"的电脑数据模型，即根据监管报告的最新信息和过去的检查情况估算银行的综合评级结果。这个模型能够突出显示那些财务状况恶化严重的银行。

三是动态监管是一种持续性的监管。对金融机构的监管是一个不断改进的过程，这种改进应当随着金融市场的发展而持续地进行。动态监管的持续性，一方面要着眼于监管的方案、程序、技术的不断调整与修正；另一方面应着眼于对金融机构针对风险与缺陷的持续改善，直到其安全性、稳健性和效益性都在监管主体和市场可接受的边界之内。

四是动态监管具有时效性。只有能够满足监管决策的及时需要，监管信息才有监管价值。动态监管要求及时收集监管信息，并及时进行信息的鉴定、扫描与分析，及时编制信息报告，并将监管信息及时高效传递或披露，在第一时间提供给有关的监管决策层并迅速转化为有针对性的监管行为。

二、信息披露动态监管的方法与手段

尽管城市商业银行信息披露基本实现了全面和公开，但是从质量和时效性角度看，仍有不完善之处。就质量方面，城市商业银行披露的信息内容和质量并非完全标准化和客观化，有些银行会在财务报表中采用一些较为模糊的说法，难以清晰地展示其真实的经营状况和业绩表现。就时效性而言，虽然城市商业银行整体信息披露的速度较快，但是针对特定事件的信息披露速度和深度仍然有所欠缺，这对于投资者来说也存在一定的风险。因此需要对信息披露进行动态监管，以保障信息的质量和时效性。下面是一些信息披露动态监管的方法和手段。

一是分部报告。综合性信息虽然有利于对银行整体的了解，但它却有模糊监管者对银行局部以及病灶的透视的缺陷。对于高风险的金融业，监管网络应对其某些部门或业务种类给予更多更深入的关注。例如，国际业务部的信息可能更多地反映了外汇业务风险；房信部信息会显示银行在不动产市场的集中程度。所以应该要求银行的高风险业务进行更多的信息披露。

二是增加实时性的信息。动态监管下的信息披露机制与现行信息报告制度最大的不同就在于它的适时性和与信息源的同步性。除了对报告内容、范围及频率、信息确认、信息保密等制度安排外，更需要有一系列适时性报告，如应急事项报告、重要性事项报告、未决事件报告、战略管理报告、背景性报告、比较报告、报表附注等作为补充。

三是建立监测系统和数据分析平台。监管部门可以建立监测系统和数据分析平台，用于实时收集和分析金融机构的信息披露情况。利用人工智能、大数据分析等技术，对大量的信息进行自动化处理和分析，提高监管效率和准确性。通过对披露信息进行监测和分析，可以及时识别潜在风险，做出具有针对性的监管决策。

四是定期检查和抽样检查。监管部门可以通过定期检查和抽样检查的方式，对金融机构的信息披露情况进行审查。通过对披露文件、报表等进行抽查和核实，确保金融机构的信息披露符合监管要求。

综上所述，监管机构通过动态监管能够更好地支持和引导银行的发展，保障金融体系的稳定和健康发展。城市商业银行的动态监管能够及时应对风险和挑战，促使银行加强内部管理和风险控制，激发创新和业务转型，从而有助于提升其全要素生产率。

第六节　城市商业银行金融创新的合作监管

一、合作监管的内涵和功能特点

合作监管是一种基于合作伙伴关系的监管模式。它强调监管机构与被监管对象之间的合作与沟通，共同实现监管目标。通过相互信任、信息共享和交流，合作监管可以提高监管效能，促进创新发展，强化监管合规，增强监管透明度等方式共同推动城市商业银行的风险管理和经营改善，从而提升其全要素生产率。其功能特点是：

一是合作监管具有复合性。作为一种新型的监管模式，合作监管借用不同的主体为监管提供技术和信息方面的支持，兼具了国家监管和自我监管的优点，能发挥传统监管模式不具备的功能和作用。通过合作，监管机构可以分享监管和实践经验，互相学习和借鉴，提升监管水平。

二是合作监管具有协同性。合作监管可以整合各方资源和专业知识，避免重复监管和信息孤岛，提高监管的准确性和效率。同时也强调监管机构之间的信息共享和协同合作，通过建立信息共享平台、数据交换机制等，加强监管部门之间的沟通和协作，提高监管决策的科学性和全面性。

三是合作监管具有跨界性。随着金融业务的日益复杂和跨界性的增强，合作监管能够弥补单一监管机构的限制，实现跨界监管。不同监管机构之间的协作可以覆盖更广泛的金融领域，有效应对跨行业、跨境金融风险。

四是合作监管能加强监管的一体化和统一性。合作监管可以推动监管机构之间的一体化和统一化，通过建立统一的监管规则、标准和指导意见，实现监管的一致性和协调性，避免监管的碎片化和重叠，提高监管效率。

二、金融创新合作监管的方法与手段

在金融市场上，由于金融创新所带来的金融风险往往是巨大的，金融创新具有跨界传染性，会引起连锁反应和影响。如果没有有效的监管和风险控制，跨界传染性也可能引发系统性风险，对整个金融体系和经济造成不利影响。因此，监管机构需要密切关注金融创新的传染性效应，让不同的监管者参与进来进行合作监管，加强监管和风险管理，以防发生系统性风险，确保金融创新的稳健发展。城市商业银行金融创新合作监管的方法与手段需要监管机构合作商议制定监管政策和规则，建立合作机制和数据共享平台，并通过专业评估和审查、建立监测和预警机制以及加强合作等方式对城市商业银行进行有效监管以持续促进其全要素生产率的提升。具体来看：

一是合作商议制定监管政策和规则。由于金融创新具有很多潜在风险，而且对于每个参与监管者来说风险各不相同，且存在信息闭塞，所以监管部门可以通过商议共同制定适应金融创新的监管政策和规则，明确金融创新的边界和准则，为合作监管提供指导和依据。

二是建立合作机制和数据共享平台。金融创新涉及大量的数据和信息，监管部门可以与金融机构和科技企业建立数据共享和合作机制，充分利用大数据和人工智能等技术手段，进行数据分析和风险评估。以促进信息交流和沟通，共同研究和解决金融创新中的监管问题。

三是进行专业评估和审查。监管部门可以成立专门的金融创新评估团队，对新的金融产品、服务和业务模式进行评估和审查。通过专业的评估和审查，识别潜在风险并提出相应的监管要求。

四是建立监测和预警机制。监管部门可以建立金融创新的监测和预警机制，及时发现可能存在的风险，并采取相应的监管措施。监测和预警机制可以借助技术手段，如大数据分析、人工智能等，对金融创新进行实时监测和预测。

五是加强国际合作。金融创新往往具有跨境性和跨市场性，监管部门可以加强与国际监管机构之间的合作和协调。通过分享经验、交流观点和合作监管，提高国际金融创新的监管水平和风险防控能力。

综上所述，城市商业银行的合作监管可以为银行可以为银行提供更灵活的监管环境和政策支持，鼓励其积极探索新的业务模式、技术创新和产品创新，提高服务效率和产品质量。这有助于提升银行的全要素生产率，推动其在竞争激烈的金融市场中保持竞争力和创新能力。此外，通过合作监管，监管机构与城市商业银行之间形成良好的合作关系，共同促进银行的风险管理、合规水平和业务发展。这有助于提升银行的全要素生产率，增强其市场竞争力和可持续发展能力。监管机构与银行之间的紧密合作有助于推动金融体系的稳定和健康发展。

第十章

结论和展望

第一节 主要结论

本书首先对国内外全要素生产率相关研究现状及城市商业银行全要素生产率影响因素的相关理论基础和概念进行了详尽分析。然后,基于现有国内外文献,本书对数字金融时代下城市商业银行全要素生产率的动态特征、驱动因素、提升对策和监管路径进行了探讨。同时结合长三角城市商业银行的发展路径,建立了数字金融时代下长三角城市商业银行全要素生产率研究的系统框架。

其次,本书采用以投入为导向的三阶段 DEA – Malmquist 指数模型对长三角地区 17 家城市商业银行的全要素生产率进行测度。从主要指标和全要素生产率两方面评价长三角地区城市商业银行,探讨了数字金融时代下长三角地区整体、各省市间及省市内部不同城市商业银行全要素产率的动态特征。

再次,以长三角地区城市商业银行全要素生产率驱动因素的相关理论为基础,通过建立数字金融时代下长三角地区城市商业银行全要素生产率及其分解项的省份和年份双向固定效应模型,对长三角地区城市商业银行全要素生产率驱动因素进行了研究。在上述因素分析的基础上,本书进一步对数字金融时代下长三角地区城市商业银行全要素生产率及其分解项的异质性和影响路径进行了分析。

然后，本书运用系统 GMM 动态面板模型和面板分位数计量经济模型，考察了数字金融时代下长三角地区城市商业银行全要素生产率提升的经济增长效应。进一步地，本书从宏观、中观和微观层面提出了相应的长三角地区城市商业银行全要素生产率提升的对策建议。

最后，本书基于数字金融时代的城市商业银行监管特点，结合前文实证研究结论提出了促进城市商业银行全要素生产率提升的监管路径。

（一）数字金融时代长三角地区城市商业银行全要素生产率动态特征的研究结果

与以往研究不同，本书第四章将不良贷款因素纳入数字金融时代长三角地区城市商业银行全要素生产率的研究框架中。基于长三角地区 17 家城市商业银行的投入、产出数据，采用以投入为导向的三阶段 DEA‑Malmquist 指数对长三角地区城市商业银行全要素生产率及其分解项进行了测算和比较分析。这对于进一步明确数字金融时代长三角地区 17 家城市商业银行全要素生产率提升与支持实体经济发展的方向具有重要意义。

根据本书的研究结果，可以得到以下结论：

一是指标与测算方法选取。指标选取方法的选择对长三角地区 17 家城市商业银行全要素生产率的测算结果具有显著影响。与生产法相比，基于中介法选择的投入、产出指标，结合以投入为导向的三阶段 DEA‑Malmquist 指数对长三角地区 17 家城市商业银行全要素生产率的评价更符合实际情况。

二是主要指标及其变动整体动态特征。从长三角地区 17 家城市商业银行的主要财务指标、环境指标来看，2012~2021 年各项主要指标均在合理范围之内，具有显著差异。差异主要体现在投入指标中的存款总额、营业总成本和产出指标中的利息净收入。其中，存款总额和不良存款余额两者之间的逐年变化趋势基本一致，随着长三角地区城市商业银行规模的扩张，不良贷款余额伴随着存款不断增加的同时亦呈现上升状态。长三角地区城市商业银行在 2012~2018 年间 ROE 出现较大下滑，主要是由于涵盖利息支出的营业总成本的增加。2019~2021 年间，由于新冠疫情的影响，ROE 呈现 "U"

型增长状态。营业总成本除了 2017 年小幅回落，其余年份均保持高速增长，特别是在疫情期间。净利润在 2012～2019 年同样保持高速增长，处于发展的黄金时期。但近期受疫情影响，净利润在 2019～2020 年出现较大降幅。随着疫情得到控制，净利润已于 2020～2021 年间出现较大回升。样本期间本书选取的环境变量对长三角地区城市商业银行的投入产出变量影响显著，表明环境指标选取具备一定合理性。经济环境指标在样本期间处于改善时期，为城市商业银行的发展提供了优越的环境基础。

三是主要指标及其变动的省市间动态特征。从长三角地区 17 家城市商业银行的主要财务指标、环境指标分省市来看，上海地区的上海银行几乎各项主要经营指标均占据绝对优势，主要由于其区位优势、业务优势和金融科技优势。四省市城市商业银行之间的 ROE 均无显著差异，其余各项经营指标几乎均存在显著差异。就发展环境而言，各地区具有明显差异。其中安徽省内的徽商银行 HHI 指数和 GDP 增长率数据指标均占据第一，其为安徽省内唯一的城市商业银行，资源聚集优势明显。

四是主要指标及其变动的规模动态特征。从长三角地区 17 家城市商业银行的主要财务指标、环境指标分规模层面来看，大型银行无论自身存款规模、净利润等主要经营指标，还是所处的经营环境与中型银行相比都占据显著优势。

五是全要素生产率指数的具体测算及整体动态特征。本书采用以投入为导向的三阶段 DEA－Malmquist 指数对长三角地区城市商业银行全要素生产率及其分解项进行了测算与比较，总体上第三阶段测算出的全要素生产均值在样本期 2012～2021 年相比第一阶段虽每个时期均值有所变化，但全要素生产率总体均值（2012～2021 年）相比第一阶段得到提升。从长三角地区城市商业银行全要素生产率总体来看，样本银行在 2012～2021 年时间跨度为 10 年的研究结果中，仅在 2012～2014 年、2018～2019 年和 2020～2021 年样本银行的年度平均全要素生产率大于 1（全要素生产率得到改善）。年度平均技术效率变化指数、年度平均技术进步指数、年度平均纯技术效率变化指数、年度平均规模效率变化指数与年均平均全要素生产率的逐年变化基本保持一致，但又具有一定的差异，这也反映了这一时期城商行全要素生产率受到多种因素的影响。

六是全要素生产率的省市间动态特征。从长三角地区城市商业银行全要素生产率及其分解项省市间进行比较分析，发现四省市的城市商业银行在选定时期内（2012～2021 年）的全要素生产率指数均值均大于 1，表明四省市城市商业银行的全要素生产率均处于改善时期。其中，上海市城市商业银行的全要素生产率指数最高，且改善时期较长。从其分解项来看，年均技术效率变化指数、年均技术进步变化指数、年均纯技术效率变化指数和年均规模效率变化指数在样本期与年均全要素生产率保持一致，均值均大于 1。

七是全要素生产率的省市内部动态特征。从长三角地区城市商业银行全要素生产率及其分解项省市内部进行比较分析，发现 2012～2021 年浙江省和江苏省省内城市商业银行 11 家样本银行全要素生产率指数均值均大于 1，浙江省全要素生产率均值高于江苏省，与长三角城市商业银行全要素生产率均值持平。从全要素生产率增长率层面来看，浙江省内年均增长率均为正值，而江苏省内仅江苏银行年均增长率均为正值。从年均全要素生产率的时间趋势来看，样本期间浙江省和江苏省省内城市商业银行年均全要素生产率总体呈现先改善后衰退再改善的波浪状态。从年均全要素生产率的分解项来看，浙江省年均技术进步效率指数和年均纯技术效率指数均大于 1，而江苏省则是年均技术效率指数、年均技术进步效率指数和年均规模效率指数均大于 1。这表明两省应根据自身发展情况去提升全要素生产率。

（二）数字金融时代长三角地区城市商业银行全要素生产率驱动因素的研究结果

在第五章中，本书根据全要素生产率的驱动因素相关理论，选择具体影响因素，建立省份和年份双向固定的计量经济模型，分别探讨上述影响因素与长三角城市商业银行全要素生产率及其增长率的关系。在第六章中，本书依据上市与否、公司规模、金融科技发展水平、营商环境、地区和居民素养以及驱动因素中的风险管理水平和数字普惠金融发展水平对长三角地区城市商业银行进行异质性和路径探讨，并采用交互项的方式进一步进行分析。第七章中，本书通过建立系统 GMM 动态面板模型和面板分位数计量模型，研究了长三角城市商业银行全要素生产率提升的经济效应。主要结论如下：

一是驱动因素相关理论分析与建模。在第五章中根据全要素生产率的相关理论与方法考察长三角地区城市商业银行全要素生产率的驱动因素。基于上述理论分析，本书选择非利息收入的营收占比、资本充足率、数字普惠金融发展指数、不良贷款余额、正常贷款余额和净资产负债率影响因素，并通过建立省份和年份双向固定的计量经济模型，分别探讨上述影响因素与长三角城商行全要素生产率及其增长率的关系。

二是全要素生产率及其分解项的计量回归结果。根据第五章中第二节的双向固定效应计量经济模型结果可知：非利息收入的营收占比对全要素生产率的提升具有门槛效应，超过阈值再提升非利息收入，全要素生产率水平会降低；样本期间长三角城市商业银行资本充足率的控制处在一个合理区间，可以显著提升其全要素生产率；金融科技发展水平和数字普惠金融业务水平的提升，可以促进地区的数字普惠金融水平不断提高，进而带动全要素生产率的提高；不良贷款余额增加会降低城商行的全要素生产率，而正常贷款余额的增加与其相反，有利于城商行净利润的增加，从而提升全要素生产率水平；从其分解项来看，全要素生产率提升的拉动作用主要来自技术效率的改善；从其内部纵向检验来看，结果与基础回归基本一致，其中影响因素对低全要素生产率、高技术效率和高技术进步效率的城市商业银行影响更加显著。

三是全要素生产率增长率及其分解项增长率的计量回归结果。根据第五章中的第三节双向固定的计量经济模型结果可知：数字普惠金融指数水平的提升同样可以促进全要素生产率增长率提高；不良贷款数量的增加会损害城商行的全要素生产率的增长率，而正常贷款余额的增加则会促进全要素生产率的增长率提升；样本期间长三角城市商业银行并没能很好遵循风险管理体制规范，影响了其全要素生产率增长率的增加，同时这里的平均效应结果与基础回归相一致，体现回归结果的稳健性。从其分解项来看，全要素生产率增长率提升的拉动作用主要来自技术效率增长率的改善，与全要素生产率一致；从其内部纵向检验来看，结果与基础回归相一致，其中影响因素对高全要素生产率、高技术效率和高技术进步效率的城市商业银行影响更加显著。

四是异质性检验与路径分析的模型设定。本书依据长三角地区城商行每年度时间截面内各银行总资产规模、不良贷款率、数字普惠金融指数、金融科技指数、营商环境、地区异质性和居民素养的均值水平以及驱动因素中的风险管理水平和数字普惠金融发展水平来分类，进行异质性和路径探讨。为比较各组回归结果的差异，本书特进行 chow 检验，并采用交互项的方式进一步进行分析。

五是全要素生产率及其结构的异质性分析。根据第六章实证结果显示，相比未上市的城商行和中等规模城商行，上市城商行和大型规模城商行资本充足率能够得到保证，且贷款质量相对较高，正常贷款余额充足，这也使得上市城商行和大型规模年均全要素生产率指数更高，其分解项与全要素生产率结果基本一致；与前文不一致的是，相比于金融科技发展水平低的城商行，金融科技发展水平高的城商行仅在资本充足率具备一定的优势，说明金融科技水平的提升，可以提高未上市的城商行和中等规模城商行的贷款质量，增加相应正常银行贷款余额，弥补其与上市城商行和大型规模城商行的差距；营商环境较好的地区城市商业银行在非利息收入的营收占比和应对不良贷款余额方面具有显著优势，说明营商环境对贷款质量影响较大，营商环境好的地区城商行可以从事利润更加高的业务，在非利息收入的营收占比相比更具优势，这一点同样反映在居民素养水平相对较高地区的城商行；相比于浙江省外，浙江省内的数字经济发展较好，其年均全要素生产率指数具备一定地区优势。

六是全要素生产率的驱动因素结构分析。从风险管理水平和数字普惠金融发展水平来看，风险管理水平高和数字普惠金融发展水平高的城市商业银行在资本充足率方面均要优于风险管理水平低和数字普惠金融发展水平低的城市商业银行。进一步从其分解项来看，风险管理水平高和数字普惠金融发展水平高的商业银行全要素生产率的提升关键均在于技术效率。风险管理水平高和数字普惠金融发展水平高的城商行在技术效率层面同样具备资金优势，在资本充足率方面相比风险管理水平低和数字普惠金融发展水平低的城商行具备显著的优势，与全要素生产率分析结果一致。

七是基于交互项方法的全要素生产率影响路径分析。实证结果如下：相比未上市的城商行、中等规模城商行、浙江省外城商行和金融科技发展水平低的城商行，上市城商行、大型规模城商行、浙江省内城商行和金融科技发展水平高的城商行在从事风险和利润更高的非利息性收入业务时要更具有优势，且应对不良贷款的能力要更强；风险管理水平高、居民素养较高和营商环境较好的城商行在数字普惠金融发展程度具备优势，能显著促进全要素生产率的提升，而数字普惠金融发展程度更高的城商行在非利息收入与营业收入占比和资本充足率方面占据一定的优势。

八是长三角地区经济增长的理论分析。本书首先分析了 2014～2021 年间长三角地区 GDP 及其增长率状况，发现这一时期长三角的经济平均增速达到了 7.150%，处于高速发展时期。2019～2021 年间受到新冠肺炎疫情的影响，长三角地区 GDP 及其增长率呈现"U"型增长状态。通过前文计算得出的全要素生产率数据，本书建立了系统 GMM 动态面板模型来探讨长三角城商行全要素生产率增长的经济效应。为进一步分析全要素生产率与经济增长效应之间是否存在非线性关系，本书一方面在模型中引入全要素生产率的二次项，另一方面在回归之后参考林德和梅勒姆（Lind and Mehlum，2010）的方法，利用 Stata17.0 软件对回归结果进行"U"型检验。

九是经济增长效应的系统 GMM 动态面板模型设定与计量结果。实证结果如下：依靠技术、资金管理水平等提高，不仅可以提升全要素生产率，同时还能提升经济发展的质量和数量，两者呈现显著的正相关关系；一方面，全要素生产率的一次项与 GDP 增长率呈现显著的正相关关系，而其平方项则呈现显著的负相关关系。另一方面，回归结果通过了"U"型检验。这也验证了前文的假设分析，两者存在非线性关系，说明全要素生产率的提升在短期会促进经济的发展，而过高的生产率会对经济发展增速产生负面影响，即全要素生产率对经济增长的贡献率下降；从控制变量来看，长三角地区人力资本积累和集聚将有利于区域经济的可持续增长；样本期间长三角地区资源配置存在合理现象，在一定程度上阻碍了长三角地区经济的发展速度。

十是经济增长效应的面板分位数模型设定与计量结果。考虑到样本不同分位区间对其影响的差异性，本书通过建立静态和动态面板分位数计量模型进一步检验长三角城商行全要素生产率增长的经济效应，实证结果如下：核心解释变量全要素生产率及其平方项在动态面板分位数和静态面板分位数回归中符号具有一致性，且与前文基本一致，进一步说明全要素生产率与经济增长效应之间呈现非线性关系，全要素生产率的提升在短期可以促进经济的发展，但达到一定阈值后，经济增长率反而会逐渐下降，验证了本书实证结果的稳健性；同时本书也发现，在分位数回归下，少量样本并未呈现全要素生产率与经济增长效应之间显著的非线性关系，这与本书样本仅局限于长三角地区也有一定的关系。

（三）长三角地区城市商业银行全要素生产率提升对策与监管路径的研究结果

通过上述理论和实证分析，本书针对长三角地区城市商业银行的具体情况，基于宏观、中观和微观层面提出相应长三角地区城市商业银行全要素生产率提升的对策建议，同时本书还分析了提升城市商业银行全要素生产率的监管路径。结论如下：

一是宏观层面。首先，政府要大力推进金融基础设施的建设。具体来说，政府要对金融基础设施的建设进行统一规划和统筹设计，同时要注重监管能力的同步提升，实现金融创新与监管的动态平衡；政策实施的方式要体现精准化、差异化，应结合不同地区具体情况执行，优化资源配置效率。其次，要持续完善平台赋能和金融科技赋能机制。具体来说，政府通过整合区域金融科技资源，统筹规划城商行平台建设，充分利用金融科技赋能城商行的发展。最后，政府要全方位支持供应链金融发展，金融业的发展是为了支持实体经济的发展，政府要大力支持城商行在供应链金融的发展，一方面要降低城商行参与供应链金融的准入门槛，另一方面要发挥好连接城商行和企业的桥梁和催化作用。

二是中观层面。对于城商行来说，在数字金融时代下提升全要素生产率、促进自身发展的关键就是加速推进数字化转型，提升数字化治理水平。具体来说，城商行数字化转型首先要注重自身禀赋资源与价值相匹配，应立足本地，明确自身数字化转型发展的方向。其次，数字化转型是整个银行架构的系统性变革，需要全行统一认知，制定科学、可行的计划，并保证计划的持续执行，及时回顾和调整短期规划，确保长期战略目标的实现。最后，立足当地来进行方案试点。此外，本书还详细介绍了长三角地区城商行内部以经营效率为目标的数字化转型路径：战略转型→架构转型→技术转型→业务转型。

三是中观层面除了数字化转型部分，本书还详细探讨了以下长三角城市商业银行全要素生产率的提升对策，如下：进一步结合内外环境对城商行内部进行全流程管理，一方面要保证城商行内部的收益与风险相匹配，另一方面要对现有、潜在的风险进行识别和评估，针对不同种类的风险制定相应的对策，以此逐步建立全面风险管理控制体系；促进业务和技术的双向融合，一方面要加强技术人员和业务人员交流和沟通，疏通阻碍业务和技术的沟通渠道。另一方面城商行要完善人才培养体系，重点培养自身的高级复合型人才，并建立一套高度一致的人才度量体系；通过数据采集、存储、更新和分析预测建设城商行一体化的动态数据库，并利用动态数据库积极捕捉当地家庭金融业务需求，推动自身家庭普惠金融业务发展；以人才培养和绩效改革为抓手，由内而外激发人力资本效率。具体来说，一方面人才培养不仅要和城商行战略目标和发展规划相匹配，还要贴近业务的需求，建立完善的人才培养和激励体系。另一方面绩效改革要逐步从人事考核过渡到以绩效为中心，进一步通过"四定"和"三化"为团队赋能和管理提质；长三角商业银行在数字金融时代下，要深耕供应链金融为主的商业模式。此外，城商行要积极参与资产证券化市场和完善内部治理机制来缓解城商行自身融资约束。

四是微观层面。对于地方企业，要聚焦主业发展，推进供应链金融效率提升。具体来说，一方面长三角地区城商行要通过自身金融资本积极引导当地企业的发展，引导当地企业聚焦于主业，促进自身金融资本与实体企业结合，缓解银企间的脆弱性，从而促进实体经济发展；另一方面以城商行为代表的金融资本要主动对接当地产业资本，有效对接产业资本的需求，提高资源利用效率。对于高校，城商行要加强与高校的合作，不仅可以培养自身高级复合型人才，还能助力长三角地区城商行在优化人力资源管理体系、制定人才考试内容、选拔标准以及提高效率等方面问题的解决；对于居民，城商行本身就是立足当地的发展，提升当地居民的金融素养、助力其跨越数字鸿沟对城商行来说至关重要。加强当地居民的金融知识培训，同时也要注意结合当地具体情况，助力当地居民跨越数字鸿沟。

五是金融监管层面。金融监管是保护金融体系稳定和保护金融机构利益的重要手段，其监管目标城市商业银行监管的目标是确保地方金融体系的安全与稳定，保护存款人与投资人的利益，并提高地方金融体系的效率和实现良性竞争。这些目标是实现有效银行监管的前提和地方监管当局采取监管行为的依据。基于上述目标，本书提出了监管精度、监管时滞和监管统一三个监管要素。基于监管目标和监管要素，本书详细分析了四类监管模式来对城市商业银行形成有效监管，提升监管效率和城市商业银行全要素生产率。其中，差异监管有助于进一步拓展差异化监管的适用领域，并通过细化分类、优化资源配置以及完善退出机制等方式优化金融监管精度；智慧监管有利于拓展智慧监管的适用领域，并通过数据治理和构建智慧监管生态圈等方式改进金融监管精度和时滞；动态监管有助于对金融机构进行实时动态、全面的监测和调控，不断跟踪监管对象的运营状况和市场情况，及时识别并干预潜在风险，改进和调整监管政策和措施，确保其金融监管时效性；合作监管强调监管机构与被监管对象之间的合作与沟通，共同实现监管目标。通过相互信任、信息共享和交流，合作监管可以提高监管效能，促进创新发展，强化监管合规，增强监管透明度等有助于提升监管统一。

第二节　研究展望

全要素生产率是产业结构升级和经济高质量发展的重要载体，随着中国数字金融时代的纵深发展，城市商业银行全要素生产率的提升对促进金融机构数字化转型质效，推动金融产业升级和助力地区经济高质量发展等方面具有重要的积极作用。尽管本书对中国数字金融时代下长三角地区城市商业银行全要素生产率的动态特征、驱动因素、经济效应、提升对策和监管路径做了较为深入的分析，但是随着经济形势和外部环境的不断变化，该领域仍有一些问题值得我们进一步关注和深入探讨。

（一）从理论上深入论证城市商业银行质效提升与实体经济之间的关系

城市商业银行是我国银行业的重要组成部分，其发展与地方经济发展存在着千丝万缕的联系。城市商业银行不仅为城市居民提供完善的金融服务，还有力地支持了地方经济建设和中小企业发展，成为地方经济发展中不可或缺的金融力量。近年来，数字金融的发展对城市商业银行与地方经济发展的关系形成了很大的影响。现有研究分别从技术溢出效应理论、平台经济理论、资源配置理论、金融结构理论、互联网金融风险理论等进行了探讨，认为传统商业银行提升全要素生产率可以促进当地实体业的可持续发展。此外，也有一部分学者从不同角度提出了质疑观点，认为数字金融下商业银行之间愈演愈烈的竞争会影响实体企业的直接或者间接利益，不利于制造业高质量发展。本书结合现有的理论和观点认为，关于数字金融背景下城市商业银行与地方实体经济发展之间的关系仍需我们认真研究和思考，而且随着现实条件的变化，需要在城市商业银行质效提升影响实体经济的理论机制方面进行补充和拓展。

（二）对数字金融影响城市商业银行全要素生产率的空间效应进行深入分析

本书在保证所获数据有效和真实准确的基础上，尽量获得最新的样本数据，同时尽量扩大样本中被研究的个数和时间长度，以保证所进行的数理统计分析结果为稳健并且是无偏的。由于本书的研究目标是聚焦于长三角地区城市商业银行的实际情况为依据，厘清数字金融时代以来各个相关变量之间所蕴含的内在规律，除了微观层面相关数据获取相较上市商业银行比较困难外，地市级的数据应用也比较有限，空间依赖性或空间异质性研究相对不足。然而，随着金融科技的发展和数字化进程的推进，城市商业银行数据的获得和保存，以及地市级大数据的抓取与处理水平相较于以前都有了较大的提升，因而未来的研究可以收集更长时间范围和更丰富的数据，通过构建动态空间面板门限回归模型对数字金融与城市商业银行全要素生产率之间的空间效应进行更为深入的分析。

（三）开展数字金融驱动地区产业结构升级的路径识别与演化机制研究

当前关于数字金融的经济效应研究比较丰富，主要集中在提升企业科技创新能力、缩小城乡收入差距、提升居民消费水平、促进区域经济增长、增加地区就业等方面。然而，"十四五"新发展格局背景下，聚焦于地区产业结构升级效应的研究较少，为数不多的研究主要是基于其基准影响展开分析，作用机制也大多聚焦于科技创新、消费需求扩张、资本积累等中介效应。数字金融能够有效突破地理空间障碍，具有覆盖面广、产业规模大、成本较低、风险可控、服务便捷等显著优势，较好地契合了产业结构升级的需要。在后续研究中，可以进一步考虑在构建空间动态性和空间交互影响的基础上深入探讨数字金融驱动地区产业结构升级的路径识别与演化机制。

（四）对中国数字金融发展质量和金融科技监管进行持续关注和研究

中国金融业在过去十年中取得了巨大的发展，成为全球数字经济的重要组成部分。然而，随着数字技术和国内外经济金融环境的变化，以及数字金融的快速发展和商业银行的转型，我们必须对中国数字金融发展的技术创新、金融稳定、风险控制和服务质量等方面进行持续关注和研究。面对数字金融快速发展带来的新业务模式和风险形态，监管机构需要不断创新和调整监管框架，确保监管能够适应数字金融业务的特点和风险，发展监管科技和推进中国特色"监管沙盒"正是平衡金融科技创新和风险的关键举措。一方面，持续发展金融监管科技不仅可以提高监管效能和减少监管成本，还将帮助监管机构更好地识别和应对系统性风险，及时调整监管政策和监管框架，预防和化解金融危机的发生，确保监管的有效性和适应性。另一方面，推进中国特色"监管沙盒"将有助于推动我国数字金融创新，有效防范和化解金融风险，从而提升数字金融发展质量并完善金融机构监管体系。英国、新加坡等多个国家的实践证明，"监管沙盒"这一监管机制能够在风险管控的前提下有效促进产品、服务和商业模式的创新，实现金融创新与金融风险的动态平衡。新时代，金融体系的稳定和可持续发展要求我们持续关注和研究中国数字金融发展质量和金融科技监管，为进一步推进金融科技创新和风险的动态平衡提供一定的理论支持和有益的政策建议。

参 考 文 献

[1] 巴曙松，白海峰. 金融科技的发展历程与核心技术应用场景探索 [J]. 清华金融评论，2016 (11)：99 – 103.

[2] 卜亚，张倩. 金融科技对商业银行效率的影响研究——基于技术溢出视角的分析 [J]. 经济论坛，2021 (05)：37 – 49.

[3] 蔡昉. 中国经济增长如何转向全要素生产率驱动型 [J]. 中国社会科学，2013 (01)：56 – 71 + 206.

[4] 蔡跃洲，郭梅军. 我国上市商业银行全要素生产率的实证分析 [J]. 经济研究，2009，44 (09)：52 – 65.

[5] 陈欢. 商业银行经营效率及技术进步要素偏向性研究 [J]. 营销界，2022 (11)：119 – 121.

[6] 陈敬学，别双枝. 我国商业银行规模经济效率的实证分析及建议 [J]. 金融论坛，2004 (10)：46 – 50 + 63.

[7] 陈守东，刘芳. 商业银行经营效率评价与影响因素分析 [J]. 财贸经济，2006 (12)：16 – 20 + 108.

[8] 陈一洪. 基于 DEA – Malmquist 模型的城市商业银行效率分析 [J]. 金融理论与实践，2014 (07)：58 – 63.

[9] 陈宇晴. 数字金融下金融错配对企业全要素生产率的影响研究 [D]. 开封：河南大学，2022.

[10] 大卫·李嘉图. 政治经济学及赋税原理 [M]. 周洁，译. 北京：华夏出版社，2013.07.

[11] 戴国强，方鹏飞. 利率市场化与银行风险——基于影子银行与互联网金融视角的研究 [J]. 金融论坛，2014，19 (08)：13 – 19 + 74.

[12] 狄卫平，梁洪泽. 网络金融研究 [J]. 金融研究，2000 (11)：

27 - 33.

[13] 丁怡帆，魏彦杰，马云飞. 金融资源错配如何影响企业高质量发展：理论与实证 [J]. 金融监管研究，2022 (08)：94 - 114.

[14] 窦育民，李富有. 中国商业银行的规模经济与 X 效率实证研究——基于随机前沿成本方法 [J]. 西安石油大学学报（社会科学版），2012，21 (03)：22 - 28.

[15] 樊纲，王小鲁，张立文，等. 中国各地区市场化相对进程报告 [J]. 经济研究，2003 (03)：9 - 18 + 89.

[16] 樊祥坤. 金融科技对银行全要素生产率的影响研究 [J]. 华北金融，2022 (08)：66 - 76.

[17] 樊志刚，黄旭，谢尔曼. 互联网时代商业银行的竞争战略 [J]. 金融论坛，2014，19 (10)：3 - 10 + 20.

[18] 封思贤，郭仁静. 数字金融、银行竞争与银行效率 [J]. 改革，2019 (11)：75 - 89.

[19] 冯永琦，张浩琳. 金融科技促进创新绩效提升了吗？[J]. 外国经济与管理，2021，43 (10)：50 - 67.

[20] 付凌晖. 我国产业结构高级化与经济增长关系的实证研究 [J]. 统计研究，2010，27 (08)：79 - 81.

[21] 付争，王皓. 竞争还是竞合：数字金融赋能下金融包容与银行体系发展 [J]. 国际金融研究，2021 (01)：65 - 75.

[22] 干春晖，郑若谷，余典范. 中国产业结构变迁对经济增长和波动的影响 [J]. 经济研究，2011，46 (05)：4 - 16 + 31.

[23] 郭峰，王靖一，王芳，等. 测度中国数字普惠金融发展：指数编制与空间特征 [J]. 经济学（季刊），2020，19 (04)：1401 - 1418.

[24] 郭品，沈悦. 互联网金融加重了商业银行的风险承担吗？——来自中国银行业的经验证据 [J]. 南开经济研究，2015 (04)：80 - 97.

[25] 郭庆旺，贾俊雪. 中国全要素生产率的估算：1979—2004 [J]. 经济研究，2005 (06)：51 - 60.

[26] 郭妍. 我国商业银行效率决定因素的理论探讨与实证检验 [J]. 金融研究，2005 (02)：115 - 123.

［27］何帆，刘红霞．数字经济视角下实体企业数字化变革的业绩提升效应评估［J］．改革，2019（04）：137－148．

［28］赫国胜，马妍妮．审慎监管对我国商业银行经营效率的影响——基于全要素生产率的视角［J］．财经科学，2020（05）：16－29．

［29］黄益平，黄卓．中国的数字金融发展：现在与未来［J］．经济学（季刊），2018，17（04）：1489－1502．

［30］黄智淋，董志勇．我国金融发展与经济增长的非线性关系研究——来自动态面板数据门限模型的经验证据［J］．金融研究，2013（07）：74－86．

［31］柯孔林，冯宗宪．中国商业银行全要素生产率增长及其收敛性研究——基于 GML 指数的实证分析［J］．金融研究，2013（06）：146－159．

［32］柯孔林，冯宗宪．中国银行业全要素生产率测度：基于 Malmquist－Luenberger 指数研究［J］．数量经济技术经济研究，2008（04）：110－120．

［33］李成，高智贤，郭品．我国商业银行全要素生产率实证研究：1996－2012——基于无导向型 DEA－Malmquist 指数模型［J］．华东经济管理，2014，28（08）：85－90．

［34］李广子，刘明磊，李玲．不良贷款约束下中小银行全要素生产率及其收敛性［J］．金融评论，2014，6（03）：63－79＋125．

［35］李瑾．分支机构数量、技术进步与银行规模经济——基于中国 A 股上市商业银行的测算研究［J］．金融与经济，2019（05）：15－21．

［36］李宁，韦颜秋，王梦楠．"互联网＋"背景下商业银行拓展长尾市场的探讨［J］．南方金融，2016（12）：92－96．

［37］李荣枫．不良贷款目标控制下中国银行业效率改善与最优不良贷款率选择［D］．武汉：华中师范大学，2020．

［38］李双建，刘凯丰．不良贷款、城市商业银行全要素生产率及收敛性研究［J］．投资研究，2016，35（11）：22－33．

［39］李亭亭．数字金融与商业银行风险承担［J］．信息系统工程，2019（01）：99－100．

［40］李晓龙，冉光和．数字金融发展、资本配置效率与产业结构升级［J］．西南民族大学学报（人文社会科学版），2021，42（07）：152－162．

［41］李兴华，秦建群，孙亮．经营环境、治理结构与商业银行全要素生产率的动态变化［J］．中国工业经济，2014（01）：57－68．

［42］梁双陆，刘培培．数字普惠金融与城乡收入差距［J］．首都经济贸易大学学报，2019，21（01）：33－41．

［43］廖凯诚，张玉臣，彭耿．数字普惠金融对城市金融业全要素生产率的影响机制研究［J］．当代财经，2021（12）：65－76．

［44］刘建国，李国平，张军涛，等．中国经济效率和全要素生产率的空间分异及其影响［J］．地理学报，2012，67（08）：1069－1084．

［45］刘澜飚，沈鑫，郭步超．互联网金融发展及其对传统金融模式的影响探讨［J］．经济学动态，2013（08）：73－83．

［46］刘亮．中部地区城商行的全要素生产率测度及其影响因素分析［D］．湘潭：湘潭大学，2017．

［47］刘孟飞，蒋维，王琦．金融科技、技术进步与银行业全要素生产率增长［J］．华南理工大学学报（社会科学版），2021，23（03）：32－44．

［48］刘胜会．对我国商业银行规模经济的理论与实证研究［J］．金融论坛，2006（06）：9－13．

［49］刘双．基于DEA模型的中国商业银行管理效率研究［D］．北京：北京交通大学，2015．

［50］刘笑彤，杨德勇．互联网金融背景下商业银行并购重组选择差异的效率研究——基于商业银行异质性的Malmquist指数实证分析［J］．国际金融研究，2017（10）：65－75．

［51］刘志彪，凌永辉．结构转换、全要素生产率与高质量发展［J］．管理世界，2020，36（07）：15－29．

［52］刘忠璐．互联网金融对商业银行风险承担的影响研究［J］．财贸经济，2016（04）：71－85＋115．

［53］陆龙飞，徐飞．金融科技背景下我国商业银行经营效率研究［J］．金融教育研究，2018，31（05）：33－39．

［54］陆岷峰，吴建平．互联网金融契合普惠金融发展研究——基于长尾理论指导下的视角分析［J］．西部金融，2016（11）：7－12．

［55］路妍，李刚．后危机时代中国商业银行全要素生产率研究——基

于 DEA 模型的 Malmquist 指数分析 [J]. 山西大学学报 (哲学社会科学版)，2018，41 (05)：94 – 104.

[56] 罗登跃. 三阶段 DEA 模型管理无效率估计注记 [J]. 统计研究，2012，29 (04)：104 – 107.

[57] 马国旺，王天娇. 数字普惠金融对就业的影响及空间效应研究 [J]. 中南大学学报 (社会科学版)，2022，28 (03)：138 – 152.

[58] 马连福，王丽丽，张琦. 混合所有制的优序选择：市场的逻辑 [J]. 中国工业经济，2015 (07)：5 – 20.

[59] 孟娜娜，粟勤，雷海波. 金融科技如何影响银行业竞争 [J]. 财贸经济，2020，41 (03)：66 – 79.

[60] 莫易娴. 互联网时代金融业的发展格局 [J]. 财经科学，2014 (04)：1 – 10.

[61] 庞瑞芝. 我国商业银行的效率现状及生产率变动分析 [J]. 金融论坛，2006 (05)：10 – 14.

[62] 朴胜任. 金融创新对商业银行经营效率的影响研究 [J]. 南京财经大学学报，2020 (02)：39 – 48.

[63] 钱海章，陶云清，曹松威，等. 中国数字金融发展与经济增长的理论与实证 [J]. 数量经济技术经济研究，2020，37 (06)：26 – 46.

[64] 邱晗，黄益平，纪洋. 金融科技对传统银行行为的影响——基于互联网理财的视角 [J]. 金融研究，2018 (11)：17 – 29.

[65] 邱翔钟. “中国好的经济增长率是9%”——访哈佛大学经济系帕金斯教授 [J]. 价格与市场，1994 (10)：2.

[66] 任曙明，孙飞. 需求规模、异质性研发与生产率——基于 ACF 法的实证研究 [J]. 财经研究，2014，40 (08)：42 – 56.

[67] 盛天翔，范从来. 金融科技、最优银行业市场结构与小微企业信贷供给 [J]. 金融研究，2020 (06)：114 – 132.

[68] 苏治，荆文君，孙宝文. 分层式垄断竞争：互联网行业市场结构特征研究——基于互联网平台类企业的分析 [J]. 管理世界，2018，34 (04)：80 – 100 + 187 – 188.

[69] 孙杰，贺晨. 大数据时代的互联网金融创新及传统银行转型 [J].

财经科学，2015（01）：11-16.

[70] 孙巍，王铮，何彬. 商业银行绩效的演化趋势及其形成机理——基于1996-2002年混合数据的经验研究［J］. 金融研究，2005（10）：53-63.

[71] 唐齐鸣，付雯雯. 商业银行效率、风险与技术进步——基于18家国际大银行的实证分析［J］. 经济管理，2011，33（03）：123-131.

[72] 唐文进，李爽，陶云清. 数字普惠金融发展与产业结构升级——来自283个城市的经验证据［J］. 广东财经大学学报，2019，34（06）：35-49.

[73] 万佳彧，周勤，肖义. 数字金融、融资约束与企业创新［J］. 经济评论，2020（01）：71-83.

[74] 王兵，朱宁. 不良贷款约束下的中国上市商业银行效率和全要素生产率研究——基于SBM方向性距离函数的实证分析［J］. 金融研究，2011（01）：110-130.

[75] 王兵，朱宁. 不良贷款约束下的中国银行业全要素生产率增长研究［J］. 经济研究，2011，46（05）：32-45+73.

[76] 王聪，谭政勋. 我国商业银行效率结构研究［J］. 经济研究，2007（07）：110-123.

[77] 王道平. 利率市场化、存款保险制度与系统性银行危机防范［J］. 金融研究，2016（01）：50-65.

[78] 王国刚，张扬. 互联网金融之辨析［J］. 财贸经济，2015（01）：5-16.

[79] 王靖一，黄益平. 金融科技媒体情绪的刻画与对网贷市场的影响［J］. 经济学（季刊），2018，17（04）：1623-1650.

[80] 王静. 基于金融功能视角的互联网金融形态及对商业银行的冲击［J］. 财经科学，2015（03）：56-65.

[81] 王丽萍. 我国全要素生产率的测算：1978-2010［J］. 中国物价，2012（05）：6-9.

[82] 王陆雅. 金融发展与经济增长的关系［D］. 北京：对外经济贸易大学，2016.

［83］王诗卉，谢绚丽. 经济压力还是社会压力：数字金融发展与商业银行数字化创新［J］. 经济学家，2021（01）：100－108.

［84］王小华，邓晓雯，周海洋. 金融科技对商业银行经营绩效的影响：促进还是抑制？［J］. 改革，2022（08）：141－155.

［85］王晓绚. 数字金融与商业银行全要素生产率［D］. 杭州：浙江大学，2021.

［86］王秀意. 金融科技与上市商业银行全要素生产率的研究——基于三阶段 SBM－DEA 模型［J］. 技术经济，2022，41（08）：34－46.

［87］王旭，蓝以信，王应明. 考虑规模与时滞双重效应的中国商业银行运营效率分析［J/OL］. 中国管理科学，1－13.

［88］魏琪，傅强，林荫华. 审慎性监管有助于改善银行效率吗？——基于门限模型的实证研究［J］. 经济科学，2014（03）：85－96.

［89］魏世杰，倪旎，付忠名. 非利息收入与商业银行绩效关系研究——基于中国 40 家银行的经验［J］. 未来与发展，2010，31（02）：51－55.

［90］魏晓琴，李庆锴. 非利息收入对商业银行绩效影响的门限回归分析［J］. 西部经济管理论坛，2019，30（03）：76－89.

［91］温军，冯根福，刘志勇. 异质债务、企业规模与 RD 投入［J］. 金融研究，2011（01）：167－181.

［92］吴江涛. 不良贷款约束下中国商业银行全要素生产率增长研究［J］. 统计与决策，2012（23）：149－152.

［93］吴强，彭方平. 动态门槛面板模型及我国经济增长收敛性研究［J］. 统计研究，2007（06）：28－31.

［94］吴晓求. 中国金融的深度变革与互联网金融［J］. 财贸经济，2014（01）：14－23.

［95］吴峥. 中国上市银行全要素生产率及影响因素研究［D］. 北京：对外经济贸易大学，2021.

［96］谢平，邹传伟，刘海二. 互联网金融监管的必要性与核心原则［J］. 国际金融研究，2014（08）：3－9.

［97］谢平，邹传伟. 互联网金融模式研究［J］. 金融研究，2012（12）：11－22.

[98] 谢治春，赵兴庐，刘媛. 金融科技发展与商业银行的数字化战略转型 [J]. 中国软科学，2018 (08)：184 - 192.

[99] 熊健，张晔，董晓林. 金融科技对商业银行经营绩效的影响：挤出效应还是技术溢出效应？[J]. 经济评论，2021 (03)：89 - 104.

[100] 徐晓萍，李弘基，戈盈凡. 金融科技应用能够促进银行信贷结构调整吗？——基于银行对外合作的准自然实验研究 [J]. 财经研究，2021，47 (06)：92 - 107

[101] 许长新，胡丽媛. 引资战略能提高商业银行全要素生产率吗？——基于股权集中度的调节作用 [J]. 上海金融，2019 (03)：43 - 49.

[102] 杨虹，王乔冉. 数字普惠金融对产业结构升级的影响及机制研究 [J]. 投资研究，2021，40 (09)：4 - 14.

[103] 杨望，徐慧琳，谭小芬等. 金融科技与商业银行效率——基于 DEA - Malmquist 模型的实证研究 [J]. 国际金融研究，2020 (07)：56 - 65.

[104] 易纲，樊纲，李岩. 关于中国经济增长与全要素生产率的理论思考 [J]. 经济研究，2003 (08)：13 - 20 + 90.

[105] 易行健，周利. 数字普惠金融发展是否显著影响了居民消费——来自中国家庭的微观证据 [J]. 金融研究，2018 (11)：47 - 67.

[106] 于斌斌. 产业结构调整与生产率提升的经济增长效应——基于中国城市动态空间面板模型的分析 [J]. 中国工业经济，2015 (12)：83 - 98.

[107] 于雷. 数字金融发展对城市商业银行经营效率影响研究 [D]. 成都：西南民族大学，2022.

[108] 袁丽静，杜秀平. 营商环境与工业全要素生产率——基于中国省区 1994—2014 年工业行业面板数据的实证分析 [J]. 哈尔滨商业大学学报（社会科学版），2018 (05)：55 - 67.

[109] 袁婷婷. 数字普惠金融发展对商业银行经营绩效影响研究 [D]. 兰州：兰州财经大学，2022.

[110] 袁晓玲，张宝山. 中国商业银行全要素生产率的影响因素研究——基于 DEA 模型的 Malmquist 指数分析 [J]. 数量经济技术经济研究，2009，

26（04）：93 – 104 +116.

[111] 张杜阳. 数字金融对中国上市商业银行效率的影响研究 [D].
西安：西北大学，2021.

[112] 张建华，欧阳轶雯. 外商直接投资、技术外溢与经济增长——
对广东数据的实证分析 [J]. 经济学（季刊），2003（02）：647 – 666.

[113] 张健华，王鹏. 银行效率及其影响因素研究——基于中、外银
行业的跨国比较 [J]. 金融研究，2011（05）：13 – 28.

[114] 张健华，王鹏. 中国银行业广义 Malmquist 生产率指数研究 [J].
经济研究，2010，45（08）：128 – 140.

[115] 张健华. 我国商业银行的 X 效率分析 [J]. 金融研究，2003
（06）：46 – 57.

[116] 张健华. 我国商业银行效率研究的 DEA 方法及 1997 – 2001 年效
率的实证分析 [J]. 金融研究，2003（03）：11 – 25.

[117] 张杰. 注资与国有银行改革：一个金融政治经济学的视角 [J].
经济研究，2004（06）：4 – 14.

[118] 张军，施少华. 中国经济全要素生产率变动：1952 – 1998 [J].
世界经济文汇，2003（02）：17 – 24.

[119] 张蓉，潘癸邑. 中国农村商业银行全要素生产率及其影响因素
研究——基于 DEA 的 Malmquist 生产率指数 [J]. 兰州财经大学学报，
2017，33（03）：30 – 36.

[120] 郑兰祥. 基于 Granger 因果检验的商业银行规模与效率关系研究
[J]. 经济理论与经济管理，2006（10）：28 – 33.

[121] 郑联盛. 中国互联网金融：模式、影响、本质与风险 [J]. 国际
经济评论，2014（05）：103 – 118 +6.

[122] 仲深，王春宇. 中国商业银行全要素生产率及其影响因素的实
证研究——基于 DEA 的 Malmquist 生产率指数法 [J]. 技术经济，2012，31
（01）：101 – 106.

[123] 周志刚，严圣阳. 技术创新、效率改善与商业银行全要素生产
率差异化增长 [J]. 科技管理研究，2022，42（11）：201 – 208.

[124] 朱纯福. 银行竞争力评价方法及其指标体系的构建 [J]. 金融论

坛，2002（10）：8－16.

［125］朱南，卓贤，董屹. 关于我国国有商业银行效率的实证分析与改革策略［J］. 管理世界，2004（02）：18－26.

［126］邹心勇，赵丽芬. 中国经济全要素生产率的变迁：1978—2010年实证分析［J］. 中央财经大学学报，2013（11）：51－55.

［127］邹新月，邓亭，文东胜. 商业银行规模经济及其内在影响因素实证分析［J］. 预测，2009，28（04）：50－56.

［128］左晓慧，程羚，刘爽. 宏观审慎监管对商业银行经营效率影响分析［J］. 经济问题，2018（04）：14－21.

［129］Abdul – Majid M. , Saal S. D. , Battisti G. The Impact of Islamic Banking on the Cost Efficiency and Productivity Change of Malaysian Commercial Banks［J］. *Applied Economics*，2011，43（16）：2033－2054.

［130］Aggelopoulos E. , Georgopoulos A. . Bank Branch Efficiency under Environmental Change：A Bootstrap DEA on Monthly Profit and Loss Accounting Statements of Greek Retail Branches［J］. *European Journal of Operational Research*，2017，261（3）：1170－1188.

［131］Agoraki K. M. , Delis D. M. , Pasiouras F. Regulations, Competition and Bank Risk-taking in Transition Countries［J］. *Journal of Financial Stability*，2009，7（1）：38－48.

［132］Aigner D. , Lovell C. A. K. , Schmidt P. Formulation and Estimation of Stochastic Frontier Production Function Models［J］. *Journal of Econometrics*，1977，6（1）：21－37.

［133］Akerlof G. A. . The Market for "Lemons"：Quality Uncertainty and the Market Mechanism［J］. *The Quarterly Journal of Economics*，1970，84（3）：488－500.

［134］Anderson C. *The Long Tail：Why the Future of Business is Selling Less of More*［M］. London：Hachette UK Press，2006.

［135］Anderson T. W. , Hsiao C. . Formulation and Estimation of Dynamic Models Using Panel Data［J］. *Journal of Econometrics*，1982，18（1）：47－82.

[136] Arellano M. , Bond S. Some Tests of Specification for Panel Data: Monte Carlo Evidence and an Application to Employment Equations [J]. *The Review of Economic Studies*, 1991, 58 (2): 277 – 297.

[137] Arner D. W. , Barberis J. , Buckley R. P. . The Evolution of Fintech: A New Post-crisis Paradigm [J]. *Geo. J. Int'l L.* , 2015, 47: 1271.

[138] Arnold J. M. , Mattoo A. , Narciso G. . Services Inputs and Firm Productivity in Sub – Saharan Africa: Evidence from Firm-level Data [J]. *Journal of African Economies*, 2008, 17 (4): 578 – 599.

[139] Ashton P. M. S. , Harris P. G. , Thadani R. Soil Seed Bank Dynamics in Relation to Topographic Position of a Mixed-deciduous Forest in Southern New England, USA [J]. *Forest Ecology and Management*, 1998, 111 (1): 15 – 22.

[140] Asongu A. S. , Acha – Anyi N. P. . ICT, Conflicts in Financial Intermediation and Financial Access: Evidence of Synergy and Threshold Effects [J]. *NETNOMICS: Economic Research and Electronic Networking*, 2017, 18 (2 – 3): 131 – 168.

[141] Ataullah A. , Cockerill T. , Le H. Financial Liberalization and Bank Efficiency: a Comparative Analysis of India and Pakistan [J]. *Applied Economics*, 2004, 36 (17): 1915 – 1924.

[142] Battese G. E. , Corra G. S. . Estimation of a Production Frontier Model: with Application to the Pastoral Zone of Eastern Australia [J]. *Australian Journal of Agricultural Economics*, 1977, 21 (3): 169 – 179.

[143] Bauer P. W. , Berger A. N. , Ferrier G. D. , et al. Consistency Conditions for Regulatory Analysis of Financial Institutions: a Comparison of Frontier Efficiency Methods [J]. *Journal of Economics and Business*, 1998, 50 (2): 85 – 114.

[144] Beck H. Banking is Essential, Banks are Not. The Future of Financial Intermediation in the Age of the Internet [J]. *Netnomics*, 2001, 3 (1): 7 – 22.

[145] Beck T. , Chen T. , Lin C. , et al. Financial Innovation: The

Bright and the Dark Sides [J]. *Journal of Banking & Finance*, 2016, 72: 28 – 51.

[146] Bencivenga V. R., Smith B. D.. Financial Intermediation and Endogenous Growth [J]. *The Review of Economic Studies*, 1991, 58 (2): 195 – 209.

[147] Benston G. J., Hanweck G. A., Humphrey D. B.. Scale economies in banking: A Restructuring and Reassessment [J]. *Journal of Money, Credit and Banking*, 1982, 14 (4): 435 – 456.

[148] Berg S. A., Førsund F. R., Hjalmarsson L., et al. Banking Efficiency in the Nordic Countries [J]. *Journal of Banking & Finance*, 1993, 17 (2 – 3): 371 – 388.

[149] Berg S. A., Førsund F. R., Jansen E. S.. Malmquist Indices of Productivity Growth During the Deregulation of Norwegian Banking, 1980 – 89 [J]. *The Scandinavian Journal of Economics*, 1992: S211 – S228.

[150] Berger A. N., DeYoung R.. Problem Loans and Cost Efficiency in Commercial Banks [J]. *Journal of Banking & Finance*, 1997, 21 (6): 849 – 870.

[151] Berger A. N., Hannan T. H.. The Efficiency Cost of Market Power in the Banking Industry: A Test of the "Quiet Life" and Related Hypotheses [J]. *Review of Economics and Statistics*, 1998, 80 (3): 454 – 465.

[152] Berger A. N., Hanweck G. A., Humphrey D. B.. Competitive Viability in Banking [J]. *Journal of Monetary Economics*, 1987, 20 (3): 501 – 520.

[153] Berger A. N., Mester L. J.. Inside the Black Box: What Explains Differences in the Efficiencies of Financial Institutions? [J]. *Journal of Banking & Finance*, 1997, 21 (7): 895 – 947.

[154] Berger A. N., Sedunov J.. Bank Liquidity Creation and Real Economic Output [J]. *Journal of Banking & Finance*, 2017, 81: 1 – 19.

[155] Bernanke S. B.. *Essays on the Great Depression* [M]. Princeton: Princeton University Press: 2009.

[156] Bettinger A. Fintech: A Series of 40 Time Shared Models Used at Manufacturers Hanover Trust Company [J]. *Interfaces*, 1972: 62 – 63.

[157] Bonin J. P. , Hasan I, Wachtel P. Bank Performance, Efficiency and Ownership in Transition Countries [J]. *Journal of Banking & Finance*, 2005, 29 (1): 31 – 53.

[158] Buch C. M. , DeLong G.. Do Weak Supervisory Systems Encourage Bank Risk-taking? [J]. *Journal of Financial Stability*, 2008, 4 (1): 23 – 39.

[159] Bunea S. , Kogan B. , Stolin D.. Banks Versus FinTech: At Last, it's Official [J]. *Journal of Financial Transformation*, 2016, 44: 122 – 131.

[160] Casolaro L. , Gobbi G. Information Technology and Productivity Changes in the Banking Industry [J]. *Economic Notes*, 2007, 36 (1): 43 – 76.

[161] Casu B. , Girardone C. , Molyneux P. Productivity Change in European Banking: A Comparison of Parametric and Non-parametric Approaches [J]. *Journal of Banking & Finance*, 2004, 28 (10): 2521 – 2540.

[162] Charnes A. , Cooper W. W.. Deterministic Equivalents for Optimizing and Satisficing under Chance Constraints [J]. *Operations Research*, 1963, 11 (1): 18 – 39.

[163] Chung Y. H. , Färe R. , Grosskopf S. Productivity and Undesirable Outputs: a Directional Distance Function Approach [J]. *Journal of Environmental Management*, 1997, 51 (3): 229 – 240.

[164] Claessens S. , Glaessner T. , Klingebiel D. Electronic Finance: Reshaping the Financial Landscape Around the World [J]. *Journal of Financial Services Research*, 2002, 22: 29 – 61.

[165] Coase R. H.. *The Nature of the Firm* [M]. London: Macmillan Education UK Press, 1995.

[166] Cronin M. J.. *Banking and Finance on the Internet* [M]. Paris: John Wiley & Sons Press, 1998.

[167] Darrat A. F.. The Relative Efficiency of Interest-free Monetary System: Some Empirical Evidence [J]. *The Quarterly Review of Economics and Fi-*

nance, 2002, 42 (4): 747 – 764.

[168] Demsetz R. S. , Strahan P. E. . Diversification, Size, and Risk at Bank Holding Companies [J]. *Journal of Money*, *Credit*, *and Banking*, 1997: 300 – 313.

[169] Denison E. F. . Some Major Issues in Productivity Analysis: An Examination of Estimates by Jorgenson and Grilches [R]. United States: Federal Reserve Bank of St. Louis, 1969.

[170] Diamond D. W. , Dybvig P. H. . Bank Runs, Deposit Insurance, and Liquidity [J]. *Journal of Political Economy*, 1983, 91 (3): 401 – 419.

[171] Diamond D. W. . Financial Intermediation and Delegated Monitoring [J]. *The Review of Economic Studies*, 1984, 51 (3): 393 – 414.

[172] Dong J. , Yin L. , Liu X. , et al. Impact of Internet Finance on the Performance of Commercial Banks in China [J]. *International Review of Financial Analysis*, 2020, 72: 101579.

[173] Drake L. , Howcroft B. Relative Efficiency in the Branch Network of a UK bank: an Empirical Study [J]. *Omega*, 1994, 22 (1): 83 – 90.

[174] Drasch B. J. , Schweizer A. , Urbach N. . Integrating the 'Troublemakers': A Taxonomy for Cooperation between Banks and Fintechs [J]. *Journal of Economics and Business*, 2018, 100: 26 – 42.

[175] Easterly W. , Levine R. . What Have We Learned from a Decade of Empirical Research on Growth? It's Not Factor Accumulation: Stylized Facts and Growth Models [J]. *The World Bank Economic Review*, 2001, 15 (2): 177 – 219.

[176] Eisenmann T. R. , Parker G. , Van Alstyne M. Opening Platforms: How, When and Why? [R]. Cheltenham, UK: Edward Elgar Publishing, 2009.

[177] Epure M. , Kerstens K. , Prior D. . Bank Productivity and Performance Groups: A Decomposition Approach Based Upon the Luenberger Productivity Indicator [J]. *European Journal of Operational Research*, 2011, 211 (3): 630 – 641.

[178] Fama E. F. . Banking in the Theory of Finance [J]. *Journal of Mo-

netary Economics, 1980, 6 (1): 39 – 57.

[179] Färe R., Grosskopf S., Lovell C. A. K.. *Production Frontiers* [M]. New York: Cambridge university press, 1994.

[180] Färe R., Grosskopf S., Norris M., et al. Productivity Growth, Technical Progress, and Efficiency Change in Industrialized countries [J]. *The American Economic Review*, 1994: 66 – 83.

[181] Färe R., Grosskopf S., Pasurka, Jr C. A.. Accounting for Air Pollution Emissions in Measures of State Manufacturing Productivity Growth [J]. *Journal of Regional Science*, 2001, 41 (3): 381 – 409.

[182] Fecht F., Huang K. X. D., Martin A. Financial Intermediaries, Markets, and Growth [J]. *Journal of Money, Credit and Banking*, 2008, 40 (4): 701 – 720.

[183] Fried H. O., Lovell C. A. K., Schmidt S. S., et al. Accounting for Environmental Effects and Statistical Noise in Data Envelopment Analysis [J]. *Journal of Productivity Analysis*, 2002, 17: 157 – 174.

[184] Fry M. J.. *Money and Capital or Financial Deepening in Economic Developments?* [M] Ohio: Ohio State University Press, 1980.

[185] Fukuyama H., Weber W. L.. Measuring Bank Performance with a Dynamic Network Luenberger Indicator [J]. *Annals of Operations Research*, 2017, 250: 85 – 104.

[186] Fukuyama H., Weber W. L.. Measuring Japanese Bank Performance: a Dynamic Network DEA Approach [J]. *Journal of Productivity Analysis*, 2015, 44: 249 – 264.

[187] Gatti R., Love I.. *Does Access to Credit Improve Productivity? Evidence from Bulgarian firms* [M]. Washington, DC.: World Bank Publications, 2002.

[188] Gerschenkron A. *Economic Backwardness in Historical Perspective: A Book of Essays* [M]. Cambridge, MA.: The Belknap Press of Harvard University Press. 1962.

[189] Goldsmith R. W.. *Financial Structure and Development* [M]. New

Haven and London: Yale University Press, 1969.

[190] Gomber P. , Koch J. A. , Siering M. Digital Finance and FinTech: Current Research and Future Research Directions [J]. *Journal of Business Economics*, 2017, 87: 537 – 580.

[191] Guariglia A. , Poncet S. . Could Financial Distortions be No Impediment to Economic Growth After All? Evidence from China [J]. *Journal of Comparative Economics*, 2008, 36 (4): 633 – 657.

[192] Hansen L. P. . Large Sample Properties of Generalized Method of Moments Estimators [J]. *Econometrica: Journal of the Econometric Society*, 1982: 1029 – 1054.

[193] Hasan I. , Marton K. . Development and Efficiency of the Banking Sector in a Transitional Economy: Hungarian Experience [J]. *Journal of Banking & Finance*, 2003, 27 (12): 2249 – 2271.

[194] Hauswald R. , Marquez R. . Information Technology and Financial Services Competition [J]. *The Review of Financial Studies*, 2003, 16 (3): 921 – 948.

[195] Hermalin B. E. , Wallace N. E. . The Determinants of Efficiency and Solvency in Savings and Loans [J]. *The RAND Journal of Economics*, 1994: 361 – 381.

[196] Hunter W. C. , Timme S. G. . Technical Change, Organizational form, and the Structure of Bank Production [J]. *Journal of Money, Credit and Banking*, 1986, 18 (2): 152 – 166.

[197] Isik I. , Hassan M. K. . Financial Disruption and Bank Productivity: The 1994 Experience of Turkish Banks [J]. *The Quarterly Review of Economics and Finance*, 2003, 43 (2): 291 – 320.

[198] Jackson P. M. , Fethi M. D. . *Evaluating the Efficiency of Turkish Commercial Banks: An Application of DEA and Tobit Analysis* [R]. Working paper for the international DEA symposium in university of Queensland, 2000.

[199] Jondrow J. , Lovell C. A. K. , Materov I S, et al. On the Estimation of Technical Inefficiency in the Stochastic Frontier Production Function Model

[J]. *Journal of Econometrics*, 1982, 19 (2 – 3): 233 – 238.

[200] Jorgenson D. W. , Griliches Z. . The Explanation of Productivity Change [J]. *The Review of Economic Studies*, 1967, 34 (3): 249 – 283.

[201] Kaparakis E. I. , Miller S. M. , Noulas A G. Short-run Cost Inefficiency of Commercial Banks: A Flexible Stochastic Frontier Approach [J]. *Journal of Money*, *Credit and Banking*, 1994, 26 (4): 875 – 893.

[202] Kapur B. K. . Alternative Stabilization Policies for Less-developed Economies [J]. *Journal of Political Economy*, 1976, 84 (4, Part 1): 777 – 795.

[203] Kashyap A. K. , Rajan R, Stein J. C. . Banks as Liquidity Providers: An Explanation for the Coexistence of Lending and Deposit-taking [J]. *The Journal of Finance*, 2002, 57 (1): 33 – 73.

[204] Kendrick J. W. . *Productivity Trends in the United States* [R]. National Bureau of Economic Research, Inc, 1961.

[205] Kolari J. W. , Zardkoohi A. Bank Costs, Structure, and Performance [J]. *Southern Economic Journal*, 1988, 54 (3): 795.

[206] La Porta R. , Lopez-de-Silanes F. , Shleifer A. , et al. Legal Determinants of External Finance [J]. *The Journal of Finance*, 1997, 52 (3): 1131 – 1150.

[207] Leibenstein H. . Allocative Efficiency vs. "X – efficiency" [J]. *The American Economic Review*, 1966, 56 (3): 392 – 415.

[208] Levine R. . Financial Development and Economic Growth: Views and Agenda [J]. *Journal of Economic Literature*, 1997, 35 (2): 688 – 726.

[209] Li L. , Zhang Y. . Are there Diversification Benefits of Increasing Noninterest Income in the Chinese Banking Industry? [J]. *Journal of Empirical Finance*, 2013, 24: 151 – 165.

[210] Liébana – Cabanillas F. , Sánchez-Fernández J. , Muñoz – Leiva F. . The Moderating Effect of Experience in the Adoption of Mobile Payment Tools in Virtual Social Networks: The m – Payment Acceptance Model in Virtual Social Networks (MPAM – VSN) [J]. *International Journal of Information Manage-*

ment, 2014, 34（2）: 151 - 166.

［211］ Lind J. T., Mehlum H.. With or Without U? The Appropriate Test for a U - shaped Relationship ［J］. *Oxford Bulletin of Economics and Statistics*, 2010, 72（1）: 109 - 118.

［212］ Mathieson D. J.. Financial Reform and Stabilization Policy in a Developing Economy ［J］. *Journal of Development Economics*, 1980, 7（3）: 359 - 395.

［213］ Matthews K., Zhang N. X.. Bank Productivity in China 1997 - 2007: Measurement and Convergence ［J］. *China Economic Review*, 2010, 21 （4）: 617 - 628.

［214］ Meeusen W., van Den Broeck J. Efficiency Estimation from Cobb - Douglas Production Functions with Composed Error ［J］. *International Economic Review*, 1977: 435 - 444.

［215］ Merton R. C., Bodie Z.. Deposit Insurance Reform: a Functional Approach ［C］//Carnegie - Rochester Conference Series on Public Policy. North - Holland, 1993, 38: 1 - 34.

［216］ Mester L. J.. A Study of Bank Efficiency Taking into Account Risk-preferences ［J］. *Journal of Banking & Finance*, 1996, 20（6）: 1025 - 1045.

［217］ Mukherjee K., Ray S. C., Miller S. M.. Productivity Growth in Large US Commercial Banks: The Initial Post-deregulation Experience ［J］. *Journal of Banking & Finance*, 2001, 25（5）: 913 - 939.

［218］ Navaretti G. B., Calzolari G., Mansilla - Fernandez J. M., et al. Fintech and Banking. Friends or Foes? ［J］. *Friends or Foes*, 2018.

［219］ Noulas A. G., Ray S. C., Miller S. M.. Returns to Scale and Input Substitution for Large US Banks ［J］. *Journal of Money, Credit and Banking*, 1990, 22（1）: 94 - 108.

［220］ Ofer G. Soviet Economic Growth: 1928 - 1985 ［J］. *Journal of Economic Literature*, 1987, 25（4）: 1767 - 1833.

［221］ Oh D. A Global Malmquist - Luenberger Productivity Index ［J］. *Journal of Productivity Analysis*, 2010, 34: 183 - 197.

［222］Ozili P. K.. Impact of Digital Finance on Financial Inclusion and Stability ［J］. *Borsa Istanbul Review*, 2018, 18 (4): 329 – 340.

［223］Prescott E. C.. Lawrence R.. Klein lecture 1997: Needed: A Theory of Total Factor Productivity ［J］. *International Economic Review*, 1998: 525 – 551.

［224］Rajan R. G., Zingales L. Financial Dependence and Growth ［J］. *The American Economic Review*, 1998, 88 (3): 559 – 586.

［225］Rostow W. W.. Money and Capital in Economic Development. By Ronald I. McKinnon ［J］. *American Political Science Review*, 1974, 68 (4): 1822 – 1824.

［226］Scott S. V., Van Reenen J, Zachariadis M. The Long-term Effect of Digital Innovation on Bank Performance: An Empirical Study of SWIFT Adoption in Financial Services ［J］. *Research Policy*, 2017, 46 (5): 984 – 1004.

［227］Shaw E. S.. *Financial Deepening in Economic Development* ［M］. London: Oxford University Press, 1973.

［228］Smith A. *The Wealth of Nations*: *An Inquiry into the Nature and Causes of the Wealth of Nations* ［M］. Hampshire, UK: Harriman House Press, 2010.

［229］Solow R. M.. A Contribution to the Theory of Economic Growth ［J］. *The Quarterly Journal of Economics*, 1956, 70 (1): 65 – 94.

［230］Solow R. M.. Technical Change and the Aggregate Production Function ［J］. *The Review of Economics and Statistics*, 1957, 39 (3): 312 – 320.

［231］Stiglitz J. E.. Credit Markets and the Control of Capital ［J］. *Journal of Money, Credit and Banking*, 1985, 17 (2): 133 – 152.

［232］Stoica O., Mehdian S., Sargu A.. The Impact of Internet Banking on the Performance of Romanian Banks: DEA and PCA Approach ［J］. *Procedia Economics and Finance*, 2015, 20: 610 – 622.

［233］Tanna S., Luo Y., De Vita G.. What is the Net Effect of Financial Liberalization on Bank Productivity? A Decomposition Analysis of Bank Total Factor Productivity Growth ［J］. *Journal of Financial Stability*, 2017, 30: 67 – 78.

［234］Thakor A. V.. Fintech and Banking: What do We Know? ［J］. *Journal of Financial Intermediation*, 2020, 41: 100833.

［235］Tinbergen J.. Long-term Economic Development Theory ［J］. *Review of World Economics*, 1942: 511 – 549.

［236］Wang Q., Yang J., Chiu Y., et al. The Impact of Digital Finance on Financial Efficiency ［J］. *Managerial and Decision Economics*, 2020, 41 (7): 1225 – 1236.

［237］Weill L. Measuring Cost Efficiency in European Banking: A Comparison of Frontier Techniques ［J］. *Journal of Productivity Analysis*, 2004, 21: 133 – 152.

［238］World Bank Group. *World Development Report* 2016: *Digital Dividends* ［R］. Washington, DC: World Bank, 2016.

［239］Zhu N., Shah W. U. H., Kamal M. A., et al. Efficiency and Productivity Analysis of Pakistan's Banking Industry: A DEA Approach ［J］. *International Journal of Finance & Economics*, 2021, 26 (4): 6362 – 6374.